HARTMUT JÄCKEL

Grundrechtsgeltung und Grundrechtssicherung

Schriften zum Öffentlichen Recht

Band 42

Grundrechtsgeltung und Grundrechtssicherung

Eine rechtsdogmatische Studie zu Artikel 19 Abs. 2 GG

Von

Dr. jur. Hartmut Jäckel

DUNCKER & HUMBLOT / BERLIN

Veröffentlicht im Januar 1967
Alle Rechte vorbehalten
© 1967 Duncker & Humblot, Berlin 41
Gedruckt 1967 bei Buchdruckerei Bruno Luck, Berlin 65
Printed in Germany

> Der juristische Dogmatiker des neuzeitlichen Verfassungsrechts hat die Aufgabe, den positiven Rechtsstoff so zu bearbeiten, daß dieser für die zeitliche und systematische Einheit und Ordnung der Staatsorganisation fruchtbar wird.
>
> *Hermann Heller*

Vorwort

Diese Arbeit ist im Frühjahr 1963 von der Rechts- und Staatswissenschaftlichen Fakultät der Universität Freiburg im Breisgau als Dissertation angenommen worden. Sie wurde für den Druck überarbeitet und, soweit inzwischen erschienene Literatur die Diskussion um die Wesensgehaltsgarantie vorangetrieben hat, auf den neuesten Stand gebracht. Namentlich die Darstellung der Notstandsproblematik wurde erweitert und vertieft, anderes gestrafft und gekürzt.

Bei der Erörterung des Theorienstreites liegt das Schwergewicht nach wie vor auf der Rechtsprechung und dem Schrifttum des ersten Jahrzehnts nach Inkrafttreten des Grundgesetzes. Damals wurde — zumal von seiten der Judikatur, die seit einer Reihe von Jahren keinen wesentlichen Beitrag zum Verständnis des Art. 19 Abs. 2 GG mehr geleistet hat — der Grund gelegt, auf dem wir heute stehen. Wer die verhärteten Interpretationsfronten wieder in Bewegung bringen will, muß bis zu ihren Ursprüngen zurückgehen. Nur von dort ist Hoffnung auf Korrektur und künftige Gemeinsamkeit. Den Gemeinsamen Senat der oberen Bundesgerichte, der zur Koordinierung der höchstrichterlichen Rechtsprechung anstelle des vom Grundgesetz vorgesehenen Obersten Bundesgerichts gebildet werden soll, und vor allem das in diesem Streit bisher nicht festgelegte Bundesverfassungsgericht erwartet hier eine Aufgabe, deren Lösung aus verfassungsrechtlichen und verfassungspolitischen Gründen gleichermaßen dringlich ist.

Mein besonderer Dank gilt Herrn Professor Dr. Joseph H. Kaiser, der diese Arbeit betreut, und Herrn Professor Dr. Konrad Hesse, der sie durch kritische Hinweise gefördert hat. Danken möchte ich auch Herrn Ministerialrat a. D. Dr. J. Broermann, Inhaber des Verlages Duncker & Humblot, für die freundliche Aufnahme meiner Studie in die Reihe der Schriften zum Öffentlichen Recht.

Berlin, im Juli 1966

Hartmut Jäckel

Inhaltsverzeichnis

Einleitung 11

Erstes Kapitel

Grundlagen

I. Die Problemstellung 17
II. Der Auslegungsstreit — Darstellung und Kritik 20
   1. Die Auffassung des Bundesgerichtshofs 20
   2. Die Auffassung des Bundesverwaltungsgerichts 25
   3. Die Theorie immanenter Grundrechtsschranken 29
   4. Die Auffassung des Bundesverfassungsgerichts 40
III. Art. 19 Abs. 2 GG im Verhältnis zu Art. 19 Abs. 1 GG 43
   1. Die Normadressaten 43
   2. Der sachliche Geltungsbereich 45
   3. Zusammenfassung 47

Zweites Kapitel

Inhalt und Funktion der Wesensgehaltsgarantie

I. Das Schutzobjekt des Art. 19 Abs. 2 GG 49
   1. Was ist Wesensgehalt? 49
   2. Rechtsstellungs- oder Institutsgarantie? 57
   3. Die Verfassungskraft der Grundrechtsnormen 61
   4. Zusammenfassung 65
II. Exkurs: Die Auflösung der Wesensgehaltsgarantie 65
   1. Das Problem 65
   2. Das Gebot der Ermessensbindung 67
   3. Der Grundsatz der Verhältnismäßigkeit 72
   4. Die Rechtsschutzgarantie 78
   5. Zusammenfassung 78
III. Art. 19 Abs. 2 GG und das besondere Gewaltverhältnis 79
   1. Das Problem 79
   2. Der Verzicht auf Grundrechte 83
   3. Grundrecht und Grundrechtsausübung 86
   4. Ergebnis 91

IV. Art. 19 Abs. 2 GG und die Verwirkung von Grundrechten 95
   1. Das Problem 95
   2. Die Rechtsfolgen der Verwirkung 97
   3. Art. 18 GG als lex specialis gegenüber Art. 19 Abs. 2 GG? 107
   4. Ergebnis 108
V. Zusammenfassung 111

Drittes Kapitel
Folgerungen

I. Die praktische Anwendung des Art. 19 Abs. 2 GG im Rechtsstreit 115

II. Art. 19 Abs. 2 GG und die Verfassungsänderung 120

III. Schlußbemerkung 136

Literaturverzeichnis 143

Sachverzeichnis 151

Abkürzungsverzeichnis

AO	Abgabenordnung
AöR	Archiv des öffentlichen Rechts
Arch.f.R.u.Soz.Phil.	Archiv für Rechts- und Sozialphilosophie
BB	Der Betriebsberater
BDH	Bundesdisziplinarhof
Beitr.z.ausl.öff.R.u.VR.	Beiträge zum ausländischen öffentlichen Recht und Völkerrecht
BGBl.	Bundesgesetzblatt
BGHZ (St)	Entscheidungen des Bundesgerichtshofs in Zivilsachen (in Strafsachen)
BRD	Bundesrepublik Deutschland
BT	Deutscher Bundestag
BVerfGE	Entscheidungen des Bundesverfassungsgerichts, hrsg. von den Mitgliedern des Gerichts
BVerfGG	Gesetz über das Bundesverfassungsgericht vom 12. März 1951
BVerwGE	Entscheidungen des Bundesverwaltungsgerichts, hrsg. von den Mitgliedern des Gerichts
DDR	Deutsche Demokratische Republik
DÖV	Die Öffentliche Verwaltung
DRiZ	Deutsche Richterzeitung
DVBl.	Deutsches Verwaltungsblatt
DVO	Durchführungsverordnung
Erl.	Erläuterung
FAZ	Frankfurter Allgemeine Zeitung
GaststG	Gaststättengesetz vom 28. April 1930
Gew.Arch.	Gewerbearchiv
GewO	Gewerbeordnung
GG	Grundgesetz für die Bundesrepublik Deutschland vom 23. Mai 1949
HE	Herrenchiemseer Entwurf des Grundgesetzes
HdbDStR	Handbuch des Deutschen Staatsrechts
Jhb.öff.R.	Jahrbuch des öffentlichen Rechts der Gegenwart
JR	Juristische Rundschau
JZ	Juristenzeitung
LM	Lindenmaier — Möhring, Nachschlagewerk des Bundesgerichtshofs
MDR	Monatsschrift für Deutsches Recht
NJW	Neue Juristische Wochenschrift

OVG	Oberverwaltungsgericht
pr.PVG	preußisches Polizeiverwaltungsgesetz vom 1. Juni 1931
RGBl.	Reichsgesetzblatt
SJZ	Süddeutsche Juristenzeitung
StrVG	Straßenverkehrsgesetz vom 19. Dez. 1952
VerfGH	Verfassungsgerichtshof
VGH	Verwaltungsgerichtshof
VGO	Verwaltungsgerichtsordnung vom 21. Jan. 1960
VO	Verordnung
VVDStRL	Veröffentlichungen der Vereinigung der Deutschen Staatsrechtslehrer
VerwRspr.	Verwaltungsrechtsprechung in Deutschland. Sammlung oberstrichterlicher Entscheidungen aus dem Verfassungs- und Verwaltungsrecht
WiGBl.	Gesetzblatt der Verwaltung des Vereinigten Wirtschaftsgebietes
WRV	Verfassung des Deutschen Reichs vom 11. Aug. 1919 (Weimarer Reichsverfassung)
ZgesStWiss.	Zeitschrift für die gesamte Staatswissenschaft

Einleitung

„In keinem Falle darf ein Grundrecht in seinem Wesensgehalt angetastet werden." Dieser bündig und ohne Prätention formulierte Satz ist die Aussage einer der bemerkenswertesten und zugleich umstrittensten Normen des Grundgesetzes. Man hat die Vorschrift des Art. 19 Abs. 2 GG auf der einen Seite als „rechtstheoretisch überflüssig" bezeichnet, da sie etwas Selbstverständliches und inzident in jeder einzelnen Grundrechtsbestimmung bereits Ausgesprochenes normiere[1]. Auf der anderen Seite wird die Wesensgehaltsgarantie, deren „Vagheit" bald entdeckt wurde[2], ein Novum genannt, das eine „unbekannte, wenn nicht sogar unerkennbare Größe" in das Verfassungsrecht einführe[3] und dem Richter eine „Wesensschau" abverlange, mit der er überfordert sei[4].

Angesichts so widersprüchlicher Auffassungen über Bedeutung und normative Funktion des Art. 19 Abs. 2 GG kann es nicht verwundern, daß auch über die praktische Anwendung dieser sybillinischen Formel Streit besteht. Nahezu jedes Gericht, das sich etwas eingehender mit der Problematik der Wesensgehaltssperre und der „Proteusfigur des Wesensgehaltes"[5] befaßt hat, sowie die große Mehrheit jener, die in dieser Sache literarisch zu Wort gekommen sind, warten mit eigenen, von den andernorts vertretenen Interpretationen meist deutlich abgehobenen Auslegungsversuchen auf. Die bisherige Diskussion auf einen gemeinsamen Nenner oder gar zu einem die Gegensätze versöhnenden Abschluß zu bringen, ist ohne willkürlich-gewaltsame Vereinfachungen nicht mehr möglich[6]. Die bisweilen angestrebte Einigung auf eine ‚mittlere Linie' muß letztlich daran scheitern, daß es hier weniger um konträre Meinungen als um rechtliche Überlegungen prinzipieller Art geht, die sich gegenseitig ausschließen oder doch jedenfalls nicht miteinander verbinden lassen.

---

[1] *v. Mangoldt-Klein*, Anm. V 7 a zu Art. 19 GG.

[2] Franz W. *Jerusalem*, SJZ 1950, Sp. 4.

[3] Herbert *Krüger*, DÖV 1955, S. 598.

[4] So BGH in VerwRspr. 8, Nr. 21, S. 104; dazu Joseph H. *Kaiser*, Verfassungsrechtliche Eigentumsgewähr, S. 43.

[5] Adolf *Schüle*, Persönlichkeitsschutz, S. 34.

[6] Dies belegt etwa Erhard C. *Denninger*, DÖV 1960, S. 812 ff., der nachzuweisen versucht, daß die Gegensätze in der höchstrichterlichen Judikatur zu Art. 19 Abs. 2 GG geringer als vielfach angenommen seien und sich mühelos koordinieren ließen.

Die einzig sichere Lehre, die aus dieser Diskussion gezogen werden kann, scheint die Erkenntnis zu sein, daß der siebzehn Jahre nach Inkrafttreten des Grundgesetzes noch immer nicht entschiedene Streit über den Sinn einer zentralen Verfassungsnorm seit geraumer Zeit unergiebig und letzten Endes schädlich ist. Das mag dem wenig einleuchten, der gewohnt ist, von wissenschaftlichen Kontroversen eine klärende und befreiende Wirkung ausgehen zu sehen. Wenn hier etwas anderes gilt, wenn die Nachteile der mit viel Scharfsinn geführten und vertieften Wesensgehalts-Kontroverse ihren möglichen Nutzen immer spürbarer überwiegen, muß es für solche Regelwidrigkeit triftige Gründe geben. Sie hängen unmittelbar mit der *Garantiefunktion* zusammen, die der äußerlich als Verbotsnorm konstruierte Art. 19 Abs. 2 GG zu erfüllen hat. An dieser Garantiefunktion (und nicht etwa an dem freilich dunkel genug anmutenden Begriff des Wesensgehalts) scheiden sich die Geister, und an ihr mag sich noch einmal mehr entscheiden als nur ein dogmatischer Streit.

Wert und Unwert, Erfolg und Versagen von Garantieleistungen bemessen sich nach eigenen, unveränderlichen Gesetzen. Eine Rechtsgarantie, deren Inhalt vage, umstritten oder gar objektiv mehrdeutig ist, deren Aktionsradius nach Belieben variabel erscheint und deren Eingriffsvoraussetzungen einer soliden tatbestandsmäßigen Umschreibung entraten, — eine solche Garantie läuft Gefahr, sich in ihr Gegenteil zu verkehren. Ähnlich einer völkerrechtlichen Garantie- und Beistandsverpflichtung, deren ‚casus foederis' unzureichend fixiert ist, erzeugt sie nicht Sicherheit sondern vergrößerte Unsicherheit. Statt im Falles des Versagens nur den eigenen Wert zu verlieren, belastet und schwächt sie zugleich jene Rechtsgüter, denen sie Schutz gewähren soll. Handelt es sich bei ihnen um *Grundrechte,* die heute mehr denn je das ideologisch wie faktisch am stärksten beanspruchte Fundament der rechtsstaatlichen Demokratie bilden[7], so braucht nicht näher begründet zu werden, inwiefern die Unvollkommenheiten einer auf sie bezogenen Garantienorm problematisch sind. Daß diese Problematik verfassungsrechtlich ernst zu nehmen ist und — zumal im Zeichen der Notstandsgesetzgebung — rechtspolitische Aktualität besitzt, ist nicht minder evident.

Anlaß und Ausgangspunkt der vorliegenden Untersuchung ist somit eine Situation, deren latente Gefahren es zu erkennen und, soweit möglich, auszuräumen gilt. Denn das System der Grundrechte und ihrer Sicherungen droht insgesamt Schaden zu nehmen, wenn es nicht gelingt, das vielfältig gebrochene Bild des Art. 19 Abs. 2 GG wieder zu einem sinnvollen Ganzen zusammenzufügen. Voraussetzung dazu ist

---

[7] Kritisch dazu Ernst *Forsthoff,* Verfassungsauslegung, S. 18 ff.

die Bereitschaft, die geläufigen Theorien erneut in Frage zu stellen, sie (selbst-)kritisch zu überprüfen und offensichtlich unhaltbar gewordene Interpretationen auszuscheiden. Dann mag zumindest über das *Schutzobjekt der Wesensgehaltssperre* Klarheit zu erzielen sein.

Der Weg zu diesem Ziel führt nicht über die Begründung einer neuen und nur beiläufig — zur bestätigenden Kontrolle gewissermaßen — über die Fortentwicklung einer bereits bekannten Theorie. Im Vordergrund steht vielmehr die Analyse der wichtigsten von Rechtsprechung und Schrifttum zum Verständnis des Art. 19 Abs. 2 GG vorgetragenen Interpretationen, die heute ohnehin einen nur durch Nuancen noch erweiterungsfähigen *numerus clausus* bilden dürften. Wenn sich die Auseinandersetzung mit ihnen weitgehend darauf beschränkt, offene oder versteckte ‚Konstruktionsfehler' (sachliche Unebenheiten, logische Schwächen und Widersprüche) aufzuspüren, so gibt es für ein solches Verfahren keine bessere Rechtfertigung als die, daß eben dieser dogmatisch-strenge Test der rivalisierenden Theorien bislang unterblieben ist. Dabei soll der Frage nach der Beweiskraft und Autorität dogmatischer Argumente im Bereich des Verfassungsrechts nicht vorgegriffen werden. Theoretisch ist eine Antwort auf diese Frage kaum zu geben. Was ihren praktischen Aspekt betrifft, so mag der kritische Leser rückblickend entscheiden, wie viel oder wie wenig Dogmatik und Logik bei der Klärung einer aktuellen verfassungsrechtlichen Kontroverse auszurichten vermögen.

Die vorliegende Studie ist, wie dargetan, der *rechtsdogmatischen Orts- und Funktionsbestimmung des Art. 19 Abs. 2 GG* gewidmet. Daraus folgt — was bei einem so oft mit sublimer Bekenntnisfreude abgehandelten Thema als Mangel empfunden werden mag — der betont technisch-konstruktive Charakter der Darstellung. Sie sucht weder den spezifischen Wesensgehalt einzelner Grundrechte (sei es abstrakt-schematisch, sei es konkret-kasuistisch) zu ermitteln, noch geht es ihr um die staatstheoretische Einsicht in das Wesen und die Funktion der Grundrechte und Grundrechtsinstitute oder gar um deren Einordnung in die Gesamtheit des Rechts[8].

---

[8] Diese Fragen stehen im Vordergrund der Monographie Peter *Häberles*, Die Wesensgehaltgarantie des Art. 19 Abs. 2 Grundgesetz (1962), die ihrem eigentlichen Thema freilich nur wenige Seiten einräumt (S. 234—238) und sich in Wahrheit als rechts- und staatstheoretischer „Beitrag zum institutionellen Verständnis der Grundrechte und zur Lehre vom Gesetzesvorbehalt" (so der Untertitel) präsentiert. Infogedessen haben beide Arbeiten wenig Berührungspunkte, zumal da *Häberle* wichtige dogmatische Fragestellungen von vornherein ausklammert (S. 3 mit Anm. 17) und einen durch die Ablehnung des Eingriffs- und Schrankendenkens geprägten Freiheitsbegriff vertritt (vgl. vor allem S. 150 ff., 222 ff.), der dem dieser Arbeit zugrundeliegenden entgegengesetzt ist.

Das Ziel dieser Arbeit ist weniger weit gesteckt. Den Anstoß zu ihr gab recht eigentlich die Frage, warum es nicht möglich sein solle, den schlichten Sinn dieser — wie jeder anderen — Verfassungsnorm auch ohne ein besonderes oder *ad hoc* erweitertes ideologisches Vorverständnis[9], ohne Zuhilfenahme ausgeborgter theoretischer Krücken, ohne rechtsphilosophische und geistesgeschichtliche Prämissen, ohne Naturrecht, ohne Rechtssoziologie und ohne einschränkende Wenn und Aber hinreichend exakt zu bestimmen. Das Unbehagen an dem immer komplizierter und unübersichtlicher werdenden Stand der Dinge wurde durch die Erkenntnis verstärkt, daß die Bedürfnisse des Rechtsalltags eine möglichst voraussetzungslose Entzifferung der Wesensgehaltsklausel erfordern, sollen nicht so elementare Gebote wie Rechtssicherheit und Rechtserkennbarkeit ernstlich gefährdet sein. Schließlich ist diese Klausel kein für die Rechtspraxis gleichgültiger Zierat unserer Verfassung und mehr als ein dankbares Objekt gelehrter Abhandlungen. Art. 19 Abs. 2 GG ist eine Norm, die ausgesprochen oder unausgesprochen jeden Grundrechtsstreitfall zu begleiten pflegt und den Einzelrichter eines Amtsgerichts unter Umständen ebenso herausfordert wie einen Senat des Bundesverfassungsgerichts. Eine gemeinverständliche, unzweideutige Auslegung der Wesensgehaltsgarantie erscheint auch unter diesem Aspekt geboten.

Sollte aber die Hoffnung auf eine mit logischer Notwendigkeit als richtig erkennbare und nachvollziehbare Interpretation des Art. 19 Abs. 2 GG trügen, so wird die Auseinandersetzung mit dem variantenreichen *status quo* auf andere Weise erfolgen müssen. Der bescheidene Nutzen dieser Bemühung mag dann darin bestehen, daß ein vermeintlicher Ausweg aus einer prekären Situation sich als nicht gangbar oder nicht überzeugend erwiesen hat.

Um eine solche Schlußfolgerung, sei sie positiv oder negativ, treffen zu können, darf die Wesensgehaltsgarantie weder isoliert unter einem verfassungsrechtlichen Teilaspekt noch von einer allzu erhöhten, den Einzelheiten entrückten Warte aus betrachtet werden. Man wird Art. 19 Abs. 2 GG vielmehr inmitten der bunten Vielfalt benachbarter Verfassungsnormen und Verfassungsprinzipien zu sehen und mit den Rechtsfiguren und -instituten zu konfrontieren haben, die der grundrechtlichen Ordnung im engeren wie im weiteren Sinne zugehörig sind und ihr das eigentümlich zeitlos-zeitverhaftete Gepräge geben. Ausgehend von dem Versuch, die zum Teil merkwürdig verfremdeten Züge nachzuzeichnen, die Art. 19 Abs. 2 GG im Spiegel der höchstrichter-

---

[9] Dem steht nicht entgegen, daß wir ein juristisches Problem niemals ‚an sich', sondern immer nur mit einem gewissen Vorverständnis erfassen; vgl. Horst *Ehmke,* Verfassungsinterpretation, S. 56 und passim.

lichen Judikatur angenommen hat, folgt diese Studie deshalb in verschiedenen Ansätzen sehr verschiedenartigen Pfaden. Sie durchstreift das imaginäre Koordinatensystem von Grundrechtsverbürgung und Grundrechtseinschränkung, von Grundrechtssicherung und Grundrechtsverwirkung mit dem Ziel, darin den Ort zu ermitteln, den die Verfassung der Wesensgehaltssperre zugewiesen hat.

Erstes Kapitel

Grundlagen

I. Die Problemstellung

Bei der Auslegung der Verfassungsbestimmung des Art. 19 Abs. 2 GG ergeben sich folgende Schwierigkeiten: Die Grundrechte des einzelnen unterliegen in bestimmten Situationen und unter bestimmten Voraussetzungen Einschränkungen, die über die in Art. 2 Abs. 1 GG der Persönlichkeitsfreiheit gezogenen allgemeinen Schranken hinausgehen. So muß sich etwa der einzelne als Angehöriger der Streitkräfte die Beschneidung seines Rechts auf freie Meinungsäußerung gefallen lassen (Art. 17 a Abs. 1 GG); er muß als Strafgefangener die unter Umständen lebenslange Entziehung einer ganzen Reihe von Grundrechten dulden; er kann Grundrechte verwirken (Art. 18 GG); er muß im Falle der Enteignung Eingriffe in sein Grundrecht auf Eigentum hinnehmen, die selbst dann, wenn Vollentschädigung gewährt wird, die Vernichtung seiner verfassungsrechtlich geschützten Eigentümerposition zur Folge hat; er ist, wenn die Aufrechterhaltung der öffentlichen Sicherheit und Ordnung dies gebieten, als Störer wie als Nichtstörer polizeilichen Zwangsmaßnahmen ausgesetzt, die ebenfalls eine empfindliche Verletzung seiner Freiheits- und Vermögenssphäre bewirken können. Die Beispiele ließen sich mehren.

Angesichts einer solchen Vielzahl von hoheitlichen Eingriffen in die individuelle Grundrechtsposition erscheint die Forderung des Art. 19 Abs. 2 GG, ein Grundrecht dürfe „in keinem Falle" in seinem Wesensgehalt angetastet werden, als schlechterdings unerfüllbar. Denn welchen Sinn man der gewiß auslegungsbedürftigen Begriffseinheit ‚grundrechtlicher Wesensgehalt' auch beilegen mag, — zumindest die totale Rechtsvernichtung zieht ihn denknotwendig in Mitleidenschaft. Stehen somit Grundgesetz und Verfassungswirklichkeit hier in einem offenen Widerspruch? Gibt es im Grundrechtsbereich verfassungswidrige Verfassungsnormen? Ist das Strafgesetzbuch, sind richterliche Durchsuchungsbefehle und polizeiliche Versammlungsverbote mit dem Grundgesetz unvereinbar?

Daß in der skizzierten Grundrechtsproblematik ein ungelöster — scheinbarer oder tatsächlicher — Widerspruch beschlossen liegt, ist in der Tat wiederholt erklärt worden[1]. Zugleich wird die Notwendigkeit anerkannt, diesen Widerspruch aufzulösen. Ihn auf sich beruhen zu lassen, sich resigniert mit seinen Folgen abzufinden oder ihn unter Berufung auf die demokratische Staatsform, der ein Verfassungsperfektionismus fremd sei, zu bagatellisieren[2], begegnet mit Recht schwerwiegenden Bedenken. Die Erfahrung lehrt, daß schon Unklarheiten über die Grenzen der Einschränkbarkeit von Grundrechten deren Geltungskraft zu schwächen vermögen. Um wieviel mehr gilt dies, wenn ernsthafte Zweifel daran bestehen, ob eine eigens zur verbindlichen Markierung jener Grenzen geschaffene, kategorisch formulierte Verbotsnorm selbst durchbrochen werden kann.

Eine die Wesensgehaltsklausel interpretierende Theorie, die solche Zweifel hervorruft oder stützt, weckt Skepsis und kritische Vorbehalte. Eine Theorie, die den Zweifel zur Gewißheit macht, indem sie — mit welcher Begründung auch immer — die Durchbrechung des kategorischen Verbots zu rechtfertigen sucht, muß von vornherein auf Widerstand stoßen. Nichts anderes gilt für jene Interpretationen, die in gewiß wohlgemeinter Inkonsequenz mit einem nachdrücklichen Bekenntnis zur Unantastbarkeit der Wesensgehaltsschranke beginnen, um fast im gleichen Atemzuge von mehr oder minder einschneidenden ‚Ausnahmen' zu sprechen, mit denen der individuelle Grundrechtsträger sich abzufinden habe[3]. Es ist beunruhigend, daß solche Theorien formal berechtigten Anlaß zu Vergleichen mit den in den Staaten des Ostblocks

---

[1] Vgl. etwa Otto *Bachof*, JZ 1957, S. 338, zu dem Versuch, die sich an Art. 19 Abs. 2 GG stoßende Einschränkbarkeit von Grundrechten zu rechtfertigen: „Hier steht der Wissenschaft und der Rechtsprechung noch eine bisher nicht bewältigte Aufgabe bevor." Ingo v. *Münch*, JZ 1958, S. 76, sieht in der Frage, wie Art. 19 Abs. 2 GG mit der lebenslänglichen Freiheitsstrafe vereinbart werden kann, „ein ungelöstes Problem der Grundrechte des Strafgefangenen". Franz *Mayer*, DVBl. 1959, S. 454, erklärt gar die Grundrechtsproblematik polizeilicher Eingriffe als „mit den herkömmlichen allgemeinen Formeln nicht mehr lösbar". Hans *Schüssler*, NJW 1965, S. 1898, erkennt im Umkreis des Art. 19 Abs. 2 GG „zwei Fälle einer glasklaren Konfliktsituation". — Daß diese harte Last von Unvereinbarkeiten und Widersprüchen noch eine andere Dimension hat und unmittelbar an den Nerv des Spannungsverhältnisses Staat — Individuum rührt, hat neuestens Herbert *Krüger*, Allgemeine Staatslehre, S. 944 f., 536 f., wieder bewußt gemacht.

[2] Dahin tendiert offensichtlich Herbert *Krüger*, DÖV 1955, S. 600, wenn er meint, daß „der Horror vor einem ungelösten Widerspruch jedenfalls in einem liberal-freiheitlichen Staat unbegründet" sei.

[3] Wenig befriedigend ist etwa die auch dogmatisch unscharfe Begründung, mit der Walter *Hamel*, Bedeutung der Grundrechte, 1957, S. 48 und passim, den Widerspruch auszuräumen versucht: „Eingriffe, Einschränkungen, Beschränkungen, Enteignungen sind nicht etwa Eingriffe in den Wesensgehalt der Grundrechte — denn der Wesensgehalt ist nach Art. 19 Abs. 2 GG unantastbar... — sondern es handelt sich um *irrationale*, dem sittlichen Wesen des Grundrechts immanente *Ausnahmen* von der rationalen Definition, die das Grundrecht gibt" (Hervorhebung von mir). Vgl. ferner BGH in VerwRspr. 8 (Nr. 21), S. 104.

I. Die Problemstellung

üblichen ‚dialektischen' Interpretationsverfahren bieten, mit deren Hilfe sich die von Verfassungs wegen gewährleisteten Grund- und Freiheitsrechte ohne Mühe relativieren, verkürzen oder vollends entwerten lassen.

Dazu darf es im Bereich einer rechtsstaatlichen Verfassung nicht kommen. Wenn das Grundgesetz in Art. 19 Abs. 2 GG strikt verbietet, ein Grundrecht in seinem Wesensgehalt anzutasten, so scheidet die Überlegung, unter welchen besonderen Voraussetzungen dies ausnahmsweise doch geschehen dürfe oder zu geschehen habe, als Ansatz zu einer akzeptablen, dogmatisch einwandfreien Lösung des aufgezeigten Widerspruchs aus. Leitgedanke und Ziel eines jeden Lösungsversuchs muß es vielmehr sein, der normativen Unbedingtheit des Art. 19 Abs. 2 GG ebenso unbedingt Rechnung zu tragen, solange sich diese Verfassungsnorm einer exakt-rationalen Betrachtung nicht eindeutig als unzugänglich erwiesen hat. Mit anderen Worten: Bis zum Beweis des Gegenteils ist von der Vermutung auszugehen, daß jener Widerspruch nicht zwischen Verfassungsrecht und Verfassungswirklichkeit besteht, sondern zwischen einer fehlerfrei gesetzten Norm und ihrer fehlerhaften, den Normsinn verfehlenden Auslegung[4]. Erweist sich aber, daß keine vernünftige Interpretation möglich ist, die dem strengen, vom Wortlaut der Norm erhobenen Anspruch gerecht wird, so ist die Suche nach anderen Lösungen jedenfalls gegen den Vorwurf gefeit, eine zentrale Grundrechtssicherung sei vorschnell mißdeutet und dadurch zum Schaden aller Grundrechte ihrer vollen Leistungskraft beraubt worden.

Das allgemeine, in der Einleitung kritisch kommentierte Unbehagen an der Wesensgehaltsgarantie ist, wie sich zeigt, der bloße Reflex einer sehr genau lokalisierbaren Kontroverse. Die durch eine knappe Zeile des Verfassungstextes heraufbeschworene Auslegungsschwierigkeit berührt einen neuralgischen Punkt unserer Verfassungsordnung. Bedeutung und Folgen dieser Kontroverse reichen deshalb über ihren eigentlichen Anlaß weit hinaus. Die Analyse der wichtigsten miteinander konkurrierenden Theorien wird das sichtbar machen.

---

[4] Ähnlich Herbert *Krüger*, a.a.O., S. 598: „Jedenfalls sollte man sich über den eindeutigen Wortlaut des Art. 19 Abs. II nur dann hinwegsetzen, wenn jede Möglichkeit gründlich ausgeschlossen wurde, der Verfassunggeber könne in der Tat das gemeint haben, was er gesagt hat."

II. Der Auslegungsstreit — Darstellung und Kritik

1. *Die Auffassung des Bundesgerichtshofs*

a) Der Bundesgerichtshof hat zur Problematik des Art. 19 Abs. 2 GG erstmals in einem Gutachten[1] Stellung genommen, das im Hinblick auf die Verfassungsmäßigkeit eines konkreten gesetzlichen Eingriffs (Impfzwang) in das Grundrecht auf körperliche Unversehrtheit (Art. 2 Abs. 2 GG) erstattet worden ist. Wenig später hat das Gericht sich erneut, diesmal unter dem Aspekt der Einschränkbarkeit des Grundrechts der freien Berufswahl (Art. 12 Abs. 1 GG), zu dieser Frage gutachtlich geäußert[2]. Es hat dabei zur Vereinbarkeit grundrechtseinschränkender Gesetze mit der Wesensgehaltsgarantie gleichlautend folgendes ausgeführt[3]:

> „Ein Grundrecht wird durch einen gesetzlichen Eingriff dann in seinem Wesensgehalt angetastet, wenn durch den Eingriff die wesensgemäße Geltung und Entfaltung des Grundrechtes stärker eingeschränkt würde, als dies der sachliche Anlaß und Grund, der zu dem Eingriff geführt hat, unbedingt und zwingend gebietet. Der Eingriff darf also nur bei zwingender Notwendigkeit und in dem nach Lage der Sache geringstmöglichen Umfang vorgenommen werden und muß zugleich von dem Bestreben geleitet sein, dem Grundrechte gleichwohl grundsätzlich und im weitestmöglichen Umfange Raum zu lassen."

Diese sprachlich etwas gewundene, in der Einfachheit des Gedankens aber bestechend anmutende Interpretation, die der bis dahin noch wenig profilierten[4] Diskussion des Art. 19 Abs. 2 GG einen kräftigen Anstoß versetzte, gibt in mehrfacher Hinsicht zu Bedenken Anlaß. Denn nach dieser Auffassung des BGH tastet *jeder*, d. h. auch der leichteste Eingriff das betroffene Grundrecht in seinem Wesensgehalt an, sofern der Eingriff durch den sachlichen Anlaß und Grund nicht „unbedingt und zwingend" geboten ist. Der Begriff des Wesensgehalts wird hier keinem *materiellen*, auf die Wirkung und *Schwere* eines Eingriffs bezogenen Maßstab zugeordnet, sondern eher einer gleitenden Skala, auf der gleichartige Eingriffe in ein und dasselbe Grundrecht ganz unterschiedliche Werte und damit auch eine unterschiedliche verfas-

---

[1] Gutachten des 1. Zivilsenats vom 25. Jan. 1952, in BGHSt 4, 375 ff.

[2] Gutachten des gleichen Senats vom 28. April 1952, BGHSt 4, 385 ff. Vgl. auch BGHSt 7, 394 (397 ff.).

[3] BGHSt 4, 377 bzw. 392.

[4] Das Bundesverfassungsgericht hat sich am 7. Mai 1953 (Beschluß des Ersten Senats, BVerfGE 2, 266), das Bundesverwaltungsgericht am 15. Dez. 1953 (Urteil des Ersten Senats, BVerwGE 1, 48) erstmals mit der Wesensgehaltssperre befaßt.

II. Der Auslegungsstreit — Darstellung und Kritik

sungsrechtliche Bewertung ergeben können. Kriterium für die Durchbrechung der Wesensgehaltssperre ist für den BGH ein *modales* Element: Die Verhältnismäßigkeit des Eingriffs, die Ausgewogenheit von Mittel und Zweck.

Unabhängig davon, ob es überhaupt gerechtfertigt ist, in Art. 19 Abs. 2 GG ein derartiges, den Gesetzgeber bindendes ‚Übermaßverbot'[5] oder ‚Mindesteingriffsgebot'[6] impliziert zu sehen[7], scheint es zumindest als fraglich, ob diese Interpretation der Wesensgehaltsgarantie deren Bedeutung erschöpft[8] oder auch nur einen charakteristischen, sachlich besonders bedeutsamen Teilaspekt von ihr erfaßt. Denn diese Auslegung enthält kein Moment, das es gestatten würde, den Begriff des Wesensgehalts inhaltlich zu fixieren. Nach ihr bleibt dieser Begriff, an den das Grundgesetz die schwere Sanktion der Verfassungswidrigkeit eines grundrechtseinschränkenden Eingriffs geknüpft hat, eine unbestimmt-variable Größe. Zu der daraus resultierenden Beeinträchtigung der Rechtssicherheit und Rechtserkennbarkeit tritt das Bedenken, ob Art. 19 Abs. 2 GG seine grundrechtssichernde Funktion angemessen erfüllen kann, wenn sich die Auslösung der in ihm angelegten Sanktion nicht vom Grundrecht und seiner Verletzung, sondern von den Modalitäten des Eingriffs her bestimmt.

b) Nach Ansicht des BGH genügt schon ein geringfügiges Mißverhältnis zwischen Mittel und Zweck, um eine Verletzung der Wesensgehaltsgarantie zu konstatieren, — und zwar auch dann, wenn es sich insgesamt um einen Eingriff von durchaus leichter Natur handelt. Das jedenfalls ist die logische Konsequenz der in dem Gutachten gegebenen Interpretation. Diese Auffassung führt somit zu dem paradoxen Ergebnis, daß schwerste, ein Grundrecht — sei es als subjektiv-öffentliches Recht, sei es als Institut[9] — im Kern treffende Eingriffe seinen Wesensgehalt nicht antasten, wenn und solange die Verhältnismäßigkeit von Mittel und Zweck gewahrt ist. Wird nämlich der „sachliche

---

[5] So *Zippelius,* DVBl. 1956, S. 353, im Anschluß an Walter *Jellinek,* Verwaltungsrecht, 3. Aufl., S. 439.

[6] So Erhard C. *Denninger,* DÖV 1960, S. 812 mit Anm. 14.

[7] Dazu ausführlich unten S. 72 ff.

[8] Das bestreiten selbst die Befürworter der BGH-Position; vgl. Günter *Dürig,* AöR Bd. 81 (1956), S. 146, *Denninger,* a.a.O., S. 813, und Peter *Lerche,* Übermaß und Verfassungsrecht, S. 37. Wenn letztere jedoch meinen, auch der BGH sehe seine Interpretation nicht als erschöpfend an, so ist dem entgegenzuhalten, daß dies in den BGH-Gutachten nicht zum Ausdruck kommt. Hier wird eine uneingeschränkt-generelle (nicht auf die Besonderheiten eines Einzelfalls bezogene) Aussage über das Eingreifen der Wesensgehaltsgarantie getroffen, ohne daß ein anderes Moment als das der Verhältnismäßigkeit dabei berücksichtigt ist.

[9] Zu dieser grundsätzlichen Unterscheidung, die der BGH *expressis verbis* nicht trifft, vgl. unten S. 57 ff.

Anlaß und Grund" eines Eingriffs bejaht und daß Maß der Einschränkung als „unbedingt und zwingend" geboten festgestellt, so verbleibt dem Richter, der sich die BGH-Position zu eigen macht, kein Kriterium, das die Intensität des Eingriffs seiner Schwere nach begrenzen könnte. Hier wird offenbar, bis zu welchem Grade diese Lehre die Wesensgehaltssperre *relativiert:* Eine Grundrechtsbeschränkung, deren ‚zwingende Notwendigkeit' auf die gesetzgeberische Absicht bezogen ist, mag diese noch so wohlbegründet sein, wird der Kontrolle durch feste, materielle Maßstäbe entrückt. Um dies zu erkennen, bedarf es kaum noch des Hinweises auf die Verwendung so elastischer Begriffe wie „geringstmöglich" und „weitestmöglich", die das Fehlen objektiver und unverrückbarer Anhaltspunkte für die verfassungsrechtliche Limitierung hoheitlicher Grundrechtsbeschränkungen vollends deutlich werden lassen.

c) Eines muß der Auffassung des Bundesgerichtshofs freilich zugestanden werden: Wer sich ihre Prämisse zu eigen macht, kann den aufgezeigten — tatsächlichen oder vermeintlichen — Widerspruch zwischen Verfassungsrecht und Verfassungswirklichkeit lösen, ohne mit der Unbedingtheit der durch Art. 19 Abs. 2 GG gesetzten Schranken in Konflikt zu geraten. Denn nach dieser Lehre gibt es keinen formal einwandfrei zustande gekommenen Eingriff in Grundrechte, der sich *per se* — nach Art, Schwere, Umfang oder Dauer — als ein Eingriff auch in den Wesensgehalt dieser Grundrechte erweist und somit verfassungswidrig ist.

Die hier erreichte dogmatische Harmonie ist allerdings teuer erkauft. Sie beruht auf dem sophistischen Kunstgriff, das keine Einschränkung duldende Verbot des Art. 19 Abs. 2 GG von innen her zu relativieren und auszuhöhlen: Die Gleichsetzung des Wortes ‚Wesensgehalt' mit Begriffen, die nicht auf die Grundrechts*substanz* bezogen sind, ermöglicht es, die Wesensgehaltsschranke gewissermaßen zu unterlaufen. Als Gegenleistung wird dem Anhänger der BGH-Position die Bereitschaft abgefordert, in dem gewiß auslegungsbedürftigen Begriff ‚Wesensgehalt' eine Art Blankoformel zu sehen. Darin liegt zugleich die Schwäche dieser Position. Denn es ist sehr zweifelhaft, ob dem natürlichen Sinn des Wortes ‚Wesensgehalt' eine Interpretation noch gerecht wird, die materielle Kriterien ausscheidet[10], und ob wirklich schon eine geringfügige Verletzung des Verhältnismäßigkeitsgebots den *wesentlichen* Gehalt eines Grundrechts antastet, während dies bei ungleich rigoroseren, aber verhältnismäßigen Eingriffen nicht der Fall sein soll.

---

[10] Nach Hans *Peters,* Verfassungsmäßigkeit, S. 27, fehlt den Worten des Art. 19 Abs. 2 GG „jede Bezogenheit auf den jeweiligen gesetzgeberischen Anlaß eines Eingriffs; vielmehr wird die absolute Bestimmbarkeit des jeweiligen Grundrechtskerns vorausgesetzt".

Diese sachliche Ungereimtheit ist so gravierend, daß sie den Vorzug der dogmatischen Geschlossenheit nahezu aufhebt. Nur ein geringer Teil des Schrifttums[11] und der Rechtsprechung[12] hat an ihr keinen Anstoß genommen. Überwiegend ist die BGH-Auffassung als im Ansatz falsch[13] oder zumindest lückenhaft[14] empfunden worden, und die Judikatur hat versucht, ihrer unbehaglichsten Konsequenz — daß sie nämlich einen die grundrechtliche Substanz treffenden, aber sachlich begründeten und verhältnismäßigen Eingriff *per definitionem* nicht als Verletzung der Wesensgehaltsgarantie zu erfassen vermag — durch die zusätzliche Berücksichtigung objektiver Kriterien zu entgehen[15]. Bundesverfassungs- und Bundesverwaltungsgericht haben den Thesen des BGH offen widersprochen[16].

d) Der Bundesgerichtshof selbst hat in seinem Beschluß vom 17. Okt. 1955[17] seine Position einerseits verteidigt (und dabei den Vorwurf der Relativierung der Wesensgehaltssperre an seine Kritiker zurückgegeben), andererseits durch die Einführung des Begriffs der „übergeordneten Rechtsgründe" ergänzt[18]. Das Erfordernis der zwingenden Notwendigkeit setze die Existenz solcher Rechtsgründe voraus. Grundsätzlich seien, so heißt es wörtlich, Eingriffe in Grundrechte nur dann zulässig, wenn diese „in Konflikt mit klar *übergeordneten Rechtswerten* zu kommen drohen"[19]. Dabei sei jedoch „immer zu berücksichtigen, daß die Grundrechte nach der Rangordnung des Grundgesetzes *selbst die höchsten Rechtswerte* sind"[19].

Diese in sich widerspruchsvolle Argumentation sucht und suggeriert — unbekümmert um die Gesetze der Logik — die Möglichkeit einer absoluten und zugleich relativen Sperrwirkung der Wesensgehalts-

---

[11] Robert *Adam*, DÖV 1954, S. 205; Rupprecht v. *Krauss*, Grundsatz der Verhältnismäßigkeit, S. 51 (unter Berufung auf das Rechtsgutachten von Hans Peter *Ipsen*, Das Verbot des Massengütertransports im Straßenverkehr, 1954); *Zippelius*, a.a.O., S. 354.

[12] OLG Köln, Urteil v. 10. Juli 1953, NJW 1953, S. 1846.

[13] *Peters*, a.a.O., S. 13, 26 f.; Erwin *Stein* in *Zinn-Stein*, Anm. 6 a zu Art. 63 (S. 312); v. *Mangoldt-Klein*, Anm. V 4 b und d zu Art. 19; Herbert *Krüger*, NJW 1955, S. 201 ff, mit Anm. 11; *Ders.*, DÖV 1955, S. 598; Ingo v. *Münch*, JZ 1958, S. 76; Joseph H. *Kaiser*, Verfassungsrechtliche Eigentumsgewähr, S. 41 f.; Hans *Peters*, Positivierung der Menschenrechte, S. 369. Walter *Leisner*, DVBl. 1960, S. 625, Anm. 49; *Giese-Schunck*, Anm. II 4 zu Art. 19 GG.

[14] So *Denninger*, a.a.O., S. 813; *Dürig*, a.a.O., S. 146.

[15] Vgl. OVG Lüneburg, Beschluß vom 19. 1. 1955, MDR 1955, S. 440, und OVG Hamburg, Urteil vom 26. 1. 1955, MDR 1955, S. 442.

[16] Vgl. BVerfGE 7, 377 (411) und BVerwGE 2, 295 (299 f.).

[17] VerwRspr. 8, Nr. 21, S. 98 ff. Es handelt sich dabei um eine Stellungnahme des 1. Zivilsenats zu dem Vorlagebeschluß eines Amtsgerichts.

[18] a.a.O., S. 104.

[19] Hervorhebung nicht im Original.

schranke[20]. Unter dogmatischem Aspekt enthält sie kein neues und auch kein verdeutlichendes Moment. Unter Verzicht auf eine juristisch scharfe Grenzziehung appelliert die Lösung des BGH vornehmlich an das richterliche Rechts*gefühl*. Ihren grundsätzlichen Ausführungen über Wert und Widerstandskraft der positiven Grundrechtsverbürgungen wird man nur zustimmen können. Zu der notwendigen Klärung von Rechtscharakter und -funktion der Wesensgehaltssperre aber trägt der hier unternommene Lösungsversuch nicht bei. Ebensowenig läßt sich dies von dem am 16. Nov. 1956 ergangenen Urteil des 1. Zivilsenats sagen, in dem als weitere Hilfskonstruktion zur Rechtfertigung besonders empfindlicher Grundrechtsbeschränkungen eine Rangordnung der Grundrechte untereinander eingeführt und auf „Bedeutung" und „Gewicht" des betroffenen Grundrechts abgestellt wird[21]. Ein Jahr zuvor hatte derselbe Senat noch erklärt, Art. 19 Abs. 2 GG beziehe sich „*in gleicher Weise* auf die sogenannten klassischen Grundrechte, deren übergesetzlicher Rang unbestritten ist, wie auf die erst vom Verfassungsgesetzgeber in den Rang der Grundrechte erhobenen Rechte"[21a]. Jetzt heißt es, bei den unverletzlichen und unveräußerlichen Menschenrechten im Sinne von Art. 1 Abs. 2 GG („echte Grundrechte") seien dem Eingriff des Gesetzgebers „weit engere Grenzen gezogen, als wenn es sich um Grundrechte handelt, denen der Gesetzgeber (sic) von seinem Standpunkt aus den besonderen Grundrechtsschutz verliehen hat"[21]. Seit dieser nicht unbedenklichen Entscheidung, die erneut die Sperrwirkung des Art. 19 Abs. 2 GG und erstmals auch den Begriff des Grundrechts selbst relativiert, hat der Bundesgerichtshof die Problematik der Wesensgehaltsschranke auf sich beruhen lassen[21b]. Die disparate Vielfalt seiner Argumente und ein fast zehnjähriges Schweigen machen die Formulierung einer konsistenten BGH-Konzeption heute schwerer denn je.

Willi Geiger hat in seinem Bericht über die Rechtsprechung des Bundesgerichtshof zum Grundgesetz[21c] kritisch angemerkt, daß die

---

[20] Ein weiterer Passus des BGH-Beschlusses ist für dieses Bemühen nicht minder kennzeichnend; vgl. dazu unten S. 62.

[21] BGHZ 22, 167 (176).

[21a] VerwRspr. 8, S. 104 (Hervorhebung von mir). Dieser zutreffenden Feststellung hat, soweit ich sehe, nur Andreas *Hamann*, Grundgesetz, Anm. B 6 zu Art. 19, widersprochen.

[21b] Vgl. BGHZ 23, 30 (33); 27, 382 (388); 30, 338 (341 f.); 35, 240 (242); 41, 136 (150), sowie das Urt. des 3. Strafsenats vom 11. Jan. 1963, JZ 1963, S. 402 ff. (mit einer kritischen Anm. von Hans-Ulrich Evers). Nur in BGHZ 26, 42 (45 f.) hat der 6. Zivilsenat den Versuch eines neuen Anlaufs gemacht, ist aber über eine knappe Darlegung des Theorienstreites und eine vorsichtige Distanzierung von den — im Hinblick auf die Judikatur des BVerwG als „sehr strenge Auffassung" bezeichneten — gutachtlichen Äußerungen des 1. Zivilsenats nicht hinausgekommen.

[21c] Jhb.öff.R., N. F., Band 11 (1962), S. 147.

"Schwierigkeiten, die in den Versuchen des BGH bei der Abgrenzung der einzelnen Grundrechte liegen, ... noch keineswegs überwunden" seien. In besonderem Maße dürfte dies für die Interpretation und Abgrenzung des Art. 19 Abs. 2 GG gelten. Man möchte hoffen, daß der BGH das letzte Wort zur Wesensgehaltsgarantie noch nicht gesprochen hat und um die Korrektur einer Position bemüht bleiben wird, die in ihrer jetzigen Gestalt eine dogmatische Scheinlösung auf Kosten der normativen Wirksamkeit des Art. 19 Abs. 2 GG anbietet.

2. Die Auffassung des Bundesverwaltungsgerichts

a) Das Bundesverwaltungsgericht hat erstmals in dem Urteil seines Ersten Senats vom 15. Dez. 1953[22], die Zulässigkeit einer Bedürfnisprüfung im Gaststättengewerbe betreffend, seinen Standpunkt zur verfassungsrechtlichen Bedeutung der Wesensgehaltsgarantie dargelegt. Es hat mit dieser grundsätzlichen Entscheidung die bis dahin fast ausschließlich durch die Auffassung des BGH bestimmte Diskussion des Art. 19 Abs. 2 GG nachhaltig gefördert und ihr gewissermaßen eine neue Dimension eröffnet.

Das Gericht geht davon aus, daß die gesetzliche Einschränkbarkeit des Rechts der Berufsfreiheit wie die jedes Grundrechts in Art. 19 Abs. 2 GG „ihre unverrückbare und enge Grenze" findet. Es stellt fest, daß die Bedürfnisprüfung die Freiheit der Berufswahl hinfällig mache und damit den Wesensgehalt des Grundrechts nach Art. 12 Abs. 1 Satz 1 GG antaste: Durch sie könne der Zugang zu dem Beruf überhaupt versperrt werden; der Nachweis eines Bedürfnisses liege zudem „außerhalb der Tatbestände, auf die der Bewerber Einfluß nehmen kann"[23].

Diese Feststellung eines klaren Verstoßes gegen Art. 19 Abs. 2 GG sieht das Gericht jedoch nicht als ausreichend an, um aus ihr die verfassungsrechtlichen Konsequenzen zu ziehen. Es fügt vielmehr hinzu:

„Allerdings gehört es zum Inbegriff aller Grundrechte ..., daß sie nicht in Anspruch genommen werden dürfen, wenn dadurch *die für den Bestand der Gemeinschaft notwendigen Rechtsgüter* gefährdet werden. Denn jedes Grundrecht setzt den Bestand der staatlichen Gemeinschaft voraus, durch die es gewährleistet wird[24]."

---

[22] BVerwGE 1, 48 (51 ff.).
[23] a.a.O., S. 51.
[24] a.a.O., S. 52 (Hervorhebung von mir). Leicht abgewandelt heißt es in BVerwGE 1, 92 (94): „Allerdings gehört es zum Inbegriff der Grundrechte ..., daß sie nicht in Anspruch genommen werden dürfen, wenn dadurch *andere Grundrechte* oder die für den Bestand der Gemeinschaft notwendigen

Und in der Zusammenfassung heißt es nochmals, die Vorschrift des § 1 Abs. 2 GaststG, die die Zulassung zum Schankgewerbe vom Nachweis eines Bedürfnisses abhängig macht, stelle „im ganzen einen unzulässigen Eingriff in den Wesensgehalt des Grundrechts der Freiheit der Berufswahl dar. Dieser Eingriff ist auch nicht zum Schutze der für den Bestand der Gemeinschaft notwendigen Rechtsgüter unerläßlich"[25].

Nach Ansicht des Bundesverwaltungsgerichts führt somit die Durchbrechung der Wesensgehaltssperre nicht zwangsläufig zur Nichtigkeit der grundrechtsbeschränkenden Norm. Diese Folge kann vielmehr abgewendet, der Verstoß gegen Art. 19 Abs. 2 GG geheilt werden, wenn der Schutz bestimmter Gemeinschaftswerte[26] dies gebietet: Ein Eingriff, der im ganzen unzulässig, aber unerläßlich ist, ist zulässig[26a].

Es bleibe dahingestellt, ob die praktische Handhabung dieser paradoxen These zu sachlich richtigen Ergebnissen führen kann. Unverkennbar ist, daß auch sie die Wesensgehaltssperre relativiert, ihre Unbedingtheit aufhebt. Das, was der BGH auf interpretativem Wege — mit Hilfe einer das Verbot des Art. 19 Abs. 2 GG zumindest formal respektierenden inhaltlichen Auflösung des Begriffs ‚Wesensgehalt' — erreicht hat, wird vom Bundesverwaltungsgericht in offenem Widerspruch zum Wortlaut der Verfassungsnorm postuliert. In einem späteren Urteil[27] lehnt das Gericht die Auffassung des BGH ausdrücklich ab. Die Prüfung, ob der sachliche Anlaß und Grund den Eingriff unbedingt und zwingend gebiete, sei erst dann bedeutungsvoll, wenn feststehe, daß das betroffene Grundrecht durch den Eingriff überhaupt in seinem Wesensgehalt angetastet werde. Das Bundesverwaltungsgericht sieht somit in der (nachträglichen) Berücksichtigung gemeinschaftsbedingter Rechtsgüter, deren Schutz es für „unabweisbar notwendig"[28] erachtet, einen Rechtfertigungsgrund, der den Bruch der Wesensgehaltssperre heilt[29].

Rechtsgüter gefährdet werden." (Hervorhebung von mir.) Später fällt dieser Zusatz wieder fort; so seit BVerwGE 1, 165 (168) in ständiger Rechtsprechung, vgl. BVerwGE 1, 269 (270, 272); 2, 85 (87); 2, 89 (94); 2, 295 (300); 4, 167 (171).

[25] BVerwGE 1, 53 f.

[26] Dazu zählen etwa öffentliche Sicherheit, Volksgesundheit, öffentliches Verkehrsinteresse, staatliche Rechtspflege; vgl. Walter *Hamel*, DVBl. 1958, S. 38.

[26a] Diese Argumentation ist zum ersten Mal in BVerwGE 2, 89 (94) praktisch geworden: hier wird die Verfassungsmäßigkeit einer Norm, die nach den Feststellungen des Gerichts das Grundrecht der freien Berufswahl in seinem Wesensgehalt antastet, „im übergeordneten Interesse der staatlichen Gemeinschaft" bejaht.

[27] Urteil vom 3. 11. 1955, BVerwGE 2, 295 (299 f.). Das Gutachten in BGHSt 4, 375 wird hier, der fehlerhaften Angabe in DVBl. 1953, S. 370, folgend, mit falscher Jahreszahl zitiert.

[28] BVerwGE 4, 167 (171).

[29] Ebenso *Denninger*, a.a.O., S. 813.

Daß sich die Auffassungen beider Gerichte mehr der Konstruktion als der Sache nach unterscheiden, wird vollends deutlich, wenn das Bundesverwaltungsgericht erklärt, das Erfordernis der unabweisbaren Notwendigkeit erfasse „insbesondere auch den Umfang der eingreifenden Maßnahmen und ihre Verhältnismäßigkeit ... Der Eingriff darf nicht schwerer sein, als der verfolgte Zweck es rechtfertigt"[30].

b) Dieser Unterschied in der Konstruktion ist für das dogmatische Verständnis der Wesensgehaltssperre freilich bedeutsam genug. Indem das Bundesverwaltungsgericht unterstellt, ein von der Verfassung mit absoluter Wirkung („in keinem Fall") errichtetes Verbot dürfe zugunsten angeblich übergeordneter Rechtsgüter durchbrochen werden, wirft es die grundsätzliche Frage nach der Zulässigkeit einer dem Wortlaut der Norm erkennbar entgegengesetzten Verfassungsinterpretation auf.

Jede Verfassungsinterpretation „steht unter dem Gebot optimaler Verwirklichung der Norm"[31]. Der Weg zur Erkenntnis ihres Sinngehaltes ist durch den Wortlaut der Norm vorgezeichnet und begrenzt. Das Bundesverfassungsgericht hat die Verbindlichkeit dieser Grenze mehrfach mit großem Nachdruck unter dem Aspekt der verfassungskonformen Auslegung von Gesetzen bekräftigt[32]. Es hat sich insbesondere unter ausdrücklicher Berufung auf den Wortlaut des Grundgesetzes gegen die Mißachtung gewandt, die der sog. Junktim-Klausel des Art. 14 Abs. 3 Satz 2 GG von einem Teil der Judikatur — darunter auch dem Bundesverwaltungsgericht[33] bekundet worden ist[34]. Dürig hat dieser bedeutsamen Entscheidung des Bundesverfassungsgerichts ohne Vorbehalt zugestimmt und ihre praktischen Konsequenzen präzisiert[35]. Sie bestehen vor allem darin, daß Rechtssetzung und

---

[30] a.a.O., S. 171.
[31] Konrad *Hesse*, Die normative Kraft der Verfassung, S. 15.
[32] BVerfGE 2, 340; 8, 28 ff., 9, 200. Dazu im Hinblick auf grundrechtseinschränkende Gesetze Peter *Schneider*, in *Fechner-Schneider*, Verfassungswidrigkeit und Rechtsmißbrauch, S. 73.
[33] BVerwGE 1, 42 (44) und 1, 140 (144), mit Anm. von *Haueisen* in DÖV 154, S. 282. Kritisch dazu *Scheuner*, DÖV 1954, S. 590 („Dieser Versuch, die Junctimklausel auszuschalten, wird wohl kaum erfolgreich sein, da er auf die Mitwirkung der ordentlichen Gerichte angewiesen ist. Dem geltenden Recht entspricht er nicht."), und Otto *Bachof*, DÖV 1954, S. 592 ff.
[34] Beschluß des Ersten Senats vom 21. Juli 1955, BVerfGE 4, 219 (228 ff.). Nach Zitierung einer Reihe abweichender Ansichten heißt es hier (230): „Alle diese Meinungen widersprechen dem Grundgesetz. Bereits der Wortlaut des Art. 14 Abs. 3 GG ergibt, daß jedes nach Inkrafttreten des Grundgesetzes erlassene Enteignungsgesetz ohne Rücksicht darauf, ob sein Enteignungscharakter ohne weiteres erkennbar ist oder nicht, eine Regelung über Art und Ausmaß der Entschädigung enthalten muß." — Davon neuerlich abweichend OVG Münster, Urteil vom 8. Okt. 1958, JZ 1959, S. 359 f., mit kritischer Anm. von *Reissmüller*.
[35] Günter *Dürig*, JZ 1955, S. 521 ff.

Rechtsanwendung in gleicher Weise verpflichtet sind, „den Verfassungswortlaut sehr ernst" zu nehmen und „klare formelle Gesetzesaussagen" nicht durch „angeblich gewohnheitsrechtlich geltende Obersätze" zu relativieren[36].

Auslegungen, die mit dem Wortlaut der Norm nicht in Einklang stehen, verdienen äußerstenfalls dann Anerkennung, wenn wider allen Zweifel die Unmöglichkeit erwiesen ist, die Norm auf verbaler Grundlage sinnvoll zu interpretieren. Die Notwendigkeit, offensichtliche Redaktionsversehen[37] zu korrigieren, oder das Bemühen, durch die Ausfüllung von erst später erkennbar gewordenen Gesetzeslücken einen Erfolg abzuwenden, den der Gesetzgeber nicht gewollt haben kann, sind dafür Beispiele. In solchen Fällen muß es als ultima ratio gestattet sein, die sonst starre Bindung der exegetischen Analyse an die formelle Gesetzesaussage zu lockern. Ein „Überspielen förmlicher Texte"[38] hingegen ist stets unzulässig[39].

Aus diesen Gründen erscheint die Interpretation, die das Bundesverwaltungsgericht der Wesensgehaltsklausel gibt, nicht nur als „dogmatisch verfehlt"[40], sondern auch als Verstoß gegen hergebrachte und überdies unumstrittene Auslegungsregeln. Das Gericht läßt sogar unerörtert, ob es die von ihm bejahte Möglichkeit einer Durchbrechung des Art. 19 Abs. 2 GG als *äußerstes* oder doch außergewöhnliches Mittel zur Auflösung eines anders nicht zu beseitigenden Widerspruchs betrachtet. Es sieht vielmehr als keiner Begründung bedürftig an, daß ungeschriebene „Obersätze" eine mit Verfassungsrang ausgestattete, kategorisch formulierte Verbotsnorm hinfällig machen können.

Das Überspielen förmlicher Texte gefährdet das Vertrauen in die Kongruenz von Aussage und Sinn positiver Rechtsvorschriften. Eine solche Gefährdung wiegt im Bereich der Grundrechtsordnung doppelt schwer. Denn die Grundrechte können „nur dann Staatsbewußtsein

---

[36] a.a.O., S. 521.
[37] Zum Fall der „widerspruchsvollen Terminologie" eines Verfassungstextes vgl. Eberhard *Menzel* in Bonner Kommentar, Anm. II 1 des Nachtrags zu Art. 79 Abs. 1.
[38] So *Dürig*, a.a.O., S. 521.
[39] Das schließt nicht aus, daß die Rechts- und Verfassungspraxis sich *praeter legem* fortentwickeln kann. Das Verfassungsrecht der USA bietet mit der Modifizierung des Präsidentschaftswahlverfahrens dafür ein Beispiel. Ein solcher Verfassungswandel ist scharf zu trennen von der Rechtsentwicklung *contra legem*, die gerade auf der kontinental-europäischen, von der Vorherrschaft geschriebener Gesetzestexte geprägten Rechtsanschauung als schwer akzeptabel erscheint.
[40] So *Denninger*, a.a.O., S. 813. Ähnlich spricht *Dürig*, AöR, Bd. 81 (1956), S. 135, von einer „Fehlinterpretation des Art. 19 II in systematisch-dogmatischer Hinsicht".

II. Der Auslegungsstreit — Darstellung und Kritik

erzeugen, wenn sich jedermann jederzeit auf das verlassen kann, was in der Verfassungsurkunde geschrieben ist"[41]. Die entschiedene Kritik, die die Argumentation des Bundesverwaltungsgerichts hervorgerufen hat, ist deshalb auch unter diesem Aspekt gerechtfertigt und notwendig[42]. Daß sich das Bundesverwaltungsgericht dort, wo es den Vorrang schutzwürdiger Gemeinschaftswerte verneint, zur absoluten Sperrwirkung des Art. 19 Abs. 2 GG bekennt[43], räumt die hier vorgetragenen Bedenken nicht aus[44].

3. Die Theorie immanenter Grundrechtsschranken

Die eingangs gestellte, für das Verständnis der Wesensgehaltssperre entscheidende Frage, wie sich ihr absoluter Charakter mit der Fülle unbestreitbar rechtmäßiger Eingriffe in die individuelle Grundrechtsposition vereinbaren lasse, hat ihre dogmatisch überzeugendste Antwort in einer Theorie gefunden, die auf der Annahme immanenter oder inhärenter Grundrechtsschranken beruht. Den Grundrechten — so will es diese Lehre — sei die „Gemeinschaftsbindung" von Anfang an immanent[45]; sie fänden ihre natürliche Begrenzung in den „legiti-

---

[41] Herbert *Krüger*, NJW 1955, S. 202; vgl. auch DVBl. 1953, S. 99, wo *Krüger* sich gegen „ungeschriebene Vorbehalte" wendet und auf die „Integrationsaufgabe der Grundrechte" hinweist, sowie DÖV 1955, S. 598.

[42] Vgl. *Dürig*, AöR, Bd. 81 (1956), S. 135, zum ‚Prozeßagenten-Urteil' in BVerwGE 2, 89: hier werde „zunächst die *Verletzung* des Wesensgehalts des Art. 12 I *bejaht*, dann aber nachträglich mit Hilfe der vom Gericht übrigens noch nicht einmal begründeten Gemeinschaftsklausel die *Verfassungswidrigkeit* dieser Verletzung ... *verneint*. So geht es gewiß nicht. Staatliches Handeln, das Art. 19 II *verletzt*, ist nicht zu retten". Kritisch zum gleichen Urteil *Uber*, Gew.Arch. 1955, S. 58. Otto *Bachof*, JZ 1957, S. 337, nennt die Ansicht, ein Eingriff könne trotz Verstoßes gegen Art. 19 Abs. 2 GG zulässig sein, „grundsätzlich verfehlt": „So leichtfertig darf man mit dem Wortlaut des Grundgesetzes ... denn doch nicht umgehen!"

Vgl. ferner *Maunz-Dürig*, Anm. VIII 8 a ee) zu Art. 2 Abs. 1 (Rd. Nr. 76), mit dem Hinweis, soweit ersichtlich habe sich kein Gericht „der in der Wurzel verfehlten Ansicht" des BVerwG angeschlossen. Der Erste Senat des BVerfG hat in seinem Urteil vom 11. Juni 1958 (BVerfGE 7, 377 ff. (411) die Auffassung des BVerwG ausdrücklich zurückgewiesen und die Frage, unter welchen Voraussetzungen ein gegen Art. 19 Abs. 2 GG verstoßender Eingriff „ausnahmsweise trotzdem zulässig" sei, unter Berufung auf den „klaren Wortlaut" dieser Norm als „gegenstandslos" bezeichnet. Damit ist die Möglichkeit, diese Rechtsprechung des BVerwG im Wiederholungsfall im Wege der Verfassungsbeschwerde mit Erfolg anzugreifen, *implicite* anerkannt.

[43] Etwa in BVerwGE 2, 295.

[44] Deshalb gehen die Ausführungen *Denningers*, a.a.O., S. 813, sein Hinweis auf den „gedanklichen Ausgangspunkt" des BVerwG, den es mit BGH und BVerfG teile, an der Sache vorbei. Das Gericht selbst hat sich seit Jahren nicht mehr zur Wesensgehaltssperre geäußert. Sie wurde zuletzt im Urteil des 1. Senats vom 18. Aug. 1960 beiläufig erwähnt (BVerwGE 11, 95).

[45] So Ulrich *Scheuner*, VVDStRL Heft 11 (1954), S. 22.

men, übergeordneten, elementaren Rechten der Gemeinschaft"[46]. Hoheitliche Eingriffe, die lediglich der Verwirklichung solcher Schranken dienen, können folgerichtig per definitionem den Wesensgehalt eines Grundrechts nicht antasten[47]. Vielmehr ist die Sperrwirkung des Art. 19 Abs. 2 GG in solchen Fällen ungeachtet der Schwere des konkreten Eingriffs gegenstandslos, ohne daß insoweit von einer unzulässigen, den Verfassungswortlaut mißachtenden Durchbrechung dieser Norm die Rede sein kann. Das dem Verfassungsrecht jedes demokratischen Staatswesens gestellte Problem, das unaufhebbare, in dem Unverbrüchlichkeitspostulat der Grundrechte kulminierende Spannungsverhältnis Individuum — Gemeinschaft juristisch in den Griff zu bekommen, scheint damit gelöst zu sein. Der Anschein trügt jedoch. Was sich hier als dogmatisch glatte Lösung anbietet, ist sachlich kaum geeignet, die Vielzahl unbestreitbar rechtmäßiger Eingriffe in die Grundrechtsposition des einzelnen von dem Odium zu befreien, diese Eingriffe seien zu einem guten Teil mit der Verbotsklausel des Art. 19 Abs. 2 GG nicht zu vereinbaren.

Im Ansatzpunkt ist der Theorie von der Existenz immanenter Grundrechtsschranken mit der herrschenden Lehre[48] zuzustimmen. Ihre positiv-verfassungsrechtliche Verankerung hat man zutreffend in dem „Soweit"-Satz des Art. 2 Abs. 1 GG erkannt. Wenn hier festgestellt wird, daß die Grenzen der freien Persönlichkeitsentfaltung dort liegen, wo die Ausübung eines Rechts mit den Rechten anderer, mit der verfassungsmäßigen Ordnung oder mit dem Sittengesetz kollidiert, so ist damit ein ebenso elementares wie selbstverständliches Wesensmerkmal jeder Rechtsordnung bezeichnet. Bei der Begrenzung eines Rechts durch die (gleichartigen) Rechte anderer leuchtet dies unmittelbar ein. Der Satz, es gehöre von vornherein nicht zur Freiheit, die Freiheit anderer zu verletzen, ist unabhängig von Art und Umfang der einer Rechtsgemeinschaft gegebenen Freiheitsgarantien von axiomatischer Richtigkeit. Denn aus der Natur der einer Vielzahl von Individuen in gleicher Weise gewährten Freiheitsrechte folgt denknotwendig die Pflicht zur wechselseitigen Respektierung der einzelnen Freiheitssphä-

---

[46] Willi *Geiger*, Gesetz über das Bundesverfassungsgericht, Vorbem. 3 vor § 36.

[47] Vgl. *Bachof*, JZ 1957, S. 337: „Ein Gesetz, das wirklich nur ‚immanente Schranken' eines Grundrechts konkretisiert, tastet dieses Recht überhaupt nicht, und somit erst recht nicht in seinem Wesensgehalt an."

[48] Wenn Günter *Dürig*, NJW 1955, S. 730, Anm. 17, hier trotz der von ihm zitierten Kritik Herbert *Krügers*, NJW 1955, S. 201 ff., von einer „einhelligen" Lehrmeinung sprechen zu können glaubt, so wird man sich vergegenwärtigen müssen, daß die Rechtsprechung dieser Lehre mit bemerkenswerter Zurückhaltung begegnet ist: Weder der BGH noch das BVerfG sind ihr terminologisch gefolgt. Nach *Krüger* hat überdies *Bachof*, JZ 1957, S. 338, nachdrücklich auf ihre Gefahren aufmerksam gemacht.

ren: eine unumschränkte, totale Freiheit aller Rechtsträger würde sich selbst ad absurdum führen und an die Stelle der rechtlichen Ordnung die Anarchie setzen. Diese innere Bindung ist jedem Recht *immanent*, — im Sinne jenes philosophischen Immanenzbegriffs, der, auf seine prägnanteste Formel gebracht, seit Spinoza[49] das Ineinandersein von begründender Wesenheit und eigenschaftlichen Folgen bedeutet[50]. Konkreter ausgedrückt: einer Sache ist immanent, was „von ihrem eigensten Wesen unlösbar" ist[51], was sie „in sich trägt"[51a].

Inwieweit auch die ‚verfassungsmäßige Ordnung' und das ‚Sittengesetz' immanente Bindungen der Freiheitsrechte darstellen, braucht hier, wo es allein um die rechtstheoretische Begründung der Schrankenimmanenzlehre geht, nicht erörtert zu werden. Bejaht man diese Bindungen, so müssen beide Begriffe, die sehr viel weiter und jedenfalls auslegungsbedürftiger sind als die ‚Rechte anderer', eng interpretiert werden, wenn Geltung und Eigenwert der grundrechtlichen Garantien nicht gefährdet werden sollen. Unter dem Begriff der verfassungsmäßigen Ordnung im Sinne des Art. 2 Abs. 1 GG etwa mehr zu verstehen als die elementaren Verfassungsgrundsätze, die für den freiheitlich-demokratischen und sozialen Rechtsstaat konstitutiv sind[52], führt zwangsläufig zu einer allmählichen Entwertung der Grundrechtsbestimmungen[53]. Um dies zu verhindern, muß darauf gesehen werden,

---

[49] Benedict de *Spinoza*, Die Ethik, nach geometrischer Methode dargestellt, Hamburg 1955, S. 22 f,; dazu die Einleitung von Rudolf *Schottländer*, S. VII f.

[50] Dem Sinne nach ebenso *Wertenbruch*, a.a.O,. S. 88 (immanente Gewährleistungsschranken ergeben sich „aus dem Begriff des gewährleisteten Objekts"); vgl. ferner *Scholtissek*, NJW 1952, S. 562, und *Scheuner*, DVBl. 1958, S. 848.

[51] Hugo *Preuss*, Das deutsche Volk und die Politik, Jena 1915, S. 164.

[51a] Erich *Fechner*, Die soziologische Grenze der Grundrechte, S. 3.

[52] Vgl. dazu die Übersicht bei Franz *Laufke*, Vertragsfreiheit und Grundgesetz, in Festschrift für Heinrich Lehmann, Berlin — Tübingen — Frankfurt a. M. 1956, S. 172 ff.

[53] Es geht nicht an, mit *v. Mangoldt*, Das Bonner Grundgesetz, Anm. 18 zu Art. 2, und der ihm folgenden Lehre (Nachweise bei *Laufke*, a.a.O., S. 174, Anm. 113) jedes formelle Gesetz als Bestandteil der verfassungsmäßigen Ordnung im Sinne des Art. 2 Abs. 1 GG zu bezeichnen und zugleich den Immanenzcharakter dieser (gegenwärtigen wie künftigen) Bindungen zu behaupten. Wenn das BVerfG sich in seinem Urteil zur Ausreisefreiheit vom 16. Jan. 1957 (BVerfGE 6, 32) die Auffassung *v. Mangoldts* zu eigen gemacht und die verfassungsmäßige Ordnung extensiv als ‚verfassungsmäßige Rechtsordnung' interpretiert hat, so hat es mit gutem Grund darauf verzichtet, die sich aus dieser ‚allgemeinen Rechtsordnung' ergebenden Beschränkungen der persönlichen Freiheit als ihr „immanent" zu qualifizieren. Das Gericht hat überdies einer Übertragung des damit anerkannten umfassenden Rechtsordnungs-(= Gesetzes-)Vorbehalts auf andere Grundrechte dadurch vorgebeugt, daß es Art. 2 Abs. 1 GG ‚rechtlich gesehen' als selbständiges Grundrecht begreift (a.a.O., S. 36); vgl. auch BVerfGE 4, 16. —

daß nichts als immanente Schranke ausgegeben und anerkannt wird, was tatsächlich nur den Charakter *von außen* an das Grundrecht herangetragener gesetzlicher Vorbehalte besitzt. Andernfalls würde die Schrankenimmanenzlehre zu einer Gefahr, die mit der Rechtssubstanz auch die Rechtssicherheit bedroht.

Unter der Voraussetzung einer entschieden restriktiven Interpretation der Begriffe „verfassungsmäßige Ordnung" und „Sittengesetz" mag es vertretbar sein, daß die in Art. 2 Abs. 1 GG ausgesprochenen Bindungen „ipso iure allen weiteren Freiheitsrechten — auch denen, bei denen ein Gesetzesvorbehalt fehlt, — immanent sind"[54]. Dem steht nicht entgegen, daß es, wie von der höchstrichterlichen Rechtsprechung heute übereinstimmend anerkannt wird[55], unzulässig ist, Art. 2 Abs. 1 GG als ‚Generalgrundrecht' aufzufassen und die in ihm der freien Persönlichkeitsentfaltung gezogenen Schranken schematisch allen folgenden Grundrechtsverbürgungen zu integrieren[56]. Denn eine generelle Geltung können diese Schranken in der Tat beanspruchen, wenn und soweit sie erwiesenermaßen dem einzelnen subjektiven Recht von vornherein begrifflich zugehörig, d. h. immanent sind. Ihre Verbindlichkeit für ein nicht unter Vorbehalt gestelltes Grundrecht leitet sich in diesem Fall nicht aus der Norm des Art. 2 Abs. 1 GG her, sondern aus eben ihrem Immanenz-Charakter, der keiner positiv-rechtlichen Bestätigung bedarf[57]. Art. 2 Abs. 1 GG kommt insofern allenfalls die Bedeutung einer Auslegungsregel zu[58].

Es bleibt die Frage, ob sich außer den in dieser Grundgesetznorm genannten drei Kriterien weitere generelle Grundrechtsschranken denken lassen, die dem Kreis immanenter Bindungen hinzugerechnet wer-

---

Gleichwohl bleibt diese weite Interpretation des Begriffs der verfassungsmäßigen Ordnung in jedem Falle bedenklich. Der Gegenmeinung gebührt der Vorzug; vgl. ergänzend zu den ausführlichen Hinweisen bei *Laufke* (a.a.O., Anm. 114) Wilhelm *Wertenbruch*, Grundgesetz und Menschenwürde, Köln — Berlin 1958, S. 133 f., Ludwig *Raiser*, JZ 1958, S. 4 mit Anm. 23, *Maunz*, Deutsches Staatsrecht, S. 103, und vor allem Horst *Ehmke*, VVDStRL, Heft 20 (1963), S. 82 ff.

[54] Hans *Peters*, Die freie Entfaltung der Persönlichkeit als Verfassungsziel, in: Festschrift für R. *Laun* (Gegenwartsprobleme des internationalen Rechtes und der Rechtsphilosophie), Hamburg 1953, S. 677.

[55] BGH-Gutachten vom 28. April 1952, BGHSt 4, 385; Urteil des BVerwG vom 15. Dez. 1953, BVerwGE 1, 51 (seitdem in ständiger Rechtsprechung); Urteil des BVerfG vom 16. Jan. 1957, BVerfGE 6, 32.

[56] Dagegen mit großer Schärfe und zutreffender Begründung *Forsthoff*, Die Umbildung des Verfassungsgesetzes, S. 42 ff.; vgl. auch *Laufke*, a.a.O., S. 159 f. (mit ausführlichen Nachweisen).

[57] Daraus folgt zugleich, daß eine immanente Schranke mit der Kodifizierung ihren Immanenz-Charakter nicht verliert.

[58] So *Laufke*, a.a.O., S. 160; Josef M. *Wintrich*, Zur Problematik der Grundrechte, S. 30 f.; Gerd *Pfeiffer*, Verfassungsbeschwerde, S. 62.

den dürfen. Zwei Momente zwingen hier zu äußerster Vorsicht: Einmal die eingangs schon hervorgehobene rechtliche Tragweite der Lehre von der Schrankenimmanenz, ihre unbegrenzte und schwer kontrollierbare dogmatische Praktikabilität, die die Sperre des Art. 19 Abs. 2 GG allzu mühelos überall dort aus dem Wege räumt, wo sie als unbequem empfunden wird; zum anderen die Überlegung, daß mit Hilfe dieser Lehre dem einzelnen Grundrechte die ihm zukommende höchste rechtliche Rangstufe (Art. 1 Abs. 2 und 3 GG) streitig gemacht und zugleich der Grundrechtsordnung die aus dem Verfassungstext ablesbare — und gerade wegen der ausdrücklich erklärten Vorbehalte *stabile* — Geltungskraft genommen wird. Wenn etwa der ‚Volksgesundheit' Charakter und Gewicht einer immanenten Grundrechtsschranke beigemessen wird[59], so hat dies zur Folge, daß beispielsweise einem politisch Verfolgten, der an einer ansteckenden, die Volksgesundheit gefährdenden Krankheit leidet, das Asylrecht aus Art. 16 Abs. 2 Satz 2 GG versagt werden kann (oder sogar muß). Aber selbst wenn dies, wie anzunehmen ist, im konkreten Fall verneint werden wird: eine Theorie, deren konsequente Verwirklichung zu dem Ergebnis führt, daß das verfassungsmäßig verbürgte Asylrecht hinter den — ganz gewiß schutzwürdigen — Gesundheitsinteressen zurückzutreten hat, steht mit Text und Geist des Bonner Grundgesetzes nicht im Einklang.

Nun ließe sich freilich — aus der Sicht eines Anhängers der Theorie von der Schrankenimmanenz — gerade der Schutz der Volksgesundheit als Paradebeispiel dafür anführen, daß unsere grundrechtliche Ordnung ohne die Hilfskonstruktion der immanenten Schranke nicht auskommt. Denn ist nicht dieser notwendige Gesundheitsschutz zumindest dort als immanente Schranke anzusehen, wo er Beschränkungen eines nicht unter Vorbehalt gestellten Grundrechts — etwa der Versammlungsfreiheit des Art. 8 Abs. 1 GG — erforderlich macht? Daß ein von der zuständigen Behörde wegen Seuchengefahr erlassenes Verbot, in einem bestimmten Gebiet (Stadt, Landkreis, Land etc.) Versammlungen abzuhalten, das Grundrecht aus Art. 8 Abs. 1 GG effektiv ‚beschränkt', liegt auf der Hand[60]. Soll für die von der herrschenden Lehre mit Recht

---

[59] So *v. Mangoldt*, Das Bonner Grundgesetz, Vorbem. Ziff. 2 und Anm. 3 zu Art. 8; Herbert *Scholtissek*, NJW 1952, S. 562; Walter *Hamel*, DVBl. 1958, S. 38 (mit zahlreichen Rechtsprechungshinweisen). Ergänzend dazu vor allem BVerfGE 7, 377 (414), wo die Volksgesundheit pauschal als ein „wichtiges Gemeinschaftsgut" bezeichnet wird, „dessen Schutz Einschränkungen der Freiheit des Einzelnen zu rechtfertigen vermag". *Klein* in *v. Mangoldt-Klein*, Anm. IV 1 a zu Art. 2, trennt die Volksgesundheit ausdrücklich von den „Rechten anderer" und ordnet sie der immanenzverdächtigen Kategorie der „lebenssichernden Rechtsgüter" zu.

[60] A. A. Rudolf Werner *Füsslein*, Versammlungsgesetz, S. 18; *Ders.*, Vereins- und Versammlungsfreiheit, S. 449. — Eine Beschränkung liegt — darin ist *Füsslein* zuzustimmen — lediglich dann nicht vor, wenn ein Versammlungs-

für zulässig erachtete Einschränkung der Versammlungsfreiheit aus gesundheitspolizeilichen Gründen *mutatis mutandis* das gleiche gelten, was zur Weimarer Zeit mit einem die dogmatische Hilflosigkeit deutlich verratenden Wort über den ebenfalls vorbehaltsfreien[61] Art. 123 WRV ausgeführt worden ist? Damals war zu lesen, daß die „vom Reichsvereinsgesetz vorgesehene und von der Praxis auch heute noch unbedenklich zugelassene Verhinderung einer Versammlung wegen unmittelbarer Gefahr für Leben und Gesundheit der Teilnehmer ... an sich [sic!] mit der Versammlungsfreiheit des Art. 123 unvereinbar" ist[62].

Mit einer solchen Feststellung ist wenig oder nichts gewonnen. Sie mag immerhin die Einsicht befördern, daß die redaktionelle Fassung des Art. 8 Abs. 1 GG unzulänglich ist. Als erster hat darauf Nawiasky mit der Bemerkung hingewiesen, der Verzicht auf die „Zulässigkeit der Rücksicht auf zwingende Erfordernisse der öffentlichen Sicherheit, Sittlichkeit und Gesundheit" könne sich „unter Umständen schwer rächen"[63]. Angesichts der bedenklichen Ausbreitung der Immanenztheorie, die sich als der ohne Frage bequemste Ausweg aus einem derartigen Dilemma geradezu anbietet, läßt sich nicht einmal sagen, daß diese Prophetie von übertriebener, unbegründeter Sorge zeuge. Aber gibt es keinen anderen, weniger bedenklichen Ausweg? Man könnte daran denken, daß der „Soweit"-Satz des Art. 2 Abs. 1 GG entgegen der Auffassung des Bundesverfassungsgerichts[64] einen allgemeinen, jedes einzelne Freiheitsrecht ergreifenden Vorbehalt statuiert und daß ein Versammlungsverbot etwa zum Zwecke der Seuchenbekämpfung demzufolge durch den Schutz des ersten der in der „Soweit"-Klausel genannten drei Rechtsgüter (Recht anderer auf körperliche Unversehrtheit) gedeckt wird[65]. Man könnte ferner an eine gewohnheitsrechtliche Prävalenz des Gesundheitsschutzes im Bereich der Versammlungsfreiheit denken[66]. Man könnte das Schweigen des Art. 8 Abs. 1 GG schließlich als redaktionelles Versehen werten, das der Verfassungsgesetzgeber

---

verbot aus bau- oder feuerpolizeilichen Gründen ergeht: hier steht es der Versammlung frei, einen anderen Versammlungsort zu wählen.

[61] Gesetzesvorbehalte kannte Art. 123 WRV und kennt Art. 8 GG nur für Versammlungen unter freiem Himmel.

[62] So Ludwig *Waldecker*, Vereins- und Versammlungsfreiheit, S. 648.

[63] Hans *Nawiasky*, Grundgedanken, S. 29. — Der Parlamentarische Rat hat eine generelle Ermächtigung des Gesetzgebers zu Grundrechtsbeschränkungen aus Gründen der öffentlichen Sicherheit, der Sittlichkeit und Gesundheit, wie Art. 21 Abs. 4 des Herrenchiemseer Entwurfs sie vorsah, ausdrücklich abgelehnt. Vgl. dazu Hans *Peters*, Die freie Entfaltung, S. 676.

[64] BVerfGE 6, 32 (36 ff.).

[65] So *Hamann*, Grundgesetz, Anm. 6 zu Art. 8.

[66] Zur Frage des vorkonstitutionellen Gewohnheitsrechts im Bereich der Grundrechte vgl. den Beschluß des BVerfG vom 19. Dez. 1962, BVerfGE 15, 226 (232 f.).

selbst korrigiert hätte, wäre er sich dieses — im Hinblick auf die Weimarer Regelung schon traditionell zu nennenden — Versehens bewußt gewesen.

Es ist hier nicht der Ort, zwischen diesen Lösungsmöglichkeiten eine Wahl zu treffen und zu begründen. Es sollte lediglich gezeigt werden, daß die Ansicht, auf die immanente Grundrechtsschranke könne zumindest in gewissen Fällen nicht verzichtet werden, ebenso fragwürdig ist, wie es die *Folgen* einer solchen Annahme notwendig sind. Denn wird, um bei unserem Beispiel zu bleiben, die Volksgesundheit als immanente Grundrechtsschranke ‚zugelassen', so tritt ein, was erwiesenermaßen den Intentionen des Grundgesetzgebers und dem Willen des Grundgesetzes zuwiderläuft: Der Gesundheitsschutz wird, statt Spezialvorbehalt zu bleiben, zum Generalvorbehalt, der selbst Grundrechte wie das Asylrecht oder das Recht auf Nicht-Auslieferung relativiert. Der Einwand, ein derartiger Fall (Verweigerung des Asyls aus Gründen des Gesundheitsschutzes) sei praktisch so gut wie ausgeschlossen, mag zutreffen — und zielt doch an der hier zutage tretenden Problematik gründlich vorbei.

Im Ergebnis läuft die Theorie von der Existenz immanenter Schranken auf eine Art Zusatzverfassung hinaus, über deren Inhalt die geschriebene Verfassung schweigt. Das möchte angehen, wäre die immanente Grundrechtsschranke (oder was dafür gehalten wird) eine feste und unverrückbare Größe, die sich bei gehöriger Bemühung aus dem Grundrecht selbst ablesen ließe. Die Erkenntnis ‚immanenter' Schranken hängt aber stets von dem subjektiven Standpunkt des Betrachters ab, von seinen Ansichten über Staat und Gesellschaft, von orts- und zeitbedingten Urteilen und Vorurteilen[67]. Der Immanenzbegriff leugnet das. Er suggeriert eine aus der Natur der Sache — dem Wesen des Grundrechts — abgeleitete Objektivität, die tatsächlich nicht besteht.

Methodisch läßt sich die Theorie von der Schrankenimmanenz einem Trojanischen Pferd vergleichen, vermittels dessen der Eingriff in das Grundrecht von innen her betrieben wird. Die für immanent erklärte Schranke wird in das Grundrecht hineinprojiziert und mit seiner Rechtssubstanz verbunden, während die ‚normale' Schranke ihre Distanz zum Grundrecht und damit ihre Schrankenqualität beibehält.

---

[67] Wie zeitgebunden die Vorstellungen darüber sind, was aus dem Wesen einer Sache folgt, lehrt ein Blick auf die Schranken der Staatsgewalt. Während wir etwa die Religionsfreiheit mit Selbstverständlichkeit als eine der Staatsgewalt ‚immanente' Schranke bezeichnen würden, hat man zu anderer Zeit mit gleicher Selbstverständlichkeit den Satz „cuius regio, eius religio" aus dem Wesen der Staatsgewalt abgeleitet. Vgl. dazu Georg *Jellinek*, Allgemeine Staatslehre, S. 237 ff., und Hermann *Heller*, Staatslehre, S. 272.

Nur sie bleibt dem Grundrecht gegenüber ein *aliud*, das für sich genommen, das überprüft, verändert und notfalls auch entfernt werden kann. Diese Vorzüge des klassischen Eingriffsdenkens gehen bei der Immanenztheorie verloren. Wie weit dieser Verlust reicht, wird an einer These sichtbar, die das Institut des Eingriffs schlechthin zu eliminieren sucht. Ihr zufolge sind die Gesetzesvorbehalte nur ein „Mittel ... zur Verwirklichung der immanenten Grundrechtsgrenzen"[68]. Vorbehaltsgesetze beschränken also nicht etwa das Grundrecht, wie aus Art. 19 Abs. 1 GG abzulesen ist, von außen, sondern machen lediglich längst bestehende (und darum scheinbar unproblematische) Grenzen sichtbar[69]. Diese These gipfelt in dem Versuch, die Wesensgehaltssperre für den gesamten Bereich der Vorbehaltsgesetzgebung zu beseitigen: „Da die Gemeinschaftsbezogenheit zum Wesen der grundrechtlichen Freiheit gehört, gehört das vom Vorbehaltsgesetzgeber normierte Recht zum ‚Wesensgehalt' der Grundrechte[70]." Es kann dahingestellt bleiben, ob der hier zum Ausdruck gebrachte Glaube an die Unfehlbarkeit des einfachen Gesetzgebers berechtigt und wünschenswert ist[71]. Sicherlich setzt diese Ansicht voraus, was höchst unwahrscheinlich ist: daß sich von jeder grundrechtsbeschränkenden Regelung des Vorbehaltsgesetzgebers eindeutig sagen läßt, sie habe nur so und nicht anders (z. B. in milderer Form) getroffen werden können[72]. Allenfalls dann darf eine Einschränkung als wesensmäßiger Bestandteil des eingeschränkten Rechts gelten.

An dieser Nahtstelle, an der die Problematik der immanenten Schranke sich mit jener des Art. 19 Abs. 2 GG aufs engste berührt, erweist sich, daß die eine Schranke der natürliche Feind der anderen ist. Von der Kontrollfunktion des Art. 19 Abs. 2 GG bleibt nur wenig übrig, wenn die wechselnden, unter Berufung auf die ‚Gemeinschaftsbezogenheit' der Freiheitsrechte angeordneten Beschränkungen kurzerhand als zum grundrechtlichen Wesensgehalt gehörig erklärt werden können.

Die Nachteile und Gefahren der Lehre von der Schrankenimmanenz beruhen teils auf der Zerstörung des klassischen Eingriffsdenkens, teils auf der mit dem Immanenzbegriff hart kontrastierenden Subjektivität

---

[68] Peter *Häberle*, Wesensgehaltgarantie, S. 207.

[69] *Häberle*, a.a.O.: „Die speziellen Gesetzesvorbehalte verlieren nicht dadurch den Charakter der Immanenz, daß sie mitunter in die fragwürdige Eingriffs- und Einschränkungsklausel gekleidet sind."

[70] *Häberle*, a.a.O., S. 207.

[71] Nach den Worten Adolf *Arndts* gründet sich unser Verfassungssystem gerade „auf das demokratische Mißtrauen, daß Staatsorgane nicht davor gefeit sind, ja erfahrungsgemäß dazu neigen können, ihre Kompetenzen zum Nachteil des Bürgers zu überschreiten" (BB 1959, S. 533).

[72] Im Zweifel geben rechtsvergleichende Untersuchungen darüber Aufschluß.

bei der Erkenntnis dessen, was einem Grundrecht ‚immanent' ist. Das wurde oben im einzelnen dargestellt und begründet. Hinzu kommt ein drittes: Diese Theorie ist auch *in sich* widersprüchlich und unvollkommen, wenn es darum geht, die Diskrepanz zwischen dem Verbot des Art. 19 Abs. 2 GG und der Verfassungswirklichkeit dogmatisch zu überbrücken. Voraussetzung dafür wäre, daß jeder Grundrechtseingriff zumindest potentiell — d. h. nach einer zwar subjektiven, aber doch nicht rational widersinnigen Überzeugung — als Verwirklichung immanenter Grundrechtsschranken angesprochen werden könnte. Eben das ist aber nicht der Fall. Vielmehr gibt es rechtmäßige Beschränkungen des Individualgrundrechts, die ihm eindeutig nicht immanent sind.

Man mag anerkennen, daß es „von vornherein nicht zur Freiheit gehört, die öffentliche Ordnung und Sicherheit zu stören"[73]. Wie aber verhält es sich, wenn im Rahmen der polizeilichen Gefahrenabwehr aufgrund der Notstandsregelung des § 21 PVG ein *Nichtstörer* in Anspruch genommen wird? Welche immanente Schranke vermag rein konfiskatorische Eingriffe in das Eigentum zu rechtfertigen? Das hoheitliche Recht der Einziehung in seiner von durchaus vordergründigen Zweckmäßigkeitserwägungen bestimmten gesetzlichen Ausgestaltung als der Eigentumsgewähr immanent zu betrachten, verträgt sich schlecht mit dem Wesen dieses Menschenrechts. Die Bedenken, die sich bei dieser Kategorie von Grundrechtsschranken einstellen, verstärken sich noch, wenn man extrem schwere Eingriffe ins Auge faßt. Noch immer erweist sich der Wert einer Theorie an Grenzfällen, die ihre behauptete Leistungskraft und Geschlossenheit einer echten Bewährungsprobe aussetzen. Ein solcher Grenzfall im Bereich der Grundrechtsverbürgungen ist die *Todesstrafe*, die — wiewohl durch Art. 102 GG verfassungskräftig abgeschafft — auch in der Bundesrepublik bevorzugter Gegenstand von rechts- und kriminalpolitischen Kontroversen geblieben ist[74], während eine Reihe anderer Staaten, deren ausgeprägtes Grundrechtsbewußtsein keines Nachweises bedarf, sie nach wie vor kennt und

---

[73] Günter *Dürig*, AöR Bd. 79 (1953/54), S. 57, These 7.
[74] Vgl. etwa K. S. *Bader*, Todesstrafe und Volksmeinung, JZ 1952, S. 758 f.; Jürgen *Baumann*, Zur Diskussion um die Todesstrafe, Arch.f.R.u.Soz.Phil. 1960, S. 73 ff.; Ernst *Müller-Meiningen*, Soll die Todesstrafe in der Bundesrepublik wiederkehren?, in: A. Koestler, A. Camus, E. *Müller-Meiningen* und F. *Nowakowski*, Die Rache ist mein. Theorie und Praxis der Todesstrafe, Stuttgart 1961, S. 219—321; R. *Maurach*, Eb. *Schmidt* u. a., Die Frage der Todesstrafe München 1962; Wolf *Middendorf*, Todesstrafe — Ja oder nein?, Freiburg i. Br. 1962. Zur verfassungs- und menschenrechtlichen Bedeutung des Art. 102 GG hat jüngst das BVerfG (Beschluß vom 30. Juni 1964, BVerfGE 18, 112) unter dem Aspekt der Auslieferung Stellung genommen. Das Gericht lehnt eine „Verabsolutierung der grundgesetzlichen Entscheidung gegen die Todesstrafe" ab (S. 117) und stellt fest: „Die allgemeine Diskussion über Wert, Berechtigung und Zweckmäßigkeit der Todesstrafe dauert an" (S. 118).

vollstreckt[75]. Das mag es rechtfertigen, für einen Augenblick die hypothetische Situation einer Wiedereinführung der Kapitalstrafe im Wege der Verfassungsänderung zu beschwören[76] und ihre rechtsdogmatischen Konsequenzen zu prüfen.

Mit der Vollziehung der Todesstrafe werden die Grundrechte des Delinquenten weder vorübergehend suspendiert, noch erleiden sie, wie sich das im Hinblick auf den zu lebenslänglicher Zuchthausstrafe Verurteilten allenfalls noch sagen ließe, lediglich eine der Rechtsfigur des besonderen Gewaltverhältnisses geläufige, nach Art und Umfang von ihm bedingte Reduktion[77]. Das Todesurteil zielt vielmehr auf die vollständige und irreparable Zerstörung des elementarsten und ursprünglichsten Menschenrechts, des Rechts auf Leben. Darin unterscheidet sich die Todesstrafe nicht nur graduell, sondern grundsätzlich von allen übrigen Strafformen. Diesem Faktum befriedigend Rechnung zu tragen und es widerspruchsfrei in das mit dem Anspruch auf allgemeine Geltung präsentierte System einordnen zu können, darf füglich von jeder Interpretation des Art. 19 Abs. 2 GG erwartet werden[78]. Hier aber versagt die Lehre von der Schrankenimmanenz.

Unter Berufung auf ein subjektives Recht die gleichartigen Rechte anderer zu verletzen, steht von vornherein außerhalb jeder statthaften Rechtsausübung. Dagegen läßt sich schwerlich behaupten, es gehöre *von vornherein* nicht zum Recht auf Leben und körperliche Unversehrtheit, dieses Recht auch dem staatlichen Strafanspruch gegenüber zu reklamieren. Der Begriff der Immanenz, der nach allgemein akzeptierter Definition des Ineinanderseins von begründender Wesenheit und eigenschaftlicher Folge bezeichnet, verbietet es, das konstitutionell verbürgte Menschenrecht auf Leben einszusetzen mit dem Anspruch der Gemeinschaft, dieses Recht in Verfolg von Vergeltungs-, Abschreckungs-

---

[75] Darunter Frankreich und die USA, wo die Lage freilich uneinheitlich ist: während das auf einige wenige Delikte beschränkte Bundesstrafrecht an der Todesstrafe (etwa für Luftpiraterie) festgehalten hat, haben mehrere Einzelstaaten sie gänzlich abgeschafft (Wisconsin, Maine, Minnesota, Alaska, Hawaii und Delaware); in nicht weniger als neun US-Staaten ist die Todesstrafe nach vollzogener Abolition wieder eingeführt worden.

[76] Diese Hypothese möge nicht als Kritik an dem bestehenden Rechtszustand mißverstanden werden.

[77] Vgl. dazu unten S. 79 ff.

[78] Der Gedanke, einer Wiedereinführung der Todesstrafe im Wege der Verfassungsänderung müsse außer Art. 102 GG auch Art. 19 Abs. 2 GG zum Opfer fallen, ist offensichtlich abwegig. Übereinstimmend *Dürig* in Maunz-Dürig, Anm. II 4 zu Art. 2 Abs. 2 (Randnrn. 13/14), dessen Begründung (Todesstrafe ist mit Art. 19 Abs. 2 GG nur vereinbar, „sofern sie dem Schutz anderer Leben dient") jedoch am Wortlaut der Wesensgehaltssperre scheitert. Zur grundrechtlichen Problematik der Todesstrafe vgl. ferner Hans *Schüssler*, NJW 1965, S. 1898.

II. Der Auslegungsstreit — Darstellung und Kritik

oder Sicherungszwecken zu vernichten. Die Notwendigkeit des staatlichen Strafanspruchs macht ihn noch nicht zur eigenschaftlichen Folge der Rechte, in die er eingreift. Der Terminus „immanente Schranke" bildet insoweit ein unübersteigbares Hindernis; mit ihm haben die Schöpfer dieser Theorie sich selbst eine Schranke gesetzt, die ihrerseits immanent ist.

Was sich am Extremfall der Todesstrafe besonders augenfällig demonstrieren läßt, gilt mit nur geringen Abweichungen von sämtlichen Grundrechts*entziehungen* (auf die im übrigen schon das Bild der Schranke nicht mehr paßt). Als wesensmäßiges Attribut eines von der Verfassung garantierten Grundrechts ist dessen vollständiger oder teilweiser, dauernder oder vorübergehender Entzug auch dann nicht denkbar, wenn Legalität und Legitimität des Entzugsaktes außer Zweifel stehen.

Nun könnte eingewendet werden, man dürfe den Begriff der Immanenz so genau nicht nehmen. Die nach ihr benannte Theorie suche lediglich der schlichten Tatsache Rechnung zu tragen, daß es zahllose Grundrechtsbeschränkungen gebe, deren Notwendigkeit jedermann unmittelbar einleuchte. In Erkenntnis dessen werde abkürzend als immanente Schranke bezeichnet, was in Wahrheit eine nach Recht und Gesetz gebotene, vom Betroffenen zu duldende Einschränkung sei. Dem ist entgegenzuhalten, daß die Immanenztheorie nicht nur begrifflich — infolge einer unglücklichen Wortwahl — vorspiegelt, was *realiter* nicht existiert, sondern daß die Wirksamkeit der Theorie auf eben dieser nur vorgespiegelten Realität beruht. Das Moment des Innewohnens, der behaupteten wesensmäßigen Verbundenheit von Recht und Schranke kann nicht hinweggedacht werden, ohne daß die Grundlage der Immanenztheorie entfiele.

Zusammenfassend ist festzustellen: Die Lehre von den immanenten Schranken überwindet den Widerspruch zwischen der Wesensgehaltsgarantie und der Verfassungswirklichkeit nur dort, wo Eingriffe in den Grundrechtskern als bloße Realisierung solcher Schranken angesehen werden können. Das ist, wie zu zeigen versucht wurde, keineswegs immer der Fall. Diese Theorie leistet somit weniger als die des Bundesgerichtshofs: sie vermag den dogmatischen Konflikt nur partiell zu lösen.

Hinzu tritt auch hier eine latente Gefährdung der Wesensgehaltssperre wie der grundrechtlichen Ordnung schlechthin, da der Statuierung immer neuer immanenter Schranken „zugunsten des organisierten Staates"[79], keine juristisch klaren Grenzen gesetzt sind. Wenn Inhalt

---

[79] Herbert *Krüger*, DÖV 1955, S. 597.

und Umfang einer Schranke fast unerkennbar, geschweige denn exakt bestimmbar sind, sticht auch der Hinweis auf eine jederzeit mögliche gerichtliche Kontrolle nicht. Sie bleibt insbesondere vor Gerichten von fragwürdigem Wert, die sich selbst zum Gedanken der Schrankenimmanenz bekennen. Zu ihnen zählen erstaunlicherweise auch solche Spruchkörper, deren andersartige Argumentationsgrundlage im Bereich des Art. 19 Abs. 2 GG die Berufung auf den Immanenzgedanken aus Gründen der Logik eigentlich ausschließen müßte[80]. Nach allem erscheint die von der Existenz immanenter Grundrechtsschranken ausgehende Theorie ungeeignet, zum dogmatischen Verständnis des Art. 19 Abs. 2 GG und zur Auflösung seiner ins Auge springenden Problematik beizutragen.

4. Die Auffassung des Bundesverfassungsgerichts

Das zur Auslegung des Grundgesetzes an entscheidender Stelle berufene Bundesverfassungsgericht hat sich keine der oben abgehandelten ‚doktrinär'-verfestigten Interpretationen des Art. 19 Abs. 2 GG zu eigen gemacht. Es hat überdies — und das muß angesichts der Neigung des Gerichts zu verbindlichen ‚Wert'-Urteilen überraschen — bis heute darauf verzichtet, eine eigene dogmatisch vertiefte oder auch nur im Ansatz auf dogmatische Klärung angelegte Auffassung über die rechtliche Natur und praktische Handhabung dieser umstrittenen Grundgesetznorm zu entwickeln. Überblickt man die Rechtsprechung der beiden Senate dieses Gerichts im ganzen, so fällt auf, daß schon die Zahl der Entscheidungen, in denen von der Wesensgehaltsgarantie die Rede ist, außerordentlich gering ist. Das Gericht hat sich in nahezu fünfzehnjähriger Spruchpraxis lediglich vierzehnmal — zum Teil überdies nur beiläufig[81] — mit Art. 19 Abs. 2 GG befaßt, und nirgends erscheint Art. 19 Abs. 2 GG als die eine getroffene Entscheidung tra-

---

[80] Namentlich die Rechtsprechung des Bundesverwaltungsgerichts krankt an einem derartigen inneren Widerspruch, in den das Gericht sich Schritt für Schritt stärker verstrickt hat. Schon in BVerwGE 1, 48 (52) findet sich die Wendung, der Gemeinschaftsvorbehalt gehöre zum „Inbegriff" aller Grundrechte. Sehr viel deutlicher heißt es sodann in BVerwGE 1, 269 (272) unter zustimmender Zitierung des Urteils des OVG Münster vom 6. Mai 1954 (DVBl. 1954, S. 647; DÖV 1954, S. 629; NJW 1954, S. 1621), es handele sich hier um eine „jedem Grundrecht seiner Natur nach innewohnende Beschränkung" (ähnlich BVerwGE 2, 345 [346]). Wenig später — in BVerwGE 2, 295 (300) — taucht erstmals der Zusatz auf: „Solche Schranken sind dem Grundrecht immanent." Gleichwohl könne ein Eingriff, der diese Schranken verwirklicht, eine (zulässige) Durchbrechung der Wesensgehaltssperre darstellen. Die Ungereimtheit dieser Argumentation hat *Bachof*, JZ 1957, S. 337 f., mit Recht gerügt (vgl. oben Anm. 47).

[81] So in BVerfGE 4, 157 (170) und 6, 32 (40 f.), wo Art. 19 Abs. 2 GG im Rahmen einer beispielhaften Aufzählung der Grundprinzipien der Verfassung erwähnt wird. Ähnlich verhält es sich in BVerfGE 13, 97 (122).

II. Der Auslegungsstreit — Darstellung und Kritik

gende Norm. Diese Feststellung impliziert ein weiteres bemerkenswertes Faktum: In keinem jener zahlreichen Fälle, in denen die Verletzung eines Grundrechts gerügt wird, hat das Bundesverfassungsgericht sich veranlaßt gesehen, die behauptete Durchbrechung der Wesensgehaltssperre zu bejahen. Wohl hat der Erste Senat verschiedentlich — zumeist in Erkenntnissen, in denen Art. 19 Abs. 2 GG nicht einmal erwähnt wird[82] — Grundrechtsverletzungen konstatiert und folgerichtig den hoheitlichen Eingriff, der diese Verletzung bewirkt hat, unter unmittelbarer und ausschließlicher Berufung auf die betreffende Grundrechtsnorm für verfassungswidrig erklärt. In einer dieser Entscheidungen, dem berühmten „*Apotheken-Urteil*"[83] wird die von der Vorinstanz für wesentlich erachtete Erörterung des Art. 19 Abs. 2 GG abrupt beendet[84]. Hier findet sich auch eine bündig formulierte Stellungnahme des Verfassungsgerichts zu der damals — 1958 — bereits fest etablierten und in ihrer Gegensätzlichkeit beharrlich verteidigten Wesensgehalts-Rechtsprechung des *Bundesgerichtshofs* und des *Bundesverwaltungsgerichts*. Zwar sei diesen Gerichten darin zu folgen, daß als Kriterium für die Vereinbarkeit einer Grundrechtsbeschränkung mit der entsprechenden Grundrechtsverbürgung geprüft werden müsse, ob der beanstandete Eingriff in seiner konkreten Gestalt „zwingend geboten" und „unabweisbar notwendig" sei. Das Bundesverfassungsgericht könne jedoch den rechtlichen Konstruktionen, auf deren Grundlage die genannten Gerichte diese Prüfung vornähmen, nicht beitreten. „Namentlich geht es nicht an, mit dem Bundesverwaltungsgericht anzunehmen, die unabweisbare Notwendigkeit einer gesetzlichen Maßnahme müsse deshalb geprüft werden, weil von ihrer Anerkennung die Zulässigkeit eines Eingriffs in den Wesensgehalt des Grundrechts abhänge ... Denn der Wesensgehalt eines Grundrechts darf nach dem klaren Wortlaut des Art. 19 Abs. 2 GG ‚in keinem Falle' angetastet werden; die Frage, unter welchen Voraussetzungen ein solcher Eingriff trotzdem zulässig sei, ist gegenstandslos[85]." Die Auffassung des Bundesgerichtshofs wird mit der Bemerkung verworfen, sie sei „geeignet ..., den Wesensgehalt der Grundrechte zu relativieren".

---

[82] So etwa im Beschluß vom 17. Dez. 1958 (BVerfGE 9, 39) zur Vereinbarkeit des § 14 Abs. 5 Nr. 6 des Milchgesetzes vom 31. Juli 1930 (RGBl. I, 421) mit Art. 12 Abs. 1 GG und im Beschluß vom 25. Jan. 1961 (BVerfGE 12, 113) zum Umfang der Pressefreiheit.

[83] Urteil des Ersten Senats vom 11. Juni 1958, BVerfGE 7, 377.

[84] Der vierte Leitsatz des Urteils lautet: „Inhalt und Umfang der Regelungsbefugnis des Gesetzgebers nach Art. 12 Abs. 1 Satz 2 GG lassen sich schon durch eine Auslegung, die dem Sinn des Grundrechts und seiner Bedeutung im sozialen Leben Rechnung trägt, weitgehend sachgemäß bestimmen; es bedarf dann nicht des Rückgriffs auf die Schranke des Wesensgehalts (Art. 19 Abs. 2 GG)." Dieser Leitsatz ist wörtlich der Urteilsbegründung entnommen; vgl. a.a.O., S. 409.

[85] a.a.O., S. 411.

Im Ergebnis bedeutet dies folgendes: Das Bundesverfassungsgericht greift die Frage nach dem Grad der Notwendigkeit eines Eingriffs auf, verlegt sie aber in das von den anderen Gerichten gar nicht betretene — jedenfalls nicht ausgeschrittene — *Vorfeld* der Wesensgehaltsschranke und will sie aus der Grundrechtsnorm selbst, aus dem „Sinn des Grundrechts und seiner Bedeutung im sozialen Leben" beantwortet wissen. Eigenständigkeit und Abwehrkraft der speziellen Grundrechtsverbürgung werden dadurch aufgewertet, ohne daß Art. 19 Abs. 2 GG, zu dessen absoluter Sperrwirkung sich das Gericht bekennt, an Gewicht verliert. Diese Norm bleibt gewissermaßen ‚aufgespart'. Wann und unter welchen Voraussetzungen sie zum Zuge kommen soll, ist dem Urteil nicht zu entnehmen, wie denn auch offen bleibt, ob das, was im „*Apotheken-Urteil*" bezüglich der gesetzgeberischen Regelungsbefugnis im Rahmen des Art. 12 Abs. 1 Satz 2 GG ausgeführt wird, ohne weiteres auf andere Grundrechte und andere (etwa administrative) Eingriffstatbestände übertragen werden darf.

In fünf weiteren Entscheidungen schließlich wird die gerügte Verletzung des Wesensgehalts mit Wendungen verneint, deren lapidare Unbekümmertheit zumindest eines deutlich erkennen läßt: dem Gericht liegt es fern, die Anwendung des Art. 19 Abs. 2 GG durch anspruchsvolle begriffliche Distinktionen unnötig zu komplizieren. In dem einen Fall, die Zulässigkeit der Blutentnahme zur Blutgruppenuntersuchung betreffend, begnügt sich das Gericht mit der Bemerkung, das Grundrecht des Art. 2 Abs. 2 GG werde „offensichtlich nicht" in seinem Wesensgehalt angetastet[86]. In einer anderen Entscheidung, in der es um die Verfassungsmäßigkeit der Ermächtigung von § 2 des Preisgesetzes[87] ging, wird — wiederum ohne nähere Begründung — festgestellt, von einem Verstoß gegen Art. 19 Abs. 2 GG könne „ernsthaft nicht die Rede sein"[88].

Die Grundfrage nach dem Schutzobjekt der Wesensgehaltsgarantie wird — mit bemerkenswerter Klarheit — ein einziges Mal aufgegriffen, aber nicht beantwortet: Der Beschluß des Ersten Senats vom 7. Mai 1953[89] zur Verfassungsmäßigkeit von § 1 des Notaufnahmegesetzes[90] läßt es dahingestellt, „ob Art. 19 Abs. 2 GG die restlose Entziehung

---

[86] BVerfGE 5, 13 (15).

[87] Preisgesetz vom 10. April 1948 (WiGBl. S. 27) i. d. F. vom 3. Febr. 1949 (WiGBl. S. 14).

[88] Beschluß des Zweiten Senats vom 12. Nov. 1958, BVerfGE 8, 274 (328 f.). Bei den übrigen Entscheidungen handelt es sich um BVerfGE 12, 281 (295); 14, 263 (281); 15, 126 (144).

[89] BVerfGE 2, 266.

[90] G vom 22. 8. 1950 (BGBl. I S. 367) i. d. F. vom 21. 7. 1951 (BGBl. I S. 470).

eines Grundrechts im Einzelfall verbietet oder ob er nur verhindern will, daß der Wesenskern des Grundrechts als solchen, z. B. durch praktischen Wegfall der im Grundgesetz verankerten, der Allgemeinheit gegebenen Garantie angetastet wird"[91]. Die grundsätzliche Bedeutung der hier aufgezeigten Alternativen wird noch zu erörtern sein[92].

Im Vergleich zum BGH und zum Bundesverwaltungsgericht hat sich das Bundesverfassungsgericht bei der Interpretation und Anwendung der Wesensgehaltsklausel ein hohes Maß an Zurückhaltung auferlegt. Da diese Reserve gewiß nicht aus einer Befangenheit gegenüber den von Art. 19 Abs. 2 GG aufgeworfenen Problemen zu deuten ist[93], liegt der Schluß nahe, in ihr den bewußten Versuch zu sehen, den Theorienstreit durch das Provisorium einer dogmatisch noch nicht festgelegten, nach jeder Seite offenen Haltung zu entschärfen und einstweilen auf sich beruhen zu lassen. Freilich ist eine solche Zurückhaltung, wenn sie zum Dauerzustand wird, der Erkenntnis und dem Verständnis des Grundrechtsteils der Verfassung als einer sinnvollen Einheit abträglich[94].

III. Art. 19 Abs. 2 GG im Verhältnis zu Art. 19 Abs. 1 GG

1. Die Normadressaten

Nach einer bisweilen vertretenen Ansicht ist Art. 19 Abs. 2 GG nicht als selbständiger Absatz, sondern sinngemäß als dritter Satz von Abs. 1 zu lesen[1]. Diese Auffassung bedarf einer Überprüfung. Denn die behauptete inhaltliche Verknüpfung beider Absätze engt den Geltungsbereich des Art. 19 Abs. 2 GG empfindlich ein.

---

[91] a.a.O., S. 285. — Die Kritik *Dürigs*, der die Ausführungen des Gerichts zur Wesensgehaltssperre als die „(einzige) schwache Stelle des Beschlusses" bezeichnet hat (JZ 1953, S. 463), richtet sich nicht gegen den hier zitierten, lediglich eine Alternative aufzeigenden Passus, sondern gegen eine in der Tat befremdliche Argumentation des Gerichts, die den Parlamentarischen Rat zum Herren der Grundgesetzexegese macht.

[92] Vgl. unten S. 57 ff.

[93] Dazu BVerfGE 5, 13 (15) und 8, 274 (328 f.).

[94] Die außerordentliche Dürftigkeit der Kommentierung der Wesensgehaltsgarantie in *Leibholz-Rinck*, Grundgesetz, S. 215 f., bestätigt diese Bedenken. Überdies scheint der Erste Senat in seinen jüngsten Entscheidungen Art. 19 Abs. 2 GG eher als Einzelfallsanktion interpretieren zu wollen; vgl. BVerfGE 15, 126 (144) und 16, 194 (201). Das läßt den Wunsch nach einer baldigen Klärung nur noch dringlicher werden.

[1] So vor allem *v. Mangoldt-Klein*, a.a.O., Anm. V 2 c zu Art. 19 sowie in dem Kapitel „Die Grundrechte des Grundgesetzes und die Besonderen Gewaltverhältnisse", a.a.O., S. 138. Bei *Ipsen*, VVDStRL Heft 10, S. 94, heißt es sogar, der Wortlaut (!) des Art. 19 Abs. 2 GG stelle auf „Einschränkungen" ab.

Art. 19 Abs. 1 GG bindet seinem klaren Wortlaut nach allein den Gesetzgeber und auch ihn nur insoweit, als die ausdrücklich zugelassene Einschränkbarkeit von Grundrechten in Frage steht. Art. 19 Abs. 2 GG kennt keine solche Begrenzung: Er enthält, ohne einen Adressaten zu bestimmen, ein unbedingt formuliertes Verbot. Nur der Nachweis, daß außer dem im Rahmen des Art. 19 Abs. 1 GG handelnden Gesetzgeber kein anderer Adressat denkbar ist, kann die Vermutung widerlegen, daß sich dieses Verbot an die gesamte öffentliche Gewalt richtet[2]. Obschon es an Stimmen nicht fehlt, die eine auf die Legislative beschränkte Stoßrichtung anzunehmen scheinen[3], ist ein solcher Nachweis bislang nicht geführt worden. Infolgedessen bleibt für das Verständnis des Art. 19 Abs. 2 GG seine absolut getroffene Aussage im Wortsinne verbindlich. Nach ihr ist die Sperrwirkung der Wesensgehaltsschranke unbegrenzt. Sie richtet sich gegen jede staatliche Gewalt in Bund und Ländern, die im Rahmen ihrer Kompetenz zu selbständigen Entscheidungen über den Bestand, die Auslegung oder die Anwendung von Grundrechten berufen ist oder deren Handeln sich zumindest mittelbar auf die grundrechtliche Ordnung auswirkt.

Die praktische Konsequenz dieser Erkenntnis sei an einigen Beispielen verdeutlicht: Der *Gesetzgeber*, der inzident den natürlichen Gewährleistungsrahmen der nicht unter Gesetzesvorbehalt stehenden Grundrechte fixiert, die *Bundesregierung*, die wirtschafts- oder währungspolitische Lenkungsmaßnahmen beschließt, der *Ressortminister*, der im Verordnungsweg die Bedingungen des politischen Asylrechts festgelegt, die *Verwaltung*, die ‚auf Grund' der in Art. 19 Abs. 1 GG genannten einschränkenden Gesetze tätig wird und dabei über einen mehr oder minder weiten Ermessensspielraum verfügt, die *Rechtsprechung*, die sich aus vermeintlich zwingenden Gründen veranlaßt sehen mag, eine Grundrechtsgarantie unter einem bestimmten Aspekt eng

---

[2] Dies entspricht nicht nur dem Grundsatz, daß die Normen des Grundrechtsteils restriktiver Interpretation entzogen sind, sondern folgt auch aus Art. 1 Abs. 3 GG. Wenn es dort heißt, daß die Grundrechte Gesetzgebung, vollziehende Gewalt und Rechtsprechung binden, so gilt dies sinngemäß auch für jene Vorschriften, die unmittelbar dem *Schutz* der Grundrechte dienen.

[3] Vgl. Herbert *Krüger*, DÖV 1955, S. 599: „Wenn Art. 19 Abs. II in keinem Falle Eingriffe in den Wesensgehalt zuläßt, dann richtet sich dieses Verbot an alle Vollmachten, die die Verfassung dem Gesetzgeber im Hinblick auf die Einschränkung von Grundrechten erteilt hat." Günter *Dürig*, ZgesStWiss. 109 (1953), S. 328, sieht in Art. 19 Abs. 2 GG gleichfalls nur das „gegen den einfachen Gesetzgeber gerichtete verfahrensrechtliche Verbot". Ähnlich Hans-Heinrich *Jescheck*, Das deutsche Wirtschaftsstrafrecht, JZ 1959, S. 458, Anm. 12; Wolfgang *Zeidler*, Die Unverbrüchlichkeit der Grundrechte, DVBl. 1950, S. 600; Hans *Peters*, Elternrecht, S. 383, Ders., Die Positivierung der Menschenrechte, S. 369; Hermann K. A. *Weinkauff*, Naturrecht und Justiz, in: Die politische Meinung, Heft 71 (April 1962), S. 29. *Maunz-Dürig*, Anm. II 2 c) cc) (Randnr. 81) zu Art. 1 Abs. 2.

auszulegen, und nicht zuletzt das *Bundesverfassungsgericht*, das über die Verwirkung von Grundrechten zu entscheiden hat[4], — sie alle sind in gleicher Weise zur gewissenhaften Respektierung der Wesensgehaltsschranke verpflichtet. Das folgt aus der strikten Formulierung und unabhängigen Stellung des Art. 19 Abs. 2 GG.

2. Der sachliche Geltungsbereich

Art. 19 Abs. 2 GG spricht nur von Fällen, in denen ein Grundrecht durch Gesetz oder auf Grund eines Gesetzes *eingeschränkt* werden kann[5]. Dagegen erfaßt Abs. 2, sofern er nicht als dritter Satz von Abs. 1 gelesen wird, alle denkbaren Eingriffe in Grundrechte, d. h. nicht nur solche beschränkender Natur.

a) Der Unterschied wird deutlich bei der *Enteignung*, die keine bloße (und häufig nur vorübergehend auferlegte) Eigentumsbeschränkung[6], sondern die endgültige Entziehung von Eigentumsrechten und damit die Zerstörung der grundrechtlich geschützten Eigentümerposition bewirkt. Bei einer inhaltlichen Koppelung der beiden ersten Absätze von Art. 19 GG stellt sich die Frage, ob die Wesensgehaltssperre dann für den Bereich des Art. 14 Abs. 3 GG überhaupt Geltung besitzt. Der Hinweis auf ein argumentum a minore ad maius[7] deckt sicherlich ‚Eingriffe' im Sinne von Art. 2 Abs. 2 Satz 3 GG, falls und soweit sie über bloße Beschränkungen hinausgehen. Für den Sonderfall der Enteignung jedoch, der rechtsdogmatisch noch immer umstritten ist, er-

---

[4] Hier wie auch im Parteiverbotsverfahren übt das BVerfG Funktionen aus, die über eine rein judizierende Tätigkeit hinausgehen. Ihnen entspricht der Charakter des Gerichts als Verfassungsorgan; vgl. die Denkschrift vom 27. Juni 1952 über „Die Stellung des Bundesverfassungsgerichts", JZ 1953, S. 157 f., und Gerhard *Leibholz*, Der Status des Bundesverfassungsgerichts, Jahrb.öff.R., Bd. 6, Tübingen 1957, S. 112 f. Diese Sonderstellung erlaubt, ja erfordert die getrennte Betrachtung von Rechtsprechung und BVerfG.

[5] Die Terminologie der Bestimmungen des Grundgesetzes, auf die sich dieser Passus bezieht, ist uneinheitlich, ohne mißverständlich zu sein; vgl. Art. 11 Abs. 2 und Art. 17 a Abs. 1 und 2 („einschränken"), Art. 8 Abs. 2 („beschränken"), Art. 10 Satz 2 („Beschränkungen"), Art. 5 Abs. 2 und Art. 14 Abs. 1 Satz 2 („Schranken"), Art. 13 Abs. 3 („Eingriffe und Beschränkungen") sowie Art. 2 Abs. 2 Satz 3 („eingreifen").

[6] Gegen den Begriff ‚Eigentumsbeschränkung' hat Werner *Weber*, Eigentum und Enteignung, S. 347, mit Recht eingewandt, er decke keinen spezifischen Rechtstatbestand und sei deshalb „für die Problematik der Eigentumsgarantie ohne juristische Prägnanz". Hier wird dieser Terminus im untechnischen Sinne zur Bezeichnung sämtlicher keine Enteignung darstellenden Eingriffe gebraucht. Ähnlich unterscheidet der BGH, Urteil vom 25. März 1957, DÖV 1957, S. 670, zwischen Enteignungen auf der einen und Eigentumsbeschränkungen, denen er die „konkrete Ausgestaltung der sozialen Gebundenheit des Eigentums" zurechnet, auf der anderen Seite.

[7] Etwa: Was für Einschränkungen gilt, muß erst recht für die Aufhebung von Rechten gelten.

scheint das als zweifelhaft. Nach wie vor ungeklärt ist insbesondere die Frage, ob die Enteignung mit Eigentumsbindung und Eigentumsschranken auf ein und derselben Skala zu denken und von ihnen nur quantitativ unterschieden ist, oder ob sie diesen Eingriffen gegenüber ein rechtliches *aliud* darstellt.

Die Tatsache, daß gegenwärtig allgemeine Übereinstimmung darüber herrscht, Enteignungsgesetze jedenfalls den von Art. 19 Abs. 1 Satz 1 GG für grundrechtseinschränkende Gesetze statuierten Anforderungen zu unterwerfen, verringert zwar die aufgezeigten Bedenken, räumt sie aber nicht völlig aus. Das bezeugt Otto Bachofs[8] deutliches Zögern, sich der „wohl überwiegenden, wenngleich nicht zweifelsfreien" Ansicht anzuschließen, derzufolge die Enteignung als Grundrechtseinschränkung im Sinne von Art. 19 Abs. 1 GG zu gelten habe. Das bezeugen ferner die im Schrifttum vertretenen gegensätzlichen Auffassungen zu der Frage, ob Art. 14 Abs. 3 GG als lex specialis wenn auch nicht Art. 19 Abs. 1 Satz 1 GG, so doch Satz 2 verdränge. Die dank einer entsprechenden Gesetzgebungspraxis[9] und Judikatur[10] herrschende Lehre bejaht hier die Spezialität der Enteignungsregelung[11], während ein Teil des Schrifttums sie verneint[12].

Angesichts der wohl noch immer nicht ausgeschriebenen Enteignungsproblematik im allgemeinen und dieses Meinungsstreites im besonderen bedarf es der Klarstellung, daß die Wesensgehaltsklausel im Hinblick auf Art. 14 Abs. 3 GG das rechtliche Schicksal weder des einen noch des anderen Satzes von Art. 19 Abs. 1 GG teilt. Denn jeder Zweifel an ihrer Geltung im Bereich der Enteignung bedeutet eine latente Gefahr für den ungeschmälerten Bestand der grundgesetzlichen Eigentumsordnung.

b) Ähnlich verhält es sich mit der gesetzlichen *Inhaltsbestimmung* von Eigentum und Erbrecht (Art. 14 Abs. 1 Satz 2 GG). Auch sie findet richtiger Ansicht nach ihre äußerste Grenze an dem Wesensgehalt der

---

[8] DÖV 1954, S. 595, Anm. 24.

[9] Beispiele bei Werner *Weber*, a.a.O., S. 369, Anm. 58.

[10] Zusätzlich zu den bei Werner *Weber*, a.a.O., S. 369, Anm. 59, zitierten Urteilen vgl. das Urteil des OVG Münster vom 8. Okt. 1958, JZ 1959, S. 359 f. (mit kritischer Anmerkung von *Reissmüller*). Hier wird zu dieser Frage ausgeführt: „Es liegt auch kein Verstoß gegen das Zitiergebot des Art. 19 I S. 2 GG vor... Das Zitiergebot gilt ... nicht für Enteignungsgesetze; denn die für diese geltende Junktimklausel erfüllt den gleichen Zweck wie das Zitiergebot bei den eigentumseinschränkenden Gesetzen. Als Sondervorschrift für Enteignungsgesetze geht sie dem Zitiergebot vor."

[11] So statt anderer Werner *Weber*, a.a.O., S. 369; Diether *Haas*, System der öffentlich-rechtlichen Entschädigungspflichten, Karlsruhe 1955, S. 12, 30, 35; *v. Mangoldt-Klein*, a.a.O., Anm. VII 7 e zu Art. 14.

[12] *Bachof*, a.a.O., S. 595, und *Dürig*, JZ 1954, S. 7.

genannten Grundrechte[13]. Betrachtet man Art. 19 Abs. 2 GG jedoch als drittes Teilstück von Abs. 1, so wird die dogmatische Begründung dieser Auffassung zumindest erschwert. Da die verbindliche Bestimmung des Inhalts eines Grundrechts dieses nicht einschränkt[14], Art. 19 Abs. 1 GG aber ausdrücklich auf Grundrechtseinschränkungen abstellt, erscheint auch hier die Anwendbarkeit von Art. 19 Abs. 2 GG nur dann als gesichert, wenn diese Vorschrift als gegenüber Abs. 1 eigenständige Norm begriffen wird.

c) Gleiches gilt schließlich für die Aberkennung von Grundrechten im Wege der *Verwirkung* (Art. 18 GG), deren Rechtsfolgen kaum als bloße ‚Einschränkung' im Sinne von Art. 19 Abs. 1 GG bezeichnet werden können. Hinzu kommt, daß hier der Eingriff weder durch Gesetz noch auf Grund eines Gesetzes, sondern durch Richterspruch erfolgt[15]. Damit steht das Institut der Verwirkung unverkennbar außerhalb des von Art. 19 Abs. 1 GG erfaßten Bereichs. Gleichwohl ist es notwendig, daß Art. 19 Abs. 2 GG auch die Mißbrauchsklausel kontrolliert; an seiner Sperre muß jeder Versuch scheitern, über Art. 18 GG in den Wesensgehalt der verwirkbaren Grundrechte einzugreifen[16].

3. Zusammenfassung

Der zweite Absatz des Art. 19 GG muß als im Rahmen dieses Artikels selbständige Norm gelesen und verstanden werden. Nur dann ist ihre korrekte Adressierung gesichert, und nur dann wird ihr Leerlaufen in einer Reihe von Grenz- und Zweifelsfällen verhindert.

Diese in Wortlaut und Stellung der Norm begründete Auffassung findet sich durch den systematischen Aufbau des Art. 19 GG bestätigt: Seine Absätze 3 und 4 sind gleichfalls nicht an Abs. 1 gebunden; sie beziehen sich weder direkt noch indirekt auf die von Verfassungs wegen

---

[13] Vgl. statt anderer *Ipsen*, a.a.O., S. 85 und S. 94 f.: Art. 19 Abs. 2 begrenzt auch die Tiefenwirkung der Inhaltsbestimmung. „Der Wesensgehalt des Eigentums darf auch durch seine gesetzliche Inhaltsbestimmung nicht angetastet werden." Übereinstimmend Joseph H. *Kaiser*, Verfassungsrechtliche Eigentumsgewähr, S. 40. Ebenfalls hat der BGH in ständiger Rechtsprechung — erstmals in BGHZ 6, S. 270 (278) — die Grenze der Befugnis, Inhalt und Schranken des Eigentums in allgemeinverbindlicher Weise zu bestimmen, zutreffend in Art. 19 Abs. 2 GG gesehen.

[14] Eine ‚grundrechtsbeschränkende Inhaltsbestimmung' ist eine contradictio in adiecto. Ähnlich Werner *Weber*, a.a.O., S. 369 (mit weiteren Nachweisen).

[15] Der Unterschied bleibt auch dann beachtlich, wenn man hier mit *Dürig*, JZ 1952, S. 518, von der „Delegation einer Quasi-Gesetzgebungsmacht an das [BVerf-]Gericht (Macht zum Erlaß gesetzesvertretender Maßnahmen)" sprechen will.

[16] Näheres vgl. unten S. 95 ff.

gestattete Einschränkung von Grundrechten[17], noch wenden sie sich ausschließlich an den Gesetzgeber. Vielmehr ist jeder dieser Absätze inhaltlich autark[18]. Das Vorhandensein einer inneren Klammer zwischen Abs. 1 und Abs. 2 würde demnach eine fehlerhafte Konstruktion des Art. 19 GG voraussetzen. Zu einer solchen Annahme besteht kein Anlaß. Folglich bleibt davon auszugehen, daß sämtliche vier Absätze dieses Artikels gleichgeordnet nebeneinander stehen[19].

Art. 19 GG ist überdies der Schlußartikel des Grundrechtsteils der Verfassung. Es lag nahe, in ihm — wie dies ähnlich in Art. 1 GG geschehen ist — eine Reihe verschiedenartiger Bestimmungen aufzuführen, die für die Gesamtheit des Vorausgegangenen Geltung besitzen. Allein darin liegt die Gemeinsamkeit der im übrigen inhaltlich wie formal eigenständigen Vorschriften des Art. 19 GG[20].

---

[17] Infolgedessen ist auch die übliche Betitelung des Art. 19 GG mit „Einschränkung von Grundrechten" ein Fehlgriff. Demgegenüber heißt es in der amtlichen Inhaltsübersicht zum GG (Parlamentarischer Rat 1948, Nr. 938) zutreffend „Gewährleistung der Grundrechte".

[18] Ebenso *Wernicke* in Bonner Kommentar, Erl. II 2 b zu Art. 19: „In Betracht kommen bei Abs. II nicht bloß die in Abs. I Halbsatz 1 genannten Fälle, sondern — wie in Art. 19 III und ähnlich bei Art. 19 IV — die Grundrechte schlechthin. Das ergibt sich aus der kategorischen Fassung des Abs. II."

[19] Vgl. dazu auch BVerfGE 1, 264 (280); danach enthält Art. 19 GG „kein selbständiges materielles Grundrecht, sondern eine Reihe von Vorschriften, die dem Schutz der Grundrechte dienen."

[20] *Lerche*, a.a.O., S. 38 (Anm. 34), sieht in der „Absetzung des Abs. 2 des Art. 19 von Abs. 1 einen — entstehungsgeschichtlich vielleicht ungewollten — inneren Sinn. Er tritt umso stärker in Erscheinung, als auch alle sonstigen Absätze des Art. 19 in recht loser Beziehung zueinander stehen, so daß Art. 19 sehr wohl als Konglomerat verschiedenartiger Einzelgehalte wirken mag".

Zweites Kapitel

Inhalt und Funktion der Wesensgehaltsgarantie

I. Das Schutzobjekt des Art. 19 Abs. 2 GG

1. Was ist Wesensgehalt?

Die Frage, was unter dem Wesensgehalt eines Grundrechts zu verstehen sei, nach welchen Kriterien er sich bestimmen lasse und wann dieser Wesensgehalt im Sinne des Art. 19 Abs. 2 GG „angetastet" werde, hat Lehre und Rechtsprechung seit der Verkündung des Grundgesetzes um so stärker beschäftigt, als dieser Terminus (nicht das Sachproblem) in der deutschen Rechtssprache ein Novum darstellt und selbst im allgemeinen Wortschatz der deutschen Sprache bislang nicht beheimatet war[1]. In Anbetracht dessen ist es noch immer verfrüht, als Ergebnis solcher gemeinsamen Bemühung schon heute die — sei es nur in Gestalt einer herrschenden Meinung — verbindliche Deutung des neuartigen Begriffs zu erwarten. Ein kritischer Überblick über das in mannigfacher Form bisher Geleistete führt zu der Erkenntnis, daß dieses Fragenbündel nach wie vor seiner Antwort harrt und auch über die Richtung, in der diese Antwort zu suchen ist, noch keine grundsätzliche Einigkeit besteht.

Die Klärung des Begriffs bereitet gleichwohl insofern keine Schwierigkeit, als er — in seine Bestandteile zerlegt — eindeutig erkennen läßt, worauf er zielt: auf den wesentlichen[2] (wesenseigenen, wesenhaften) Gehalt oder Inhalt einer Sache, auf das, was das Wesen einer

---

[1] Kennzeichnend ist, daß selbst die nach 1949 erschienenen Auflagen des Großen Duden (14. Aufl. 1954, 15. Aufl. 1961) das Wort „Wesensgehalt" nicht anführen, obwohl die Aufnahme von Komposita, die zum festen Bestandteil der Sprache geworden sind, der Übung der Duden-Redaktion entspricht (so sind etwa vermerkt: Wesensart, Wesensgleichheit, Wesensschau und Wesenszug). Das gleiche gilt für *Wehrle — Eggers*, Deutscher Wortschatz, Stuttgart 1961. Auch das von Jacob und Wilhelm *Grimm* begründete „Deutsche Wörterbuch" befragt man vergebens: In Band 14 I 2, Leipzig 1959, Sp. 591, folgt dem Stichwort „Wesensfremdheit" unmittelbar das Stichwort „wesensgemäß"; vgl. dazu die folgende Anmerkung.

[2] Zum Begriff „wesentlich" erläutert das „Deutsche Wörterbuch": ‚voller wesensgehalt, zum wesen gehörig, hauptsächlich, wichtig, erheblich, nennenswert' und wenig später nochmals: ‚voller wesensgehalt, substantiell, bedeutsam' (a.a.O., Sp. 597). Ein drittes Mal erscheint das Wort „Wesensgehalt" in den redaktionellen Erläuterungen zum Stichwort „Wesenhaftigkeit" (a.a.O., Sp. 582). Nach allem wird man nicht fehl in der Annahme gehen, daß diese künstlich anmutende Wortbildung sehr jungen Datums ist.

Sache „ausmacht", was nicht hinweggedacht werden kann, ohne daß die Sache selbst entfiele oder, was gleichbedeutend wäre, sich in ein *aliud* wandelte. Insofern berührt, ja deckt sich der Begriff „Wesensgehalt" mit einer der zahlreichen Bedeutungskomponenten des Grundbegriffs „Wesen", der im Sinne von *substantia* und *essentia* „die eigentliche Natur, das wahre Sein einer Sache", ihre „konstituierende Eigenart" und „innerste Beschaffenheit" bezeichnet[3]. Die üblich gewordenen Umschreibungen, die der Begriff „Wesensgehalt" im Zuge einer um Kurzformeln bemühten Wortinterpretation gefunden hat (Substanz, Kern, Kernsubstanz, Kerngehalt, Wesenskern), besagen dasselbe; ihre Verwendung ist jedenfalls so lange unbedenklich, wie sie zu keiner materiellen Verengung oder Erweiterung des ursprünglichen Begriffsinhaltes führt.

So leicht es fällt, das Wort „Wesensgehalt" vom Philologischen her zu definieren und Aufschluß über seinen sprachlichen Sinn zu erlangen, als so schwierig erweist sich die Bestimmung dessen, was denn nun unter dem Wesensgehalt eines Rechts, zumal eines Grundrechts zu verstehen sei. Unter den Methoden, die sich zur Lösung dieser Aufgabe anbieten oder doch angeboten worden sind, sind meines Erachtens von vornherein diejenigen auszuscheiden, die nicht zum Kreis der genuinjuristischen und in allgemeiner Anerkennung bewährten Auslegungsarten gerechnet werden können. Dies gilt insbesondere für die Erkenntnismethoden philosophischer Provenienz. Ontologie, Wertphilosophie und Phänomenologie vermögen zur Auslegung des Art. 19 Abs. 2 GG lediglich insofern beizutragen, als sie die Ergebnisse, die auf Grund einer vom Wortlaut der Norm und ihrem objektiven Sinnzusammenhang ausgehenden Verfassungsinterpretation gewonnen werden, bestätigen und ergänzen. Sie an die Stelle der spezifisch rechtswissenschaftlichen Hermeneutik zu setzen, führt notwendig zu Resultaten, die für den philosophisch nicht vorgebildeten Richter weder nachvollziehbar noch in ihrer Richtigkeit kontrollierbar sind. Auf ihm, dem Richter, aber ruht die Hauptlast der verantwortlichen Aktualisierung der Wesensgehaltsklausel, einer Aktualisierung, die alltäglich nicht an einem abstrakten und unveränderlichen Modell, sondern an der sich ständig wandelnden Wirklichkeit des konkreten Grundrechtsfalls geleistet werden muß. Die Gefahr des Dilettantismus, vor der Forsthoff in diesem Zusammenhang nicht ohne Grund gewarnt hat, erscheint angesichts einer solchen, die Rechtssicherheit beeinträchtigenden Überforderung des Richters noch als vergleichsweise gering; dasselbe gilt für die ebenfalls von Forsthoff geäußerte Besorgnis, die Eigenständigkeit der Rechtswissenschaft könne bei einem Überhandnehmen „philosophischer Aus-

---

[3] Vgl. Deutsches Wörterbuch, a.a.O., Sp. 522, 567 und 581 ff.

I. Das Schutzobjekt des Art. 19 Abs. 2 GG

hilfen" verlorengehen[4]. Entscheidend ist, daß eine Verfassungsnorm wie die des Art. 19 Abs. 2 GG einer „sinnvollen Veralltäglichung"[5] bedarf, die sie nur durch die Rechtsprechung erfahren kann. Eine Lehre, die sich dem verschließt und den Gerichten eine in ihrer Differenziertheit höchst schwierige und zudem ungewohnte Interpretationsarbeit abverlangt, hat nur eine geringe Chance, auf Gang und Entwicklung der Rechtspraxis einzuwirken. Erst der Nachweis, daß mit den geläufigen und gerade in ihrer Einfachheit sicheren Auslegungsmethoden dem Interpretationsproblem des Art. 19 Abs. 2 GG nicht beizukommen ist, könnte es rechtfertigen, außerjuristische Hilfsmittel in Anspruch zu nehmen.

Auf der anderen Seite aber kommen die Gerichte nicht um das herum, was der Bundesgerichtshof[6] einmal die „unmögliche Aufgabe" genannt hat, „in einer Art von Wesensschau jeweils zu ermitteln, wieweit ein Grundrecht jeweils eingeschränkt werden könne, ohne sein ‚Wesen' zu verlieren". Aus der Aufnahme des Begriffs „Wesensgehalt" in die geschriebene Verfassung folgt vielmehr, daß alle Interpretation des Art. 19 Abs. 2 GG von diesem Wort — und nicht etwa von allgemeinen rechtspolitischen Erwägungen[7] — auszugehen hat. Der Wesensgehalt eines Grundrechts — das ist eine rein logische Konsequenz — kann deshalb nur in einem Verfahren ermittelt werden, das als Wesensschau zu bezeichnen den wahren Sachverhalt durchaus trifft[8]. Wie

---

[4] Ernst *Forsthoff*, Die Umbildung des Verfassungsgesetzes, a.a.O., S. 52, Anm. 30: „Die Gefahr solcher der Philosophie entlehnter methodischer Aushilfen besteht natürlich in einem Abgleiten in den Dilettantismus, da Juristen insgemein keine gelernten Philosophen sind. Im übrigen komplizieren sich die philosophischen Aushilfen bei der Interpretation des Grundrechtsteils des Grundgesetzes noch insofern, als der Wesensgehalt eines Grundrechts (Art. 19 Abs. 2) gewiß nicht wertphilosophisch — und wenn überhaupt philosophisch, dann nur phänomenologisch — interpretiert werden kann, so daß man also auch philosophisch zweispurig verfahren müßte. Was bleibt unter diesen Umständen von der Eigenständigkeit der Rechtswissenschaft noch übrig?"

[5] *Forsthoff*, a.a.O., S. 53.

[6] Beschluß des BGH vom 17. Okt. 1955, VerwRspr. 8, S. 98 (104).

[7] Wenn im BGH-Beschluß, a.a.O., ausgeführt wird, bei einer Auslegung, die das ‚Wesen' der Grundrechte zu erfassen suche, seien „Willkür und weitgehende Rechtsunsicherheit ... unvermeidlich", so gilt dies jedenfalls in viel stärkerem Maße für die Auslegungskriterien, zu denen sich der BGH bekennt. Die Berufung auf „klar übergeordnete Rechtswerte", zu deren Schutz Grundrechte „bis zu einem gewissen Grade" in einem „möglichst geringen Umfange" eingeschränkt werden können, hat mit einer sachlichen Interpretation des von der Verfassung als unantastbar erklärten Wesensgehaltes wenig gemein. Die hier vom BGH geforderte Güterabwägung ist es, die niemand leisten kann, weil sie dem Grundgesetz widerspricht.

[8] So auch Joseph H. *Kaiser*, Verfassungsrechtliche Eigentumsgewähr, S. 43: Eine solche Wesensschau sei entgegen der Ansicht des BGH „tatsächlich die vom Verfassungsgeber der Gesetzgebung, der Rechtsprechung und der Rechtslehre gestellte Aufgabe".

dieses Verfahren innerhalb des gegebenen methodischen Rahmens im einzelnen ausgestaltet wird, ist eine Frage, über die sich streiten läßt, und es ist denkbar, daß verschiedene Wege zum gleichen Ziele führen.

Die oben angestellte philologische (Wort-)Interpretation hat ergeben, daß unter dem Wesensgehalt einer Sache zu verstehen ist, was deren Substanz und Essenz ausmacht. Wesen, Gehalt, Substanz, Essenz sind eindeutig nicht formale, sondern materielle Größen. Auf ein Recht übertragen bedeutet Wesensgehalt diejenige materiell-rechtliche Substanz, deren Vorhandensein unabdingbare Voraussetzung für den *Bestand*[9] des Rechts ist, oder — wie Ernst Rudolf Huber es in negativer Wendung formuliert hat — das „substantielle Minimum, bei dessen Verletzung der verbleibende Rest, auch wenn er den Namen des vollen Rechts weiterführt, nicht mehr in wesensmäßiger Identität mit diesem steht"[10].

Unter den oberen Bundesgerichten ist es allein das Bundesverwaltungsgericht, das sich diese aus dem Wortsinn abgeleitete Auffassung des Begriffs ‚Wesensgehalt' als der materiellen Kernsubstanz des jeweiligen Grundrechts zu eigen gemacht und in ständiger Rechtsprechung vertreten hat. Ausgangspunkt dieser Rechtsprechung ist das Urteil des 1. Senat vom 14. Dez. 1954[11], des gleichen Senats, der sich schon ein volles Jahr zuvor — in seinem Urteil vom 15. Dez. 1953[12] — erstmals mit der Wesensgehaltsgarantie zu befassen hatte. Damals war er der Schwierigkeit, den Inhalt der Wesensgehaltsgarantie zu definieren und allgemeine Kriterien ihrer Verletzung aufzustellen, ausgewichen[13]. Inzwischen hatte das OVG Münster in einer grundlegenden Entscheidung[14] an der Rechtsprechung des Bundesverwaltungsgerichts zur Frage der Bedürfnisprüfung im Gaststättengewerbe sehr dezidiert Kritik geübt und dabei Gelegenheit genommen, auch die Auffassung des Bundesgerichtshofs zu Art. 19 Abs. 2 GG[15] anzu-

---

[9] Ein Blick auf die Entstehungsgeschichte des Art. 19 Abs. 2 GG lehrt, daß der Terminus ‚Wesensgehalt' erst auftaucht, nachdem im Grundsatzausschuß Einigkeit über das Erfordernis einer die „Substanz" der Grundrechte sichernden Norm erzielt worden war: danach sollte „das Grundrecht als solches" (so Art. 21 Abs. 4 HE) „in seinem Bestand" unantastbar sein; vgl. Entstehungsgeschichte der Artikel des Grundgesetzes, Jhb.öff.R., N. F. Band 1, Tübingen 1951, S. 177.

[10] Der Streit um das Wirtschaftsverfassungsrecht, DÖV 1956, S. 142.

[11] BVerwGE 1, 269.

[12] BVerwGE 1, 48.

[13] Vgl. dazu im einzelnen oben S. 25 ff.

[14] Urteil vom 6. Mai 1954, Bd. 8 der Amtlichen Sammlung der Entscheidungen der OVG Münster und Lüneburg, S. 277 ff.

[15] Grundlegend sind die Gutachten des 1. Zivilsenats in BGHSt 4, 375 (377) und 4, 385 (392); vgl. dazu oben S. 20 ff.

I. Das Schutzobjekt des Art. 19 Abs. 2 GG

greifen. Die Frage, ob ein Grundrecht in seinem Wesensgehalt angetastet werde, so führt das OVG-Urteil aus, beurteile sich „nicht nach dem Zweck und Grund für die Beschränkung, sondern ausschließlich danach, was nach der Beschränkung von dem Grundrecht überhaupt übrigbleibt"[16]. Diese Formulierung wird vom Bundesverwaltungsgericht fast wörtlich übernommen[17] und wird zum Charakteristikum auch seiner späteren Judikatur zur Wesensgehaltsgarantie[18]. Daß das Gericht gleichwohl nicht bereit war, den damit vorgezeichneten Weg dogmatisch konsequent zu verfolgen und auszubauen, wurde freilich schon bald deutlich[19]. Die aus der Frage nach dem, was von einem Grundrecht nach seiner Beschränkung „übrigbleibt", abgeleitete *Torso-Formel*[20] des Bundesverwaltungsgerichts erstarrte zu einer stereotyp wiederholten Wendung, der eine praktische Bedeutung in der Rechtsprechung des Gerichts kaum zukam[21].

Dennoch liegt in dieser Formel der Schlüssel zum richtigen Verständnis und zu der den Gerichten aufgegebenen ‚Veralltäglichung' der Wesensgehaltsgarantie. Solange die Lösung der „schwierige(n) Aufgabe, den wesentlichen Gehalt der ... (Grund-)Rechte im einzelnen herauszuarbeiten"[22], noch nicht zu einer erschöpfenden und widerspruchsfreien höchstrichterlichen Kasuistik geführt hat, brauchen die Gerichte eine handfeste und anschauliche Formel, um die Frage: Was ist Wesensgehalt im Sinne des Art. 19 Abs. 2 GG? wenigstens mittelbar beantworten zu können. Die Torso-Formel des Bundesverwaltungsgerichts bzw. des OVG Münster liefert einen technisch-neutralen und eben darum praktikablen Maßstab. Der Beifall, den sie selbst bei Kritikern der Rechtsprechung des Bundesverwaltungsgerichts gefun-

---

[16] a.a.O., S. 290.
[17] BVerwGE 1, 269 (273). Entsprechend heißt es in jenem Teil der Urteilsbegründung, in dem diese theoretische Erkenntnis auf den zur Entscheidung stehenden konkreten Fall übertragen wird, das Erfordernis einer Bedürfnisprüfung gemäß § 1 Abs. 2 GaststG lasse „von der Freiheit der Berufswahl des Bewerbers hinsichtlich der Art, des Umfanges und des örtlichen Sitzes seiner Berufsbetätigung *so gut wie nichts übrig*" (a.a.O., S. 274; Hervorhebung von mir).
[18] Vgl. etwa BVerwGE 2, 85 (87), 2, 295 (300), 2, 324 (326) und 4, 24 (37).
[19] Das Gericht hielt auch in der Folgezeit an der von ihm erstmals in BVerwGE 1, 48 (51 ff.) vertretenen Auffassung fest, daß unzulässige Eingriffe in den Wesensgehalt dann, wenn sie „unerläßlich" seien, gerechtfertigt sind; vgl. oben S. 26 ff.
[20] Das Bild des auf einen „Torso" reduzierten Grundrechts wird in BVerwGE 4, 24 (37) verwandt.
[21] In welch hohem Maße gerade die Rechtsprechung des BVerwG eine dogmatisch klare Linie vermissen läßt, wurde bereits ausgeführt.
[22] Mit Recht erklärt *Ehmke*, Grenzen der Verfassungsänderung, Berlin 1953, S. 105, diese Aufgabe werde „im wesentlichen von der Rechtsprechung gelöst werden müssen".

den hat[23], bestätigt ihre Brauchbarkeit und macht sie, die niemals Gegenstand des Theorienstreites gewesen ist[24], unverdächtig.

Es ist bezeichnend, daß diese Formel — ebenso wie die später von E. R. Huber gewählte[25] — sich damit begnügt, den einer positiv-umschreibenden Veranschaulichung nur schwer zugänglichen Wesensgehaltsbegriff negativ — und nur indirekt — zu definieren. In diesem scheinbaren Mangel liegt zugleich ein Vorzug. Denn die Bestimmung dessen, was ein Abstraktum *nicht* zum Inhalt hat, ist in der Regel nicht nur leichter, sondern auch zuverlässiger zu treffen als eine hinreichend genaue Aussage über seine inhaltliche Substanz. Gewiß ist es denkbar, daß die Frage, ob ein bestimmter Eingriff von einem Grundrecht „so gut wie nichts" übrigläßt, von verschiedenen Gerichten verschieden beantwortet wird. Aber vollkommene, dem richterlichen Ermessen entzogene Subsumtionsregeln kann es in dem Bereich der Wesensgehaltsgarantie ebensowenig geben wie etwa in dem durch den Begriff der Menschenwürde umrissenen Schutzbereich des Art. 1 Abs. 1 GG. In diesen und anderen Fällen mag die im weitesten Sinne philosophische Durchdringung der Begriffe von hohem Nutzen sein. Um sie der praktischen Rechtsanwendung zu erschließen, bedarf es aber an erster und letzter Stelle einfacher Faustregeln zur Orientierung und Kontrolle des richterlichen Ermessens. Diese wichtige Funktion erfüllt eine Formel, die den Blick des Richters auf das lenkt, was nach der Beschränkung von dem Grundrecht übrigbleibt.

Von dieser sachlich begründeten und erprobten Fragestellung ausgehend gilt es materielle Kriterien zu erarbeiten, die eine qualitative Wertung der rechtlichen Substanz des verbleibenden Grundrechts-Restes ermöglichen[26]. Im Rahmen der vorliegenden rechtsdogmatischen Untersuchung mag es genügen, hierzu auf eine Entscheidung des Bun-

---

[23] So nennt *Bachof*, JZ 1957, S. 337, diesen Ansatzpunkt des BVerwG „zutreffend", während *Dürig*, AöR 81 (1956), S. 135, diese Formel als „wegen ihrer bemerkenswerten Kürze immerhin imponierende Interpretation" bezeichnet, die freilich durch die „spätere Fehlinterpretation des Art. 19 II in systematisch-dogmatischer Hinsicht" verdunkelt werde.

[24] Aus diesem Grunde konnte die Erörterung der Torso-Formel auch aus dem Kapitel über den Theorienstreit (oben S. 11 ff.) ausgeklammert werden. Sie bezieht sich in der Tat nur auf die Modalität der Erkenntnis dessen, was den Wesensgehalt „ausmacht".

[25] Vgl. oben S. 52.

[26] Herbert *Krüger*, DÖV 1956, S. 555, hat mit Recht bemängelt, daß das BVerwG sich darauf beschränkt hat, den Wesensgehalt rein quantitativ zu bestimmen. Man könne daraus, daß etwas übrigbleiben muß, nicht bestimmen, wieviel übrigbleiben muß. „Diese Bestimmung kann sich vielmehr nur aus der staatlichen Funktion des einzelnen in Frage stehenden Grundrechts ergeben." Allerdings darf daraus keine Rangordnung der Grundrechte abgeleitet werden, wie es in BGHZ 22, 167 (176) geschieht.

desverfassungsgerichts[27] zu verweisen, in der stichwortartig eine Reihe solcher Kriterien genannt wird. Es heißt hier, daß für die allgemeine Auslegung der Formulierung ‚Antastung des Wesensgehalts' eines Grundrechts „das zu regelnde Lebensverhältnis, die tatsächlich getroffene Regelung und die gesellschaftlichen Anschauungen hierüber sowie" — und hier nimmt das Bundesverfassungsgericht die Torso-Formel des OVG Münster und des Bundesverwaltungsgerichts dem Sinne nach vorweg — „das rechtlich geläuterte Urteil über die Bedeutung maßgebend sein dürften, die das Grundrecht nach der getroffenen Einschränkung noch für das soziale Leben im Ganzen besitzt".

Von den verschiedenen wertmaterialen Theorien, die eine Antwort auf die Frage: Was ist Wesensgehalt? zu geben versuchen, ist hier nur jene zu erörtern, die unmittelbar in die dogmatische Problematik des Art. 19 Abs. 2 GG hineinführt. Diese Theorie verbindet mit einer inhaltlichen Ausdeutung des Begriffs ‚Wesensgehalt' das Ziel, den tatsächlich oder nur scheinbar bestehenden Widerspruch zwischen dem Wortlaut des Art. 19 Abs. 2 GG und der Verfassungswirklichkeit zu überwinden. Ihr Ausgangspunkt ist die Überlegung, daß das Grundgesetz unter dem für unantastbar erklärten Wesensgehalt nur etwas verstehen könne, was auch und gerade in Anbetracht der Vielzahl unvermeidbarer und unbestritten rechtmäßiger Eingriffe in die individuelle Grundrechtsposition unangetastet bleibe und bleiben müsse. Folglich sei der Begriff des Wesensgehalts sehr eng zu fassen, und zwar so eng, daß noch der schwerste dieser rechtmäßigen Eingriffe — etwa die lebenslange Zuchthausstrafe — die Schranke des Art. 19 Abs. 2 GG unbeanstandet passieren könne.

Es liegt auf der Hand, daß die Konzeption eines Grundrechtskerns, die solchen Ansprüchen genügen soll, auf den natur- und menschenrechtlichen Ursprung der Grundrechte zurückgreifen muß und allein von dort Inhalt und Kontur gewinnen kann. Folgerichtig wird der Wesensgehalt zum „*Menschenrechtsgehalt*" erklärt[28]. Gegen die sehr zeitgemäß und grundrechtsfreundlich anmutende Gleichsetzung dieser beiden Begriffe erheben sich indessen schwere Bedenken:

a) Der Begriff des Wesensgehalts wird hier in einem Maße komprimiert und generalisiert, daß er von der spezifischen Aussage des Grund-

---

[27] Beschluß des 1. Senats vom 7. Mai 1953, BVerfGE 2, 266 (285).

[28] Diesen Weg hat *Dürig* in seinem programmatischen Aufsatz „Das Eigentum als Menschenrecht", ZgesStWiss. 109 (1953), S. 326 ff., erstmals beschritten und damit die Diskussion um den Art. 19 Abs. 2 GG in eine neue Richtung gelenkt. Die gesamte Grundrechtskommentierung in *Maunz-Dürig* ist auf diese eigenwillige Theorie abgestellt, der jedoch allgemeine Anerkennung versagt geblieben ist.

rechts, als dessen Kernsubstanz er jeweils ausgegeben wird, kaum mehr geprägt sein kann. Am Ende dürften sich die ‚Wesensgehalte' sämtlicher Grundrechte nicht nur untereinander, sondern auch mit dem ohnehin Verfassungsrang besitzenden Gebot des Art. 1 Abs. 1 GG (Schutz der Menschenwürde) weitgehend decken[29].

b) Die Umdeutung des Begriffs Wesensgehalt in Menschenrechtsgehalt ist mit dem Wortlaut des Art. 19 Abs. 2 GG unvereinbar. Hätte der Verfassungsgeber mit dieser Norm lediglich eine zusätzliche Sicherung der Menschenrechte bezweckt, so wäre nicht einzusehen, weshalb er sich dann des entsprechenden Terminus nicht bedient hat. Da das Grundgesetz an anderer Stelle (Art. 1 Abs. 2 GG) von Menschenrechten spricht, greift auch der Einwand nicht durch, hier habe bewußt ein emotional ‚aufgeladener' Begriff durch eine sprödere Formel ersetzt und neutralisiert werden sollen.

c) Die Gleichsetzung von Wesens- und Menschenrechtsgehalt wirkt rechtsverkürzend. Sie impliziert, daß nur das menschenrechtliche Substrat der Grundrechte unverletzlich sei. Der Schutz des Art. 19 Abs. 2 GG aber greift über diesen, gewiß sehr bedeutsamen Aspekt des Wesensgehalts weit hinaus. Besonders augenfällig wird dies bei jenen Grundrechten, denen — auch nach der Auffassung Dürigs — ein Menschenrechtsgehalt nicht zukommt[30]. Sie werden von der Sperrklausel des Art. 19 Abs. 2 GG entweder gar nicht erfaßt, oder ihr Schutz muß um den Preis einer begrifflichen Doppelgleisigkeit erkauft werden. Infolgedessen erscheint der Widerspruch, den diese Theorie zu überwinden sucht, abgesehen von allen inhaltlichen Einwänden, als lediglich quantitativ verringert, aber nicht als aufgehoben.

Dürig selbst hat die hier skizzierte Theorie später insoweit modifiziert, als er den Menschenrechtsgehalt der Grundrechte nur als Minimalgehalt des Art. 19 Abs. 2 GG bezeichnet. Sein zusätzlicher Inhalt ergebe sich „aus den historisch-politisch-soziologischen Anschauungen der Rechtsgemeinschaft über das Wesen bestimmter *Einrichtungen und Normenkomplexe*"[31].

Diese Formulierung führt unmittelbar an jene Grenze, an der das dogmatische Verständnis der Wesensgehaltsschranke sich entscheidet.

---

[29] Vgl. dazu *Dürig*, Der Grundrechtssatz von der Menschenwürde. Entwurf eines praktikablen Wertsystems der Grundrechte aus Art. 1 Abs. I in Verbindung mit Art. 19 Abs. II des Grundgesetzes, AöR 81 (1956), S. 117 ff. Ähnlich, aber weniger dezidiert sieht *Wintrich*, Grundrechte, S 19, in Art. 19 Abs. 2 GG den „Menschenwürdegehalt" geschützt. Vgl. auch *Hamann*, Grundgesetz, Anm. B 7 zu Art. 19.

[30] ZgesStWiss. 109, S. 329.

[31] *Dürig*, Der Grundrechtssatz von der Menschenwürde, a.a.O., S. 156 (Hervorhebung von mir).

2. Rechtsstellungs- oder Institutsgarantie?

Denn jeder Versuch, den Inhalt des Begriffs Wesensgehalt zu bestimmen, muß seinen Ausgang von der Frage nehmen, worauf sich die Norm des Art. 19 Abs. 2 GG eigentlich bezieht, wessen Schutz sie dient: dem des individuellen Grundrechts als eines subjektiv-öffentlichen Rechtsanspruchs des einzelnen (etwa dem Recht des Bürgers X, frei und ungehindert von A nach B ziehen zu können) oder dem Grundrecht als solchem, der normativ-generellen Grundrechtsverbürgung (etwa dem Bestand des in Art. 11 GG gewährleisteten Freizügigkeitsrechts als einer *institutionellen Verfassungsgarantie*)[32].

Das Schrifttum hat diese grundsätzliche Unterscheidung, die sich üblicherweise unter den Kurzformeln der *Rechtsstellungsgarantie* einerseits, der *Bestands-* oder *Institutsgarantie* andererseits abgehandelt findet, wiederholt getroffen[33]. Die höchstrichterliche Rechtsprechung dagegen hat ihr bislang keine Aufmerksamkeit geschenkt. Diese bemerkenswerte Zurückhaltung der Gerichte mußte nicht nur den Eindruck entstehen lassen, es handele sich bei der Kontroverse um das Schutzobjekt des Art. 19 Abs. 2 GG um einen Streit von nur theore-

---

[32] Der Begriff der institutionellen Garantie wird hier im weitesten Sinn auf jedes von der Verfassung anerkannte (objektive) Grundrecht bezogen. Die Garantie des Freizügigkeitsrechts verschafft diesem Recht nicht weniger den Rang eines Grundrechtsinstituts als etwa Art. 14 Abs. 1 Satz 1 GG dem Eigentum und Erbrecht. Eine rechtlich-dogmatische Ungleichbehandlung von Freiheitsrechten und „echten" Instituten ist im System der grundgesetzlichen Grundrechtssicherungen weder sinnvoll noch vertretbar. Peter *Lerche* hat mit Recht die „Überwindung der herrschenden These über den angeblichen Gegensatz von Freiheit und Institution" gefordert (Übermaß und Verfassungsrecht, S. 351). Vgl. dazu neuestens Gunther *Abel*, Die Bedeutung der Lehre von den Einrichtungsgarantien, insbes. S. 40 ff., sowie die Diskussion in VVDStRL, Heft 22 (1965), S. 67 ff.
Im übrigen ist die Adäquanz der Zuordnung von Grundrecht und Institutionenbegriff im deutschen Verfassungsrecht seit der Weimarer Zeit unbestritten. Vgl. dazu insbesondere Carl *Schmitt*, Verfassungslehre (1928), S. 170 ff., *Ders.*, Freiheitsrechte und institutionelle Garantien der Reichsverfassung (1931), *Ders.* in HdbDStR, Band II (1932), S. 572 ff., 590 ff., Ernst *Forsthoff*, Die öffentliche Körperschaft im Bundesstaat. Eine Untersuchung über die Bedeutung der institutionellen Garantie in den Artikeln 127 und 137 der Weimarer Verfassung (1931), Bodo *Dennewitz*, Die institutionelle Garantie. Zum Problem der Existenzfrage des deutschen Berufsbeamtentums und der kommunalen Selbstverwaltung (1932), Ernst-Rudolf *Huber*, Bedeutungswandel der Grundrechte, AöR 62 (1933), S. 1 ff., 37 ff., Friedrich *Klein*, Institutionelle Garantien und Rechtsinstitutsgarantien (1934). — Die im Titel des zuletzt genannten Werkes getroffene, auf Carl *Schmitt* zurückgehende Unterscheidung von institutioneller Garantie und Institutsgarantie gewinnt im Hinblick auf Art. 19 Abs. 2 GG keine praktische Bedeutung. Der Frage, ob ihr überhaupt ein „begriffswesentliches Unterscheidungsmerkmal" innewohnt (verneinend E.-R. *Huber*, a.a.O., S. 14), braucht deshalb im Rahmen dieser Arbeit nicht nachgegangen zu werden.

[33] Vgl. unten Anm. 35—42.

tischem Interesse; sie hat vielmehr auch die Herausbildung dessen verhindert, was in dieser Frage als herrschende Meinung bezeichnet werden könnte: Das verfassungsrechtliche Schrifttum ist, so hoch man seine Eigenständigkeit auch veranschlagen mag, auf das Echo der richterlichen Praxis überall dort angewiesen, wo es um die Interpretation und Fortentwicklung des geltenden Rechtes geht. So betrachtet gilt der auf den Grundrechtsbereich gemünzte Satz des Bundesverfassungsrichters Geiger: „Viele grundsätzliche Fragen sind überhaupt noch nicht entschieden"[34] in besonderem Maße für die Aktualisierung des Art. 19 Abs. 2 GG.

Die Ansicht, daß sich die Wesensgehaltsschranke wenn nicht ausschließlich, so doch jedenfalls *auch* auf das subjektive Grundrecht des einzelnen beziehe, bildet den herkömmlichen Ausgangspunkt für die Bestimmung des Schutzobjekts dieser Norm[35]. Die Rechtsstellungsgarantie, die damit als von Art. 19 Abs. 2 GG mitumfaßt erscheint, begegnet der schon eingangs erörterten Schwierigkeit, den Wortlaut der Grundgesetznorm („In keinem Falle ...") mit dem Umstand vereinbaren zu müssen, daß in die Grundrechtsposition des einzelnen in einer Vielzahl von Fällen eingegriffen wird, ohne daß sich der Betroffene unter Berufung auf die Wesensgehaltssperre dagegen schützen könnte. Die Notwendigkeit, diese Diskrepanz dogmatisch zu rechtfertigen und zu überbrücken, hat zu einer Reihe von Hilfskonstruktionen geführt, deren wichtigste bereits dargestellt und kritisch untersucht worden sind[36]. Keine von ihnen entgeht der Gefahr, den Begriff eines *relativen* Wesensgehalts an die Stelle des von der Verfassung — zumindest der Intention nach — absolut verstandenen Wesensgehaltsbegriffs zu setzen[37].

---

[34] Willi *Geiger*, Grundrechte und Rechtsprechung, S. 51. Am gleichen Ort wird festgestellt, wir stünden „erst am Anfang der Auslegung und Abgrenzung der Grundrechte, ihrer Inhaltsbestimmung und der Entwicklung von Folgerungen aus den Grundrechten".

[35] Vgl. statt anderer *Giese*, Enteignung durch Kollektivakt. DRiZ 1951, S. 192; *v. Krauss*, a.a.O., S. 48; Herbert *Krüger*, DÖV 1955, S. 597; Hildegard *Krüger*, Die Verfassungswidrigkeit der lex Schörner, DVBl. 1955, S. 759, sowie die Rechtsprechung des Bundesgerichtshofs, der sich immerhin einmal — im Urteil vom 18. Dez. 1952, BGHZ 16, 71 ff. (80) — eindeutig zur Rechtsstellungstheorie bekannt hat.

[36] Vgl. oben S. 20 ff.

[37] Dazu Hans *Peters*, Verfassungsmäßigkeit, S. 26 f., und *v. Mangoldt-Klein*, Anm. V 4 b und c zu Art. 19. — Die Relativierung des Art. 19 Abs. 2 GG wird an der Eigentumsgarantie besonders deutlich. Die irrige, immer wieder vertretene Ansicht, Enteignung liege vor, wo in den „geschützten Wesensgehalt" des Eigentums eingegriffen werde (so *Scheuner* in Reinhardt-Scheuner, S. 109, und jüngst etwa Egon *Schneider*, MDR 1965, S. 439), hat ihr Analogon in der „gefestigten Rechtsprechung" des BGH (vgl. zuletzt *Warneyer*, 1964, Nr. 122, S. 272; ebenso aber auch BVerwGE 8, 227) mit dem gleichbleibenden Tenor: Was den Wesensgehalt des Eigentums antastet, ist entschädigungs-

Demgegenüber wird, um dieser drohenden Relativierung der Grundrechte entgegenzuwirken, von einem Teil der Lehre — namentlich von Huber[38], Klein[39], Kaiser[40] und Peters[41] — die Auffassung vertreten, nur der Bestand des Grundrechts als objektiver Rechtseinrichtung könne Schutzobjekt der Wesensgehaltsgarantie sein[42].

---

pflichtige Enteignung. Richtig dagegen *Forsthoff*, Verwaltungsrecht, S. 315: Nach Art. 19 Abs. 2 GG sind „Gesetze, die das Eigentum als solches in seinem Wesensgehalt treffen, keine Enteignungsgesetze, sondern nichtig".

[38] Ernst Rudolf *Huber*, DÖV 1956, S. 142 f., sieht Art. 19 Abs. 2 GG dann als verletzt an, wenn ein Grundrecht „entweder als Institut beseitigt oder, bei nomineller Erhaltung, in seinem die Wesensidentität konstituierenden Minimum durch das Gesetz so ausgehöhlt oder verändert wird, daß es nur dem Scheine nach noch besteht" (S. 142).

[39] In *v. Mangoldt-Klein*, a.a.O., Anm. V 2 zu Art. 19 GG. *Klein* stellt hier die Frage: „Soll Abs. 2 bewirken, daß das von einer Einschränkung betroffene Individuum im Einzelfall mit seinem subjektiv-öffentlichen Verfassungsrecht noch etwas anfangen kann, oder soll er nur verhindern, daß das Gelten einer Grundrechtsbestimmung so gemindert wird, daß sie für alle Individuen oder auch nur für den größeren Teil von ihnen oder überhaupt für das soziale Leben bedeutungslos wird?" und bejaht mit ausführlicher Begründung die zweite Alternative. *Klein* sind u. a. gefolgt *Giese-Schunck*, Anm. II 4 zu Art. 19 GG; *Lerche*, Übermaß und Verfassungsrecht, S. 243, 351 und passim; *Häberle*, Wesensgehaltgarantie, S. 234 ff.

[40] Joseph H. *Kaiser*, Verfassungsrechtliche Eigentumsgewähr, a.a.O., S. 40 ff., insbes. S. 43: „Die Verfassungsnorm des Art. 19 Abs. 2 garantiert die Unantastbarkeit der Grundrechts*institute*. Als Institutsgarantie sichert sie mit absoluter Wirkung den Wesensgehalt der Grundrechte vor jeder möglichen Beeinträchtigung durch den Gesetzgeber und vermittelt in dieser Funktion gerade auch der individuellen Rechtsstellung den vollen ihr gebührenden Schutz. Denn nur als impermeable Schranke kann Art. 19 Abs. 2 jener Abnutzung entgehen, die aus fortgesetzten Einzeldurchbrechungen zwangsläufig resultiert und die bereits heute die Leistungskraft des Art. 19 Abs. 2 als vermeintlicher Rechtsstellungsgarantie weitgehend aufgezehrt hat."

[41] Hans *Peters*, Elternrecht, S. 383, sieht den Wesensgehalt eines Grundrechts als verletzt an, wenn „*generell* das im GG gewährleistete objektive Recht nicht mehr seine ihm eigene gesellschaftliche Funktion erfüllen kann, wenn also die den Charakter des GR ... ausmachenden, absolut feststehenden, typischen Werte nicht mehr zur Geltung kommen". Und noch deutlicher: „Einzeleingriffe in das elterliche Erziehungsrecht, die dieses wesentlich beschränken (etwa durch schulische Maßnahmen), mögen aus anderen Gründen rechts- oder verfassungswidrig sein; da das Grundrecht als objektive Gewährleistungsvorschrift dadurch nicht berührt wird, ist sein Kern ... und damit sein Wesensgehalt i. S. des Art. 19 II nicht beeinträchtigt."

[42] Ebenso — allerdings ohne nähere Begründung — Lothar *Schöne*, Öffentliche Gewalt und Eigentum, DÖV 1954, S. 553: Durch Art. 19 Abs. 2 GG „wird ... nicht etwa das konkrete Eigentum im Einzelfalle verfassungsmäßig geschützt, sondern nur das Eigentum als Rechtseinrichtung". *Ipsen*, Gemeindliche Personalhoheit unter Selbstverwaltungsgarantie, DÖV 1955, S. 228, bezieht den „aus Art. 19 Abs. II GG abzuleitenden Schutzgedanken der Unantastbarkeit des Wesensgehalts der Selbstverwaltung" auf die Selbstverwaltungsgarantie insoweit, als sie „auch institutionelle Garantie" ist. Nach Erwin *Stein*, in *Zinn-Stein*, a.a.O., Anm. 6 a zu Art. 63 HessVerf., schützt Art. 19 Abs. 2 GG das „Grundrecht als solches", dessen Wesen „unlösbar mit der freiheitlichen demokratischen Grundordnung und der verfassungsmäßigen Ordnung verbunden" sei.

60 Zweites Kapitel: Inhalt und Funktion der Wesensgehaltsgarantie

Wie schon bemerkt wurde, hat die — von den Bundesgerichten maßgeblich beeinflußte — Rechtspraxis in den Streit um das Schutzobjekt des Art. 19 Abs. 2 GG bislang nicht eingegriffen; ja sie hat — mit Ausnahme des Bundesverfassungsgerichts[43] — nicht einmal erkennen lassen, ob und inwieweit die von der Rechtsprechung vertretenen, unter sich durchaus uneinheitlichen Auffassungen im Lichte dieser Diskussion überprüft worden sind. Lediglich das Deutsche Obergericht für das Vereinigte Wirtschaftsgebiet hat sich — ein knappes Jahr nach Inkrafttreten des Grundgesetzes — eindeutig zur Bestandsgarantie bekannt[44]. Hätten die Bundesgerichte den von ihm vorgezeichneten

---

Sehr klar auch Ernst *Forsthoff*, Verwaltungsrecht, S. 315: „Art. 19 Abs. 2 GG betrifft den Art. 14 GG im Sinne der verfassungsmäßigen Garantie des Eigentums als eines Rechtsinstituts." *Dürig*, Zum hessischen Sozialisierungsproblem, DÖV 1954, S. 131, macht sich diese Auffassung zumindest dort zu eigen, wo er als Wesensgehalt des Eigentums „das die Materie beherrschende, den Menschen als Endzweck setzende personale Substrat des *Rechtsinstitutes*" bezeichnet (Hervorhebung von mir). Denn wenn das einzelne Eigentumsrecht ein solches Substrat nicht aufweist, kann der Wesensgehalt des Eigentums nur qua Institut angetastet werden. In dem Beispiel, das *Dürig* gibt (Schaffung von eigentümerlosem ‚Eigentum' in Hessen), wird in der Tat das vom Grundgesetz garantierte Institut des Eigentums selbst angetastet und — wenn auch nur auf einem begrenzten Sektor — in ein aliud umgeformt.

[43] Vgl. dazu den bereits oben S. 42 f. wiedergegebenen Passus aus dem Beschluß des Ersten Senats vom 7. Mai 1953 (BVerfGE 2, 266 [285]). In dem Beschluß heißt es weiter, für die allgemeine Auslegung der Formulierung ‚Antastung des Wesensgehalts' eines Grundrechts dürften „das zu regelnde Lebensverhältnis, die tatsächlich getroffene Regelung und die gesellschaftlichen Anschauungen hierüber sowie das rechtlich geläuterte Urteil über die Bedeutung maßgebend sein ..., die das Grundrecht nach der getroffenen Einschränkung noch für das soziale Leben im Ganzen besitzt". Bei *v. Mangoldt-Klein*, Anm. V 2 b zu Art. 19, werden diese Ausführungen als Bekenntnis des BVerfG zur Bestandsgarantie gewertet. Denn hier könne mit Grundrecht nicht das subjektiv-öffentliche Recht des einzelnen gemeint sein („ein solches Recht hat für das ‚soziale Leben im Ganzen' keine Bedeutung"), sondern nur die „Grundrechtsbestimmung ..., aus der die subjektiv-öffentlichen Rechte der einzelnen fließen".

Diese Interpretation der Auffassung des BVerfG zu Art. 19 Abs. 2 GG wird jedoch in Frage gestellt durch das Urteil des Zweiten Senats vom 30. Okt. 1956 (BVerfGE 6, 32 [41]). Hier heißt es: „Vor allem dürfen die Gesetze ... die geistige, politische und wirtschaftliche Freiheit des Menschen nicht so einschränken, daß sie in ihrem Wesensgehalt angetastet würde (Art. 19 Abs. 2, Art. 1 Abs. 3, Art. 2 Abs. 1 GG). Hieraus ergibt sich, daß *dem einzelnen Bürger* eine Sphäre privater Lebensgestaltung verfassungsmäßig vorbehalten ist, also ein letzter unantastbarer Bereich menschlicher Freiheit besteht, der der Einwirkung der gesamten öffentlichen Gewalt entzogen ist" (Hervorhebung von mir). Ganz ähnlich äußert sich der gleiche Senat in seinem Beschluß vom 12. Nov. 1958 (DVBl. 1959, S. 177). Mit diesen Ausführungen nähert sich das BVerfG der These *Dürigs*, die den grundrechtlichen Wesensgehalt auf einen Menschenrechtsgehalt (vgl. dazu oben S. 55 f.) reduziert. Andernfalls liefe das Gericht Gefahr, beispielsweise das Strafgesetzbuch für nichtig erklären zu müssen.

[44] Beschluß vom 13. April 1950, DVBl. 1950, S. 760 f. (761): „Ebenso wie es dem Gesetzgeber verwehrt ist, bestehende *Rechtseinrichtungen*, z. B. das

Weg konsequent verfolgt, wäre aller Voraussicht nach ein Theorienstreit vermieden worden, unter dem die Klarheit und Effektivität des grundgesetzlichen Systems der Grundrechtssicherungen noch heute leiden.

3. Die Verfassungskraft der Grundrechtsnormen

a) Dem Bemühen, den Schutzbereich des Art. 19 Abs. 2 GG über das grundrechtliche Institut hinaus auf die subjektiv-öffentliche Rechtsstellung des einzelnen auszudehnen, scheint eine Unterschätzung der Verfassungskraft der Grundrechtsnormen zugrunde zu liegen. Es ist die einzelne Grundrechtsbestimmung — und nicht etwa die Wesensgehaltsklausel —, aus der das Individualgrundrecht seine Geltung und Verbindlichkeit ableitet. Die einzelne Grundrechtsbestimmung ist es auch, deren normative Kraft diese Geltung und diese Verbindlichkeit sichert und ungerechtfertigte Eingriffe in das Individualgrundrecht abwehrt. Jeden möglichen Zweifel daran hat die Verfassung selbst durch Art. 1 Abs. 3 GG beseitigt: die ihm „nachfolgenden Grundrechte binden Gesetzgebung, vollziehende Gewalt und Rechtsprechung als unmittelbar geltendes Recht".

Daraus folgt die Selbstverständlichkeit, daß ein Grundrecht im Sinne des dem einzelnen zustehenden subjektiv-öffentlichen Rechtsanspruchs nur dann — sei es in seinem Kern oder an seiner Peripherie — angetastet werden darf, wenn und soweit das (formelle) Verfassungsrecht entsprechende Vorbehalte statuiert und Einschränkungen zuläßt. Die Zulassung solcher Einschränkungen durch Gesetz oder auf Grund eines Gesetzes ist weder neuartig noch bedenklich. Das gleiche gilt für die Möglichkeit, Individualgrundrechte unter bestimmten, gesetzlich fixierten Voraussetzungen rechtens aufzuheben, d. h. bis in ihren Kern zu vernichten. Eine Verfassungsbestimmung, die dies hindern oder leugnen wollte, wäre unvernünftig. Von einer Verfassungsbestimmung, die dies zu hindern und zu leugnen *scheint,* läßt sich prima facie nur sagen, daß sie vermutlich unvernünftig ausgelegt wird.

Aus dieser — später näher zu begründenden — Prämisse folgt, daß die aus den Grundrechtsnormen abgeleitete Rechtsposition des einzelnen eine Unantastbarkeitsverbürgung zu ihrer Geltung nicht benötigt und zu ihrem Schutz nicht beanspruchen kann.

b) Die Verfassungskraft der einzelnen Grundrechtsnorm und die Einschränkungen, die sie „aus übergeordneten Gründen" leidet, sind

---

Eigentum, *abzuschaffen,* steht es ihm ... nicht zu, bestehende *Rechte generell zu beseitigen* oder sie unter formaler Aufrechterhaltung in ihrem rechtlichen Kern zu vernichten. Das ist nunmehr in Art. 19 Abs. 2 des Grundgesetzes ausdrücklich ausgesprochen" (Hervorhebung von mir).

positiv in einem bedeutsamen Beschluß des Bundesgerichtshofs[45] umschrieben. Ihm kann seinem ganzen Inhalt nach zugestimmt werden, wenn man die Bemerkungen über den in diesem Zusammenhang zu Unrecht angerufenen Art. 19 Abs. 2 GG außer acht läßt. Der wesentlichste Passus dieses Beschlusses

„Die Grundrechte sind nach Art. 1 Abs. 3 GG grundsätzlich undurchbrechbar ... Eben hierin besteht ihr rechtliches Wesen. Allerdings gibt es Lagen, in denen sie aus übergeordneten Gründen, nämlich dann, wenn sie in Konflikt mit klar übergeordneten Rechtswerten zu kommen drohen, bis zu einem gewissen Grade eingeschränkt werden müssen und nach der Auffassung des Grundgesetzes auch eingeschränkt werden dürfen. Besteht aber ihr rechtliches Wesen darin, daß sie gesetzlichen Eingriffen grundsätzlich entzogen sind, *und bestimmt das Grundgesetz in Art. 19 Abs. 2, daß sie in keinem Falle in ihrem Wesensgehalt angetastet werden dürfen*, so folgt daraus, daß eine Einschränkung nur dann erfolgen darf, wenn dies nach Lage der Dinge ganz zwingend notwendig ist, und auch dann nur in einem möglichst geringen Umfange[46]."

macht deutlich, auf welche logischen Schwierigkeiten das Bemühen stößt, die im Extremfall bis zur Vernichtung der individuellen Grundrechtsposition führenden Folgen der (begrenzten) Einschränkbarkeit des objektiven Grundrechts mit der auf eben diese individuelle Rechtsposition bezogenen Wesensgehaltssperre in Einklang zu bringen[47]. Hinter dem Versuch, das Unvereinbare vereinbar erscheinen zu lassen, steht die irrige Vorstellung, aus dem in seinem Bestand absolut gesicherten Grundrechtsinstitut folge eine absolute Sicherung auch des subjektiven Grundrechts. Das unter Berufung auf Art. 19 Abs. 2 GG zu postulieren, heißt aber nichts anderes, als dem Verfassungsgeber zu unterstellen, er habe in blindem Grundrechtsüberschwang eine rechtlich-soziale Realität durch eine Utopie verdrängen wollen.

Herbert Krüger[48] hat die Auffassung, Art. 19 Abs. 2 GG enthalte eine Rechtsstellungsgarantie, für den hypothetischen Fall zu Ende gedacht, daß der Wortlaut dieser Verbotsnorm ernst genommen und ihre absolute Impermeabilität anerkannt wird. Seine Schlußfolgerung lautet: Wenn der Berechtigte „sich mit der Ausübung des Grundrechtes in den Grenzen des Wesensgehaltes hält, darf er die Rechte anderer verletzen

---

[45] Beschluß vom 17. Okt. 1955, VerwRspr. 8, Nr. 21, S. 98 ff. Vgl. dazu auch oben S. 23 f.).
[46] a.a.O., S. 104 (Hervorhebung von mir).
[47] Vgl. dazu *Kaiser*, Verfassungsrechtliche Eigentumsgewähr, a.a.O., S. 41 mit Anm. 180.
[48] Der Wesensgehalt der Grundrechte i. S. des Art. 19 GG, DÖV 1955, S. 599.

oder gegen die verfassungsmäßige Ordnung oder gegen das Sittengesetz verstoßen".

Diese logisch kaum angreifbare Konsequenz macht mehr als nur einen dogmatischen Widerspruch deutlich: sie spielt mit dem Gedanken der Rechtsanarchie und führt damit die Rechtsstellungstheorie sehr drastisch ad absurdum. Ein Beispiel: Das Grundrecht des Strafgefangenen auf Freizügigkeit (Art. 11 Abs. 1 GG) ist für die Dauer der Inhaftierung ohne Zweifel bis in den ‚Wesensgehalt' zerstört. Jeder auf die Wiedererlangung dieser Freizügigkeit gerichtete Gewaltakt wäre, da er sich „in den Grenzen des Wesensgehaltes hält" (d. h. nichts anderes bezweckt, als das Grundrecht in seinem unentziehbaren Kernbestand wiederaufleben zu lassen), im Sinne dieser Theorie rechtmäßig. Es ist fraglich, ob einem solch paradoxen Ergebnis noch die Bemerkung adäquat ist, daß der „Horror vor einem ungelösten Widerspruch jedenfalls in einem liberal-freiheitlichen Staat unbegründet" sei[49].

c) Die einzelne Grundrechtsnorm gewährleistet und schützt nicht nur das einzelne subjektive Recht, sondern zugleich das Grundrecht als Rechtsinstitut. Dies folgt unbestritten aus der auf generell-objektive Geltung angelegten Verbindlichkeit, die jeder Verfassungsbestimmung, ja allem Recht eignet. Eine Rechtsnorm, die sich darin erschöpft, subjektive Rechte zu gewährleisten, ohne ihrem ganzen Inhalt nach selbst (objektives) Recht zu sein, ist nicht denkbar.

Fragt man unter diesem Aspekt nach den Gründen für die Einführung einer Sperrklausel wie der des Art. 19 Abs. 2 GG, so wird man mit jener Theorie, die diese Klausel ausschließlich als Bestandsgarantie begreift, zu dem Schluß kommen, daß eine rechtliche Notwendigkeit, eine derartige Sicherung in die Verfassung einzubauen, nicht bestanden hat[50]. Art. 19 Abs. 2 GG dient, so betrachtet, vielmehr lediglich der *Klarstellung*, daß das Grundrecht als solches an der nur relativen Geltung der aus ihm abgeleiteten subjektiv-öffentlichen Rechte nicht partizipiert und hinsichtlich seines Wesensgehaltes ‚in keinem Falle' partizipieren darf. Diese Klarstellung ist sinnvoll und angebracht, um jedes mögliche Mißverständnis auszuräumen, das sich aus der doppelgesichtigen und rangverschiedenen Normativität der Grundrechtsbestimmungen ergeben kann.

Die damit angedeutete Funktion der Wesensgehaltssperre, den Blick mit Nachdruck auf die besondere Schutzwürdigkeit der grundrecht-

---
[49] *Krüger*, a.a.O., S. 600.
[50] Wie *Scheuner* in Reinhardt — Scheuner, a.a.O., S. 79, mit Recht feststellt, „bietet jede Institutsgarantie im Grundrechtsteil an sich schon die Gewähr dafür, daß der Kernbestand des aufgeführten Rechtes oder Instituts nicht verletzt oder gar zerstört werden darf".

lichen Institute zu lenken, ist zutreffend erfaßt, wenn Art. 19 Abs. 2 GG „das mahnende ‚Ausrufungszeichen' für die öffentliche Gewalt"[51] genannt oder wenn festgestellt wird, Art. 19 Abs. 2 GG wirke „stärker durch seine warnende ‚Fernwirkung', denn als spezielle Verbotsnorm"[52].

Folgt man der in solchen Formulierungen anschaulich gemachten Auffassung der Wesensgehaltsschranke als einer zusätzlichen, die gegebene Rechtslage lediglich akzentuierenden Grundrechtssicherung, so findet damit auch die Frage ihre Antwort, ob, wie Herbert Krüger[53] gemeint hat, Art. 19 Abs. 2 GG eine „Neuschöpfung" im deutschen Verfassungsrecht darstellt. Daß dem, soweit das vergleichbare Verfassungsrecht der Weimarer Republik in Rede steht, nicht so ist, hat Leisner[54] überzeugend nachgewiesen. Gleichwohl gibt es Bereiche, in denen Art. 19 Abs. 2 GG ein anderes Gesicht zeigt und eine gegenüber der Weimarer Zeit veränderte Grundrechtsauffassung widerzuspiegeln scheint. Zwar macht gerade Art. 48 WRV mit den in seinem Abs. 2 Satz 2 aufgezählten Grundrechten deutlich, daß diese Rechte unter normalen Umständen eben *nicht* außer Kraft gesetzt werden konnten und daß selbst die Diktaturgewalt nicht befugt war, andere als die ausdrücklich genannten Grundrechte aufzuheben oder abzuändern[55]. Gewiß geht es auch nicht an, eine Parallele zwischen so ungleichartigen Bestimmungen wie Art. 48 Abs. 2 WRV einerseits und Art. 19 Abs. 1 und 2 GG andererseits zu ziehen[56], um aus ihr Unterschiede hinsichtlich der Grundrechtsgeltung unter diesen beiden Verfassungen abzuleiten. Eine solche Parallele wird erst gezogen werden können, wenn das Grundgesetz um eine entsprechende Regelung des Staatsnotrechts ergänzt ist. An ihr wie an jeder verfassungsändernden Grundrechtsbeschränkung muß sich erweisen, ob in Art. 19 Abs. 2 GG nicht doch mehr steckt, als seine Warnfunktion vermuten läßt[57].

---

[51] So *v. Mangoldt-Klein*, a.a.O., Anm. V 7 b zu Art. 19. Wenn hier zugleich die „wichtige rechtspraktische Aufgabe" des Art. 19 Abs. 2 GG betont wird, so ist dem nur zuzustimmen.

[52] Walter *Leisner*, Die schutzwürdigen Rechte im Besonderen Gewaltverhältnis, DVBl. 1960, S. 625.

[53] DÖV 1955, S. 598.

[54] Grundrechte und Privatrecht, S. 87 ff. (mit zahlreichen Hinweisen auf Literatur und Rechtsprechung der Weimarer Zeit).

[55] So die damals „ganz überwiegend herrschende Meinung"; vgl. *Anschütz*, a.a.O., Anm. 15 zu Art. 48 (S. 289).

[56] Vgl. dazu BVerwGE 5, 317 (321): „Art. 48 Weimarer Verfassung geht viel weiter als Art. 19 Abs. 1 GG, was sich schon darin zeigt, daß nach Art. 48 Weimarer Verfassung Grundrechte völlig aufgehoben und nicht nur, wie Art. 19 Abs. 2 GG vorschreibt, ohne Antastung ihres Wesensgehalts eingeschränkt werden können."

[57] Näheres dazu unten S. 120 ff.

4. Zusammenfassung

Die bisherige Prüfung der Frage nach Schutzobjekt und Funktion des Art. 19 Abs. 2 GG hat ergeben, daß diese Frage in Lehre und Rechtsprechung uneinheitlich beantwortet wird und daß eine eindeutige Lösung sich weder aus dem Begriff des Wesensgehalts noch aus Überlegungen gewinnen läßt, die an die Verfassungskraft der einzelnen Grundrechtsnormen anknüpfen. Zwar hat sich gezeigt, daß die Ansicht, Art. 19 Abs. 2 GG schütze die individuelle Grundrechtsposition, in sich widerspruchsvoll ist und einer Reihe von Bedenken begegnet, denen die entgegengesetzte, Art. 19 Abs. 2 GG als generelle Bestandsgarantie der Grundrechte begreifende These nicht ausgesetzt ist. Zwar läßt sich ferner sagen, ein zweifelhafter Ausweg aus einem im Grunde als unlösbar empfundenen Widerspruch dürfe nicht beschritten werden, „ehe feststeht, daß sich der Konflikt, aus dem dieser Ausweg retten soll, auf keiner anderen verfassungsrechtlich vertretbaren Grundlage vermeiden läßt"[58]. Dennoch mögen sich aus einer Konfrontierung jener beiden Theorien mit Grundrechtsproblemen, deren dogmatische Erörterung noch im Fluß ist, neue Aufschlüsse ergeben, die es erleichtern, die Richtigkeit einer dieser Theorien festzustellen. Der von dieser Untersuchung eingeschobene Exkurs dient dem Zweck, die nachfolgende Diskussion über den Sinn der Wesensgehaltssperre von jenem Ballast zu befreien, der den Zugang zu einer exakten rechtsdogmatischen Analyse des Art. 19 Abs. 2 GG zunehmend erschwert.

II. Exkurs: Die Auflösung der Wesensgehaltsgarantie

1. Das Problem

Wenn vom Gleichheitssatz gesagt worden ist, er sei „schon zum Willkürverbot entartet"[1], so muß diese Entartung, vergleicht man sie mit dem Bedeutungswandel, den die Wesensgehaltsschranke erfahren hat,

---

[58] *Reissmüller*, JZ 1959, S. 361.
[1] So Fritz *Baur* in seiner kritischen Anm. zum Beschluß des BGH vom 5. Mai 1959, JZ 1959, S. 443. Im gleichen Sinne Heinz *Paulick*, Die verfassungsrechtlichen Bindungen des Gesetzgebers beim Erlaß von Steuergesetzen, ZgesStWiss. Bd. 109 (1953), S. 483 ff. (500): „Wenn man ... mit der heute herrschenden Meinung den Gleichheitsbegriff mit dem Willkürverbot identifiziert, dann bringt man etwas zum Ausdruck, was völlig überflüssig ist, weil sich das Willkürverbot bereits aus dem Wesen des Rechts ergibt. Willkürliche Gesetze widersprechen der Rechtsidee und sind *deshalb* verfassungswidrig. Das müßte auch dann gelten, wenn es den Gleichheitsartikel überhaupt nicht gäbe. Auch dann wäre der Gesetzgeber nicht souveräner Herr seiner Entschlüsse, sondern an Recht und Gerechtigkeit gebunden."
Vgl. dazu ferner Werner *Böckenförde*, Der allgemeine Gleichheitssatz und die Aufgabe des Richters, Berlin 1957 (S. 47 ff.: „Der Gleichheitssatz als

noch relativ maßvoll genannt werden. Denn die von Rechtsprechung und Schrifttum wechselseitig geförderte Tendenz, die Ausformung fester Maßstäbe und unverwechselbarer Inhalte bei der Interpretation und praktischen Anwendung der Normen des Grundrechtsteils zu vernachlässigen, hat im Falle des Art. 19 Abs. 2 GG zu einer weit bedenklicheren Entwertung geführt. Auch diese Vorschrift hat ihren empfindlichsten Substanzverlust dadurch erlitten, daß man in ihr bald einen Schutz gegen die Mißachtung rechtsstaatlicher Formen, bald eine Umschreibung des Prinzips der Verhältnismäßigkeit des Mittels oder ähnlicher Grundsätze verfassungskräftig normiert sieht. Es scheint, als suche man den rechtlichen Rahmen der Verbotsnorm des Art. 19 Abs. 2 GG nach Kräften auszuweiten, statt ihn, wie es notwendig wäre, inhaltlich zu fixieren und zu präzisieren. Mitunter entsteht gar der Eindruck, das einzelne Grundrecht sei ohne Anlehnung an die Wesensgehaltsgarantie jeder eigenen Geltungs- und Selbstbehauptungskraft entkleidet. Die fast magische Anziehung, die Art. 19 Abs. 2 GG auszuüben scheint, verstellt nicht nur den Blick auf unabhängig von der geschriebenen Verfassung existente Rechtsprinzipien, sondern läßt auch die Grundrechte selbst über Gebühr in den Hintergrund treten.

Die daraus resultierende Überforderung der Wesensgehaltssperre hat zwangsläufig ein Nachlassen ihrer ursprünglichen Leistungskraft zur Folge. Sie steht im Begriff, zu einer vollends kontur- und gesichtslosen Verlegenheitsformel, zu einer künstlich geschaffenen Generalklausel zu verblassen, deren sich jedermann nach Gutdünken bedient und deren Auslegung dem richterlichen Ermessen schließlich nach *jeder* Seite weitesten Spielraum läßt. In dieser Entwicklung liegt angesichts der unbestrittenen Schlüsselposition des Art. 19 Abs. 2 GG eine Gefahr für den Bestand der grundrechtlichen Ordnung.

Der Versuch, die Wesensgehaltsgarantie der Grundrechte mit einer Reihe allgemeiner Rechtsprinzipien zu identifizieren, wäre allenfalls gerechtfertigt, wenn Art. 19 Abs. 2 GG tatsächlich, wie behauptet wird, als „einzige Schranke für die Macht des einfachen Gesetzgebers"[2] angesehen werden müßte. Dann nämlich bestünde die Gefahr, daß das

---

Willkürverbot"), Ernst-Werner *Fuss*, Gleichheitssatz und Richtermacht, JZ 1959, S. 329 ff., sowie Hans Heinrich *Rupp*, Das Grundrecht der Berufsfreiheit, NJW 1965, S. 995.

[2] So Hans *Diester*, Enteignung und Entschädigung nach altem und neuem Recht, Köln 1953, S. 133, zum Verhältnis von Art. 19 Abs. 2 GG zu Art. 14 Abs. 1 Satz 2 GG. Ebenso *Werner*, Das Problem der Kodifikation des Baurechts, DVBl. 1952, S. 262, und OVG Hamburg, Urteil vom 5. Sept. 1951, JZ 1952, S. 31: „Nach der Überzeugung des erkennenden Gerichts findet die spezielle Begrenzungsmöglichkeit einzelner Grundrechte ... ihre Schranke lediglich in Art. 19 I u. II GG." Dagegen mit Recht Friedrich *Schack*, JZ 1958, S. 211.

von der Verfassung für einschränkbar erklärte Grundrecht beliebigen, ja willkürlichen Eingriffen ausgesetzt wäre, die in jedem Fall — mögen sie auch leichterer Natur sein — für den Betroffenen Rechtsnachteile bedeuten. Dieser Gefahr könnte nur durch eine Vorverlagerung und Verstärkung der Wesensgehaltssperre gesteuert werden.

Eine derartige freie Dispositionsbefugnis des Gesetzgebers besteht jedoch nicht, und entsprechend hat die Verfassung dem Art. 19 Abs. 2 GG keine Ausschließlichkeit bei der Abwehr ungerechtfertigter Grundrechtseinschränkungen zuerkannt. Stellung und Wortlaut dieser Norm geben keinen Anlaß zu der Annahme, sie absorbiere im Bereich der Grundrechtsverbürgungen all jene rechtsstaatlichen Fundamentalsätze, die den Gesetzgeber wie die gesetzesanwendende Verwaltung binden. Die Wesensgehaltsgarantie hat nicht den Charakter eines Abwehr-*monopols* gegenüber einer bei ihrem Wegfall absolut zu denkenden Macht des einfachen Gesetzgebers. Sie stellt nur *eine* Grenze neben zahlreichen anderen, nicht aus Art. 19 GG herzuleitenden Begrenzungen dieser Macht dar. Sie ist, anders gesagt, nicht Grenze schlechthin, sondern eine spezielle Vorkehrung zum Schutz der Grundrechte gegenüber der in die rechtsstaatliche Verfassung eingebetteten und von ihr begrenzten öffentlichen Gewalt.

Im folgenden seien die typischen Fälle einer unzulässigen Ausfüllung des Begriffs des Wesensgehalts mit ihm nicht adäquaten Momenten im einzelnen erörtert.

2. Das Gebot der Ermessensbindung

Nach weitverbreiteter, wenn nicht herrschender Meinung wird der Wesensgehalt eines Grundrechts schon dann angetastet, „wenn seine Beschränkung nicht im Gesetz näher bestimmt, sondern dem Ermessen einer Behörde überlassen wird"[3]. Diese Auffassung, die sich zu-

---

[3] So Andreas *Hamann*, Rechtsstaat und Wirtschaftslenkung, Heidelberg 1953, S. 78, unter Hinweis auf Württ.-Bad. VGH (Stuttgarter Senat), DVBl. 1950, S. 754 (755), und OVG Hamburg, Urteil vom 13. Okt. 1950, DVBl. 1951, S. 317 (318); *Ders.*, Öffentlich-rechtliche Bau- und Planungsmaßnahmen und die Eigentumsgarantie des Artikels 14 GG, DVBl. 1957, S. 513. Hier beruft sich *Hamann* auf das (Ausreise-)Urteil des BVerfG vom 16. Jan. 1957 (BVerfGE 6, 32), ohne freilich anzugeben, aus welchem Passus des Urteils eine solche Schlußfolgerung gezogen werden kann. Ebenso Herbert *Krüger*, DÖV 1955, S. 599, und *Uber*, Freiheit des Berufs, S. 112 f.
Im gleichen Sinne, jedoch deutlich zögernd, Richard *Naumann*, DVBl. 1950, S. 758 (759): „Bei Grundrechtsbeschränkungen durch gesetzlich maßstabslos zugelassenes Ermessen der Behörden mag man ... auch darauf abstellen, daß der Wesensgehalt des Grundrechts dadurch angetastet ist. Dahinter steht aber in noch weiterem Zusammenhang gesehen eine der Grundfragen des Rechtsstaates — die Gesetzmäßigkeit der Verwaltung."

mindest im Bereich der Verwaltungsrechtsprechung durchgesetzt hat, kann sich rühmen, das eindrucksvolle Beispiel einer unmittelbaren — und im Ergebnis gutzuheißenden — Beeinflussung des Bundesgesetzgebers zu liefern[4]. Gleichwohl kann ihr nicht gefolgt werden. Gewiß begegnet ein unzureichend determinierter Ermessensspielraum der Verwaltung bei Grundrechtsbeschränkungen erheblichen verfassungsrechtlichen Bedenken, aber diese Bedenken können nicht aus Art. 19 Abs. 2 GG abgeleitet und begründet werden. Um die Verfassungswidrigkeit eines solchen Einbruchs in rechtsstaatliche Prinzipien zu erweisen, hält das Grundgesetz *andere Normen* zur Verfügung. So hat etwa der Bayerische Verfassungsgerichtshof in seinem Urteil vom 24. April 1950[5] zwei Bestimmungen des bayerischen Beamtengesetzes unter Berufung auf Art. 80 GG für nichtig erklärt, da der Gesetzgeber die durch diese Verfassungsnorm eingeschränkte Befugnis zum Erlaß von Rechtsverordnungen überschritten habe. Die Grundsätze der Rechtsstaatlichkeit seien verletzt, wenn die Exekutive ermächtigt werde, die Rechtsverhältnisse eines bestimmten Personenkreises nach freiem Ermessen zu regeln[6]. Das Bundesverfassungsgericht hat für die Ermächtigung der Regierung zu Rechtssetzungsakten gemäß Art. 80 Abs. 1 GG gefordert, „daß vorausgesehen werden könne, in welchen Fällen und mit welcher Tendenz von der Ermächtigung Gebrauch gemacht werden wird und welchen Inhalt die auf Grund der Ermächtigung erlassenen Verordnungen haben können"[7]. Das Bundesverwaltungsgericht hat daraus

---

[4] Vgl. Hans-Christoph *Seebohm*, Die Entwicklung des Straßenverkehrsrechts seit Bestehen der Bundesrepublik, in: Festgabe für Fritz Müller, Berlin — Bielefeld — München 1953, S. 12: „... wurde die wichtige Bestimmung des § 21 Abs. 2 DVO [zum GüterfernverkehrsG von 1935] ... : ‚Der Antragsteller hat, auch wenn die Voraussetzungen des Gesetzes und dieser Verordnung erfüllt sind, keinen Anspruch auf die Genehmigung.' nicht in das Güterkraftverkehrsgesetz übernommen. Der Regierungsentwurf hatte zunächst eine entsprechende Bestimmung in § 7 Abs. 3 vorgesehen. Die einhellige Meinung der in den Jahren 1949 — 1951 mit dieser Frage befaßten Verwaltungsgerichte ging jedoch dahin, daß das Grundrecht der freien Berufswahl im Wesensgehalt angetastet sei, wenn die Behörde auch beim Vorliegen normativer Voraussetzungen die Erteilung der Genehmigung ablehnen könne... Der Bundestag ließ daraufhin die genannte Bestimmung des Entwurfs fallen und paßte somit das Gesetz den von der Rechtsprechung entwickelten Grundsätzen an."

[5] VerwRspr. 1950, Nr. 65.

[6] Ebenfalls auf Art. 80 GG stützt sich das in einem ähnlich gelagerten Fall ergangene Urteil des OVG Hamburg vom 1. Nov. 1950, DVBl. 1951, S. 48 (49). — *Hamann* selbst (Rechtsstaat und Wirtschaftslenkung, S. 78) meint, in solchen Fällen werde „wohl regelmäßig auch Artikel 80 Abs. 1 GG verletzt sein".

[7] So erstmals BVerfGE 1, 14 (60), seitdem in ständiger Rechtsprechung: BVerfGE 2, 307 (334); 4, 7 (21); 5, 71 (76); 7, 382 (301 f.); 10, 251 (258); 18, 52 (61). Einschränkend, was die *ausdrückliche* Bestimmung von Inhalt, Zweck und Ausmaß der Ermächtigung im ermächtigenden Gesetz betrifft, BVerfGE 8, 274 (307, 312); 10, 20 (51).

II. Exkurs: Die Auflösung der Wesensgehaltsgarantie

zutreffend gefolgert, daß dies auch und erst recht für die Ermächtigung der Exekutive zu Einzelmaßnahmen, insbesondere belastenden Verwaltungsakten, gelten müsse. Das Art. 80 Abs. 1 GG zugrundeliegende Prinzip der Gesetzmäßigkeit der Verwaltung verlange, daß die einer Verwaltungsbehörde erteilte Befugnis zu Eingriffen in Freiheit und Eigentum „begrenzt und hinreichend bestimmt" sei[8]. „Blankoermächtigungen sind hier wie dort unzulässig[9]."

Überdies läßt sich die Verfassungswidrigkeit einer ungenügenden Ermessensbindung der Verwaltung aus dem in Art. 28 Abs. 1 Satz 1 GG niedergelegten Bekenntnis zu den „Grundsätzen des Rechtsstaates"[10] sowie aus Art. 20 Abs. 3 GG herleiten, der die vollziehende Gewalt als „an Gesetz und Recht gebunden" erklärt[11].

Neben diesem durchaus zureichenden Aufgebot an positiven Verfassungsnormen bleibt dem Richter der unmittelbare Rückgriff auf den Grundsatz der Gesetzmäßigkeit der Verwaltung vorbehalten, der integrierender Bestandteil jeder rechtsstaatlichen Verfassungsordnung ist[12] und als solcher keiner ausdrücklichen Normierung bedarf[13].

Der Ermächtigung zu Grundrechtsbeschränkungen steht es gleich, wenn die ‚Verwirklichung' eines Grundrechts dem freien Ermessen der Verwaltung überantwortet wird, wenn etwa der Zugang zu einem bestimmten Beruf auch bei Erfüllung der normativen Voraussetzungen durch eine Ermessensentscheidung der zuständigen Behörde versperrt werden kann[14]. Auch hier handelt es sich um „Willkür und einen Einbruch in das Rechtsstaatsgefüge"[15]. Es bedarf deshalb nicht der Beru-

---

[8] BVerwGE 2, 114 (116); 2, 118 (121).

[9] BVerwGE 2, 114 (116). Daß darin auch ein Verstoß gegen Art. 19 Abs. 2 GG gesehen wird, nimmt der Entscheidung viel von ihrer Klarheit.

[10] So BVerfGE 8, 274 (276, 325); 9, 137 (147 ff.); 17, 302 (313 f.). Vgl. auch *Hamann*, Rechtsstaat und Wirtschaftslenkung, S. 78.

[11] Nach der Auffassung des BVerwG ist damit „der Grundsatz der Gesetzmäßigkeit der Verwaltung in der Verfassung selbst niedergelegt" (BVerwGE 4, 111 [114]; vgl. auch 2, 114 [116]). Ähnlich *Ule*, Anm. zum Urteil des OVG Hamburg vom 1. Nov. 1950, DVBl. 1951, S. 52 ff.

[12] So etwa BVerfGE 6, 32 (43), wo von den „allgemeinen rechtsstaatlichen Grundsätzen, namentlich dem Grundsatz der Gesetzmäßigkeit der Verwaltung" gesprochen wird; vgl. auch BVerfGE 2, 13 und BVerwGE 1, 174 f. Ebenso Z. *Giacometti*, Allgemeine Lehren des rechtsstaatlichen Verwaltungsrechts, I, Zürich 1960, S. 18 ff., 226 ff. und passim.

[13] Zum ganzen Hermann *Reuss*, Freiheit und Bindung der Verwaltung im Rechtsstaat, DVBl. 1959, S. 533 ff., und *Giacometti*, a.a.O., insbes. S. 226 ff.

[14] Vgl. dazu das bereits zitierte Urteil des Württ.-Bad. VGH vom 31. Aug. 1950, DVBl. 1950, S. 754.

[15] So Giesbert *Uber*, Freiheit des Berufs, Hamburg 1952, S. 112. Gleichwohl zieht *Uber* aus dieser Erkenntnis nicht den allein folgerichtigen Schluß, daß die Verfassungswidrigkeit einer solchen Ermächtigung aus den verletzten

fung auf die materielle Schranke des Art. 19 Abs. 2 GG, um einen solchen Einbruch abzuwehren.

Gewiß wäre es falsch anzunehmen, eine gesetzliche Ermächtigung könne in keinem Fall gegen die Wesensgehaltsgarantie verstoßen. Ein derartiger Verstoß liegt vor, wenn eine nach Inhalt, Zweck und Ausmaß hinreichend bestimmte Ermächtigung Grundrechtseinschränkungen gestattet, die „bei voller Ausschöpfung der Ermächtigung" den Wesensgehalt der in Frage stehenden Grundrechte antasten[16]. Hier und nur hier läßt sich die Verfassungsmäßigkeit der Ermächtigung anhand von Kriterien beurteilen, die Art. 19 Abs. 2 GG adäquat sind. Denn hier geht es nicht um die Frage eines ungenügend determinierten behördlichen Ermessens, sondern um die Begrenzung des Verwaltungshandelns in materieller Hinsicht. Eine Ermächtigung dagegen, die elementarer rechtsstaatlicher Gültigkeitsvoraussetzungen ermangelt und *deshalb* verfassungswidrig ist, kann nicht Gegenstand einer Prüfung im Sinne von Art. 19 Abs. 2 GG sein. Mit dem gleichen Recht ließe sich behaupten, ein vom Landesgesetzgeber im Bereich der ausschließlichen Gesetzgebungskompetenz des Bundes — etwa in Auslieferungsangelegenheiten (Art. 73 Ziff. 3 GG) — erlassenes Ermächtigungsgesetz sei nicht nur wegen der sachlichen Unzuständigkeit seines Urhebers, sondern auch wegen Verletzung der Wesensgehaltsgarantie verfassungswidrig.

Allen diesen Versuchen einer Identifikation allgemein-rechtsstaatlicher Verfassungsnormen und -prinzipien mit dem Verbot, ein Grundrecht in seinem Wesensgehalt anzutasten, liegt eine Vermengung ganz verschiedenartiger Kriterien, nämlich von Merkmalen der *Prozedur* mit solchen der *Qualität* und Schwere eines hoheitlichen Eingriffs zugrunde. Gewiß sind beide Aspekte für den Rechtsunterworfenen in gleicher Weise bedeutsam. Aber das gestattet nicht, der eindeutig auf

---

Rechtsstaatsprinzipien begründet werden muß. Vielmehr bemüht auch *Über* hier Art. 19 Abs. 2 GG, räumt jedoch ein, der Zusammenhang zwischen Ermessensfreiheit und Antastung des Wesensgehalts könne „nicht ohne weiteres verständlich" sein.

[16] Insoweit ist dem Beschluß des BVerwG (V. Senat) vom 4. Juli 1956, BVerwGE 4, 24 (37) zuzustimmen: „Gegen Art. 19 Abs. 2 GG verstößt ein Gesetz nicht nur dann, wenn es selbst und unmittelbar das Grundrecht in einer dessen Wesen antastenden Weise einschränkt, sondern auch dann, wenn es die Exekutive oder einen sonstigen Träger öffentlicher Gewalt zu solchen Einschränkungen ermächtigt. Es genügt, daß bei voller Ausschöpfung der Ermächtigung das Grundrecht in seinem Wesensgehalt angetastet, in seinem Kern verletzt wird. Die Ermächtigungen ... zu Grundrechtsbeschränkungen ... dürfen nicht so weit gefaßt sein, daß die Regierung oder Verwaltung die Freiheit vernichten oder abschnüren kann, mag auch diese Antastung und Aushöhlung, Abschnürung oder gar Vernichtung erst durch die Summe mehrerer oder aller durch das Ermächtigungsgesetz zugelassenen Maßnahmen der Exekutive eintreten."

II. Exkurs: Die Auflösung der Wesensgehaltsgarantie

den materiellen Bereich bezogenen[17], die *Substanz* der Grundrechte sichernden Norm des Art. 19 Abs. 2 GG die Rolle eines Garanten der Gesetzmäßigkeit der Verwaltung zuzuschreiben.

Die hier angegriffene herrschende Lehre besagt, die Wesensgehaltsgarantie sei bereits verletzt, wenn die Verwaltung die bloße *Möglichkeit* zum Erlaß grundrechtseinschränkender Verfügungen besitze; die darin liegende potentielle oder latente Grundrechtsbeschränkung genüge, um einen Verstoß gegen Art. 19 Abs. 2 GG als gegeben anzusehen. Wenn dies richtig wäre, so würde *jedes* (und nicht nur das normativ nicht gebundene) Ermessen der Verwaltung im Bereich der Grundrechte als verfassungswidrig gelten müssen. Die Ermächtigung etwa. eine Versammlung zu verbieten, „wenn nach den Umständen die öffentliche Ordnung oder Sicherheit unmittelbar gefährdet ist"[18], stellt die Verwirklichung des Grundrechts der Versammlungsfreiheit (Art. 8 GG) unverkennbar in das Ermessen der Verwaltung. Die potentielle Beeinträchtigung der Grundrechtssubstanz ist hier nicht geringer, als wenn die Behörde nach freiem Ermessen entscheiden könnte. Durch die Einbettung des Ermessens in einen normativen Rahmen wird nicht der Effekt eines möglichen Eingriffs abgemildert, sondern dieser Eingriff gesetzmäßig, vorhersehbar und das Ermessen nachprüfbar gemacht. All diese Momente sind aber keine Kriterien des Art. 19 Abs. 2 GG, sondern selbstverständliche Gebote des Rechtsstaats[19], und ein ermächtigendes Gesetz, das sie mißachtet, ist *deshalb* verfassungswidrig[20].

Auch Dürig hat den Begriff des Ermessens der Wesensgehaltsgarantie zugeordnet[21]. Er ist so weit gegangen zu erklären, der Wesens-

---

[17] So spricht Herbert *Krüger,* Der Wesensgehalt der Grundrechte i. S. des Art. 19 GG, DÖV 1955, S. 599, vom Wesensgehalt als „materieller Größe" (bekennt sich desungeachtet jedoch zu der hier abgelehnten These).

[18] Vgl. § 15 Abs. 1 VersammlungsG vom 24. Juli 1953 (BGBl. I, S. 684).

[19] *Ule,* a.a.O., S. 53 bezeichnet Vorhersehbarkeit und Berechenbarkeit sogar als schlechthin zum „Wesen des Rechts" gehörig. Bei *Lerche,* a.a.O., S. 58, heißt es: „Wesentliche Substanz des Rechtsstaates ist die Berechenbarkeit staatlichen Vorgehens."

[20] Insoweit kann auch der Kritik nicht gefolgt werden, die bei *v. Mangoldt-Klein,* Anm. V 6 c zu Art. 19, an der herrschenden Meinung geübt wird. *Klein* bejaht zwar — im Gegensatz zu der hier vertretenen Ansicht — daß Ermessensermächtigungen denkbar sind, die den Wesensgehalt der Grundrechte nicht „achten". Er weigert sich jedoch — namentlich im Hinblick auf § 14 pr.PVG —, die Konsequenzen dieser Auffassung zu ziehen, da sie zu „rechtspraktisch unbrauchbaren Ergebnissen" führe: „Das ,nur' latente Antasten des Wesensgehalts der Grundrechte ist ... eine Gefahr, die nur im Wege der gerichtlichen Ermessenskontrolle abgefangen werden kann." Die *Ermächtigungs*kontrolle ist nicht minder wesentlich!

[21] Günter *Dürig,* JZ 1953, S. 535 ff. (536): „Eine Eingriffsmöglichkeit ..., deren Realisierung ... vom Ermessen der Exekutivorgane abhinge, würde das Grundrecht des Art. 12 zur staatlichen Totaldisposition stellen."

gehalt der zum subjektiven öffentlichen Recht aktualisierten Grundrechte müsse „*mindestens* in ihrer Festigkeit gegenüber Unerkennbarkeit, Unberechenbarkeit und Unmeßbarkeit der staatlichen Eingriffsmöglichkeiten bestehen"[22]. Mit anderen Worten: Nicht diejenige Eingriffsmöglichkeit, die unter Umständen zwar bis zur Grundrechtsvernichtung führt, für den Betroffenen aber erkenn- und berechenbar ist, soll von der Wesensgehaltssperre in erster Linie abgefangen werden, sondern vielmehr jene, der diese Erkennbarkeit fehlt, mag ihre maximale Auswirkung auf das Grundrecht auch ungleich schwächer, ja mag sie außerstande sein, den durch Art. 19 Abs. 2 GG geschützten Wesenskern des Grundrechts zu treffen. Dieser Auffassung zufolge umfaßt die Mindestforderung, die Art. 19 Abs. 2 GG zu erfüllen hat, weder den substantiellen Schutz des Grundrechts als solchen noch den der individuellen Grundrechtsposition, sondern ein Grundprinzip des Rechtsstaats oder des Rechts überhaupt: das der Rechtssicherheit[23]. Damit wird der Funktionsbereich der Wesensgehaltsgarantie nicht nur um das Willkürverbot erweitert, wie die herrschende Lehre dies tut, sondern auf dieses Verbot reduziert. Das aber bedeutet die Einebnung, ja Auflösung der Wesensgehaltssperre, die nunmehr als Normierung einer Maxime erscheint, die ohnehin und unbestritten für die gesamte Rechtsordnung Geltung besitzt. Selbst wenn es gerechtfertigt wäre, eine konkludente Bekräftigung dieser Maxime in Art. 19 Abs. 2 GG hineinzulesen, dürfte es fraglich sein, ob von dieser Norm, führt man ihre Aussage auf ein rechtliches Minimum zurück, nicht doch mehr (und anderes) als die verschlüsselte Bestätigung eines rechtsstaatlichen Fundamentalsatzes übrigbleibt.

3. *Der Grundsatz der Verhältnismäßigkeit*

Ähnliche Bedenken gelten dem Versuch, auch das Gebot der Verhältnismäßigkeit des Mittels mit der Wesensgehaltsschranke ineinszusetzen und als Kriterium ihrer Verletzung zu betrachten. So wird etwa erklärt, Art. 19 Abs. 2 GG sei „der richtige verfassungsrechtliche Standort" dieses Prinzips[24] und habe, ohne daß sich seine Funktion darin erschöpfe, die Aufgabe, „Mißverhältnisse von Mittel und Zweck

---

[22] *Dürig*, JZ 1953, S. 536 (Hervorhebung von mir).

[23] Das Bundesverfassungsgericht hat sich wiederholt nachdrücklich zu den die Rechtssicherheit ausmachenden Erfordernissen der Klarheit, Verständlichkeit und Bestimmtheit der Gesetze sowie der Erkennbarkeit, Berechenbarkeit und Meßbarkeit der durch sie eröffneten Eingriffsmöglichkeiten bekannt, ohne dabei je auf Art. 19 Abs. 2 GG Bezug zu nehmen; vgl. zusätzlich zu den oben in Anm. 7 gegebenen Hinweisen vor allem BVerfGE 5, 25 (31) und 13, 153.

[24] Günter *Dürig*, Der Grundrechtssatz von der Menschenwürde, AöR Bd. 81 (1956), S. 146.

II. Exkurs: Die Auflösung der Wesensgehaltsgarantie

abzuwehren"[25]. Diese These, die seit den beiden bereits ausführlich erörterten BGH-Gutachten des Jahres 1952[26] immerhin mit der Autorität eines oberen Bundesgerichtes ausgestattet ist, hat bis in die jüngste Zeit hinein neue Anhängerschaft gefunden[27].

Nun ist unbestritten, daß das Gebot der Verhältnismäßigkeit (und Erforderlichkeit[28]) heute „für das gesamte Verwaltungsrecht als unangefochtene Grundnorm"[29] gilt und es keiner besonderen verfassungsrechtlichen oder gesetzlichen Normierung bedarf, um dieser Geltung Nachdruck und Dauer zu verleihen. Der Charakter des — aus dem Polizeirecht stammenden[30] — Verhältnismäßigkeitsgebots als eines „ungeschriebenen Rechtsgrundsatzes"[31] wird, was den Bereich des Verwaltungsrechts anlangt, denn auch dort nicht ernstlich in Frage gestellt, wo man geglaubt hat, dieses Prinzip mit der Wesensgehaltsschranke in Verbindung bringen zu sollen: bei derartigen Versuchen wird das

---

[25] *Dürig*, a.a.O., S. 147.

[26] Vgl. oben S. 20 ff. Daß nach Ansicht des BGH der Grundsatz der Verhältnismäßigkeit auch außerhalb des Art. 19 Abs. 2 GG existiert, zeigt BGHZ 34, 382 (389 f.).

[27] So ist nach Peter *Lerche* „der Platz des Art. 19 Abs. 2 GG innerhalb der Lehre von der Verhältnismäßigkeit zu suchen" (Übermaß und Verfassungsrecht, S. 80; vgl. auch passim), während es bei Peter *Häberle* zurückhaltender heißt, das Prinzip der Verhältnismäßigkeit besitze „für die durch Art. 19 Abs. 2 GG aufgeworfenen Fragen unmittelbare Relevanz" (Wesensgehaltgarantie, S. 67). Beide Autoren melden übrigens der BGH-Position gegenüber Vorbehalte an: *Häberle* erscheint sie als „zu starr und unelastisch" (a.a.O., S. 68); für *Lerche* bezieht sie sich gar nicht auf das Verhältnismäßigkeits-, sondern nur auf das Erforderlichkeitsgebot, mit dem Art. 19 Abs. 2 GG gerade nicht verquickt werden dürfe (a.a.O., S. 79 f. mit Anm. 194).

[28] Zu diesen Begriffen und ihrer unterscheidenden ‚Feineinstellung', die häufig verwischt ist, bisweilen akribisch genau, selten aber einhellig getroffen wird, vgl. Walter *Jellinek*, Verwaltungsrecht, S. 439 (für ihn haben diese Fragen miteinander „nicht das Geringste zu tun"), Bernd *Bender*, Verhältnismäßigkeit und Vermeidbarkeit des Verwaltungshandelns, NJW 1955, S. 938 f., und Peter *Lerche*, a.a.O., S. 19 ff. (mit weiteren Literatur- und Rechtsprechungshinweisen).
Im folgenden gilt, wenn vereinfachend nur vom Verhältnismäßigkeitsgebot die Rede ist, das Gesagte sinngemäß auch für das Erforderlichkeitsgebot. Eine strenge Differenzierung ist angesichts der reichlich verwilderten terminologischen Praxis kaum möglich und in diesem Zusammenhang auch nicht nötig. Daß es sich bei den genannten Prinzipien letztlich doch um zwei Seiten ein und derselben Sache handelt, zeigt gerade die Arbeit von *Lerche*, die als gemeinsamen Oberbegriff den Terminus ‚Übermaßverbot' verwendet.

[29] So *Dürig* selbst in JZ 1952, S. 517, und — dem Sinne nach — auch in AöR Bd. 81, S. 146.

[30] Dazu vgl. Fritz *Fleiner*, Institutionen, S. 400 ff., wo das Verhältnismäßigkeitsgebot zu den Schranken gerechnet wird, „die sich aus dem Wesen der Polizei unmittelbar ergeben" (S. 400), Walter *Jellinek*, Verwaltungsrecht, S. 432 ff., und Ernst *Forsthoff*, Lehrbuch des Verwaltungsrechts, S. 68, 285. Vgl. ferner § 41 Abs. 2 Satz 2 PVG.

[31] *Forsthoff*, a.a.O., S. 313.

Verhältnismäßigkeitsgebot aus Art. 19 Abs. 2 GG nicht abgeleitet und ‚entnommen', sondern erscheint durch diese Norm nur bestätigt und aufgewertet. Ein in verschiedener Hinsicht typisches Beispiel dafür ist ein Urteil des Bundesverwaltungsgerichts vom 7. Mai 1957[32], in dem es heißt: „Wie sich im Polizeirecht der Begriff des Übermaßes zu einem Kriterium für die Rechtmäßigkeit oder Unrechtmäßigkeit eines Verwaltungsaktes entwickelt hat, so ist auch in dem gesamten übrigen Gebiet der Eingriffsverwaltung die Verhältnismäßigkeit einer Maßnahme ... *im Hinblick auf Art. 19 GG* fast zu einem dem Gleichheitssatz entsprechenden Grundrecht erhoben worden[33]."

Eine ganz andere Frage ist die Geltung dieses Prinzips im Bereich des Verfassungsrechts. Sie war zu der Zeit, als die rechtsstaatliche Ordnung der Bundesrepublik begründet wurde, zumindest umstritten. Die Ansicht, daß auch die formelle und materielle Gesetzgebung an das Gebot der Verhältnismäßigkeit gebunden und unter diesem Aspekt kontrollierbar seien, widersprach nicht nur einer langen Tradition, sondern — paradoxerweise? — auch und gerade dem (idealisierten) Bilde eines ohne Fehl und Tadel auf das Gemeinwohl und seine Förderung bedachten demokratischen Gesetzgebers. Dennoch wurde, nach einer gewissen Phase des Zögerns und des Übergangs, diese Bindung der Legislative nicht nur vom Schrifttum[34], sondern auch von der Rechtsprechung[35] in zunehmendem und endlich überwiegendem Maße bejaht. Daß die wachsende Tendenz des heutigen verfassungsrechtlichen Den-

---

[32] BVerwGE 5, 50.

[33] a.a.O., S. 52 (Hervorhebung von mir). — Auffallend ist die vorsichtige Unbestimmtheit dieser Aussage, ferner der offenbar synonyme Gebrauch von Übermaßverbot und Verhältnismäßigkeitsgebot.

[34] Rupprecht *v. Krauss*, Der Grundsatz der Verhältnismäßigkeit, S. 51 und passim (diese vielbeachtete Arbeit wird auch in BVerwGE 5, 50 zustimmend zitiert); Herbert *Krüger*, Rechtsfragen, S. 43. Zum ganzen heute vor allem die große Monographie von Peter *Lerche*: Übermaß und Verfassungsrecht (1961).

[35] Öffentlich-rechtliche Eigentumsbeschränkungen, die der Gesetzgeber statuiert, sind nach BVerfGE 8, 71 (80) „nur zulässig, wenn und soweit das öffentliche Interesse sie unter Berücksichtigung des Grundsatzes der Verhältnismäßigkeit rechtfertigt". Vgl. auch BVerfGE 7, 377 (406 f.); 13, 97 (114 f.); 15, 226 (234); 17, 108 (117) sowie 17, 306 (314): In allen diesen Fällen wird die Verhältnismäßigkeit im Sinne des Übermaßverbots geprüft, ohne daß Art. 19 Abs. 2 in Erscheinung tritt.

Nach BVerwGE 4, 167 (171) ist der Gesetzgeber bei Eingriffen in Grundrechte an das „Erfordernis der unabweisbaren Notwendigkeit" gebunden; dieses Erfordernis umfasse „insbesondere auch den Umfang der eingreifenden Maßnahme und ihre Verhältnismäßigkeit".

Verwiesen wird ferner auf die bereits mehrfach zitierten Gutachten des BGH (BGHSt 4, 375 und 385), auf das Urteil des BayerVerfGH vom 28. 12. 1956, VerwRspr. 9, S. 129 ff. (145), und auf den Beschluß des BDH — Wehrdienstsenat — vom 13. 2. 1961, DÖV 1961, S. 309 (310).

II. Exkurs: Die Auflösung der Wesensgehaltsgarantie

kens, den Spielraum des gesetzgeberischen Ermessens einzuschränken, nicht unproblematisch ist und daß ihre Aktualisierung „sehr vorsichtiger Handhabung (bedarf), wenn sie das Gericht nicht allzu weit in die Kontrolle gesetzgeberischer Erwägungen hineinführen soll", hat Scheuner[36] mit Recht hervorgehoben. Andererseits ist nicht zu verkennen, daß die erweiterte Kontrollmöglichkeit gerade im Zeichen des Maßnahmegesetzes zu begrüßen und wohl auch notwendig ist[37]. Doch das mag hier auf sich beruhen. Festgehalten sei lediglich, daß die Diskussion der Frage, ob das Übermaßverbot auch im Bereich des Verfassungsrechts Geltung besitzt, heute im wesentlichen als abgeschlossen bezeichnet werden kann.

Zu prüfen bleibt, ob und inwieweit es berechtigt ist, die hier skizzierte Entwicklung als durch Art. 19 Abs. 2 GG ausgelöst, bedingt oder auch nur gefördert anzusehen. Mit anderen Worten: Bedurfte es der Norm des Art. 19 Abs. 2 GG, um das Verhältnismäßigkeitsgebot zu einem Verfassungsgrundsatz werden zu lassen? Wäre die Entwicklung anders verlaufen, wenn der Wesensgehalt der Grundrechte nicht, wie geschehen, von Verfassungs wegen für unantastbar erklärt worden wäre? Hat der Begriff des Wesensgehaltes überhaupt mit dem der Verhältnismäßigkeit zu tun? Wenn diese Fragen mit einem sicheren Ja beantwortet werden können, läßt sich die These hören, Art. 19 Abs. 2 GG sei der legitime verfassungsrechtliche Standort des Übermaßverbotes.

Nun lehrt aber bereits die Durchsicht der Rechtsprechung des zur Entscheidung derartiger Fragen zweifellos besonders kompetenten Bundesverfassungsgerichts, daß die verfassungsrechtliche Geltung des Grundsatzes der Verhältnismäßigkeit *nicht* von Art. 19 Abs. 2 GG — in welcher Form auch immer — abhängig ist: Das Gericht erkennt das Übermaßverbot als Verfassungsgrundsatz an, ohne dabei Art. 19 Abs. 2 GG auch nur zu erwähnen[38]. Unter den oberen Bundesgerichten ist es allein der Bundesgerichtshof, der das Verhältnismäßigkeitsgebot

---

[36] Ulrich *Scheuner*, Das Grundrecht der Berufsfreiheit, DÖV 1958, S. 849.

[37] Das ergibt sich mit besonderer Deutlichkeit aus *Scheuners* Beitrag „Die Aufgabe der Gesetzgebung in unserer Zeit", in: Reinhardt K. J. *Badenhoop* (Hrsg.), Wirtschaftliche öffentliche Verwaltung, Stuttgart 1961, S. 22. Der Wohlfahrtsstaat weist in immer stärkerem Maße die für die Lebensgestaltung der von ihm abhängig gewordenen Bürger „nötigen Dispositionen einer rasch veränderlichen Gesetzgebung zu, deren Gestaltungsraum dadurch ... erheblich gesteigert wird. Der Verwaltung bleiben ... nur Funktionen einer streng gesetzlich normierten, rein ausführenden Tätigkeit". Dieser Wandel zum „Gesetzgebungsstaat" macht es erforderlich, neben der Verwaltung nunmehr auch die Legislative dem Verhältnismäßigkeitsgebot zu unterwerfen. Vgl. dazu auch Konrad *Huber*, Maßnahmegesetz und Rechtsgesetz, Berlin 1963.

[38] Vgl. dazu die oben in Anm. 35 angeführten Entscheidungen.

mit Art. 19 Abs. 2 GG in Verbindung bringt; selbst diese — eingangs bereits kritisch gewürdigte — Rechtsprechung läßt jedoch nicht den Schluß zu, daß der BGH das Verhältnismäßigkeitsgebot aus der Wesensgehaltssperre ableitet und in ihr lokalisiert sieht. Sehr viel näher liegt die Annahme, daß der BGH umgekehrt von der Existenz eines verfassungsrechtlichen Übermaßverbotes ausgegangen ist und diesen Grundsatz in den Bereich des Art. 19 Abs. 2 GG übertragen hat, um der gesichtslosen Figur des Wesensgehaltes konkrete Züge und einen Sinn zu geben. Für diese Annahme spricht, daß der BGH durchaus bereit ist, Rechtsnormen an dem Grundsatz der Verhältnismäßigkeit zu messen, ohne sich dabei auf Art. 19 Abs. 2 GG zu berufen[39].

Angesichts dieses doch recht klaren Standes der Judikatur kann folgendes festgestellt werden: Selbst dann, wenn Art. 19 Abs. 2 GG aus dem Normenbestand des Grundgesetzes hinweggedacht wird, bleibt jedes grundrechtsbeschränkende Gesetz an das Gebot der Verhältnismäßigkeit des Mittels gebunden. Für den Bereich der formellen wie der materiellen Gesetzgebung gilt damit das gleiche, was für jeden grundrechtsbeschränkenden Eingriff der Verwaltung gilt. In beiden Bereichen verkörpert der Grundsatz der Verhältnismäßigkeit ein allgemeines Rechtsprinzip, das in seinem Bestehen oder Nichtbestehen von keiner speziellen Norm des positiven Verfassungsrecht abhängig ist.

Dieses der Rechtspraxis entsprechende Ergebnis wird durch die Tatsache gestützt, daß die in der Literatur als ‚Standort' des Verhältnismäßigkeitsgebots vorgeschlagene Norm des Art. 19 Abs. 2 GG weder ausdrücklich auf diesen Grundsatz Bezug nimmt, noch seine Anerkennung erkennbar zum Inhalt hat. Es liegt im Gegenteil näher, aus dem schlichten Wortsinn dieser Verfassungsbestimmung den Schluß zu ziehen, daß sie sich erkennbar *nicht* auf ein Moment der Proportionalität bezieht. Der Begriff ‚Wesensgehalt' deutet auf das Vorhandensein einer Grund*substanz*, deren Verletzung nur von der Intensität der gegen sie gerichteten Eingriffe abhängen kann. Die Mittel-und-Zweck-Relation gehört in eine ganz andere, mit der Vorstellung einer festen Rechtssubstanz unvereinbare Denkkategorie. Krüger ist deshalb zuzustimmen, wenn er sehr dezidiert erklärt, die Unantastbarkeit des Wesensgehalts habe mit dem Grundsatz der Verhältnismäßigkeit „nichts gemein"[40].

---

[39] Vgl. das in der amtlichen Sammlung nicht enthaltene Urteil vom 30. 1. 1957, LM, Nr. 2 zu § 2 ErgG/KleingartenO. Hier lehnt der BGH die Anwendung einer von der Hamburger Baubehörde erlassenen Rechtsverordnung u. a. wegen Verstoßes gegen den Grundsatz der Verhältnismäßigkeit ab.

[40] Herbert *Krüger*, Der Wesensgehalt der Grundrechte i. S. des Artikels 19 GG, DÖV 1955, S. 598.

II. Exkurs: Die Auflösung der Wesensgehaltsgarantie

Der Wesensgehalt eines Grundrechts, der durch einen leichten, aber unverhältnismäßigen Eingriff verletzt wird, während ihn der schwere, aber verhältnismäßige Eingriff unangetastet läßt, wird zu einem wesenlosen Phantom. Dagegen richtet auch der Satz nichts aus, daß eine Antastung des Wesensgehalts „stets unverhältnismäßig" sei[41]. Denn wenn die entscheidende Tatbestandsfrage des Art. 19 Abs. 2 GG erst einmal nach Kriterien der Verhältnismäßigkeit beurteilt wird, läßt es sich kaum verhindern, daß den Wesensgehalt antastende Eingriffe mitunter nicht als solche erkannt werden.

Die Einbeziehung des Verhältnismäßigkeitsgebots in die Wesensgehaltsgarantie trägt schließlich dazu bei, deren spezifischen Sinn aufzulösen und ins Ungefähre zu verallgemeinern. Die Tatsache, daß zwischen der Mißachtung dieses Prinzips und der Verletzung des Wesensgehalts eines Grundrechts ein Kausalzusammenhang bestehen *kann*, rechtfertigt nicht die Annahme, daß dies so sein *müsse*. Ebensowenig leuchtet es ein, jenen ohnehin geltenden Grundsatz in Art. 19 Abs. 2 GG — sei es allein oder sei es zusammen mit ähnlichen Prinzipien — zu ‚lokalisieren'. Mit nicht geringerem Recht ließe sich Art. 19 Abs. 2 GG, wenn man mit dem Verhältnismäßigkeitsgebot einen Anfang gemacht hat, als der „richtige verfassungsrechtliche Standort" sämtlicher mittelbar auch die Grundrechtsordnung sichernden Kautelen des materiellen wie des Verfahrensrechts bezeichnen, deren Beachtung jeder öffentlichen Gewalt im Rechtsstaat aufgegeben ist. Von den Regeln der örtlichen und sachlichen Zuständigkeit einer Behörde bis hin zum Ex-post-facto-Verbot des Art. 103 Abs. 2 GG gäbe es in diesem Falle kaum ein rechtsstaatliches Prinzip, das *nicht* durch Art. 19 Abs. 2 GG normiert wäre und dessen Verletzung *keinen* Verstoß gegen diese Norm bedeutete. Tatsächlich ist in dieser Richtung nur wenig unversucht geblieben[42]. Das Ergebnis ist die verwirrende Duplizierung unserer Rechtsordnung durch eine Verfassungsbestimmung, die es nicht verdient, in solcher Weise als Generalklausel mißverstanden und entwertet zu werden.

---

[41] Peter *Lerche*, Übermaß und Verfassungsrecht, S. 79. — Der praktische Wert dieser — unbestreitbar richtigen — Erkenntnis ist gering, da von jeder Antastung des Wesensgehaltes vor allem gesagt werden kann, daß sie *verfassungswidrig* ist. Die Problematik des Art. 19 Abs. 2 GG liegt nicht in der Qualifikation einer bereits festgestellten Verletzung, sondern in der Frage, auf welchem Wege man zu dieser Feststellung gelangt.

[42] Am weitesten dürfte bisher Peter *Schneider*, in: Fechner-Schneider, Verfassungswidrigkeit und Rechtsmißbrauch im Aktienrecht, Tübingen 1960, S. 94 ff., gegangen sein. Hier wird — unter Berufung auf die ungedruckte, unter *Schneiders* Anleitung entstandene Dissertation von Ernst Zivier — die Wesensgehaltsgarantie praktisch als Urgrund allen Rechts begriffen. — Natürlich wird diese zu bedauernde Tendenz nicht unerheblich durch das weitverbreitete Gefühl gefördert, mit Art. 19 Abs. 2 GG sei nur dann etwas anzufangen, wenn man seiner Auslegung mit etwas Phantasie nachhelfe.

4. Die Rechtsschutzgarantie

Nach einer letzten Ansicht schließlich wird ein Grundrecht in seinem Wesensgehalt dann verletzt, wenn der grundrechtsbeschränkende Eingriff der gerichtlichen Nachprüfung entzogen ist[43]. Dem Bundesgerichtshof zufolge kann bereits die erhebliche Erschwerung der Geltendmachung eines Grundrechts dessen Wesensgehalt antasten[44].

Soweit diese Äußerungen nicht ebenfalls auf eine Identifikation der Wesensgehaltsgarantie mit dem Grundsatz der Gesetzmäßigkeit der Verwaltung hinauslaufen, paraphrasieren sie die Rechtsschutzgarantie des Art. 19 Abs. 4 GG. Denn *diese* Norm ist es, die die gerichtliche Nachprüfbarkeit jedes hoheitlichen Eingriffs in eine geschützte Rechtsposition, und damit auch die Grundrechtsposition, zwingend vorschreibt. Ihr Sinn erschöpft sich nicht darin, dem Betroffenen eine rein formale Klagemöglichkeit zu eröffnen, sondern sie setzt zugleich voraus, daß der umstrittene Eingriff der Form und der Sache nach der gerichtlichen Kontrolle zugänglich ist. Dem Recht, das Art. 19 Abs. 4 GG dem einzelnen gewährt, entsprechen somit Pflichten, die diese Vorschrift der öffentlichen Gewalt auferlegt.

Wesensgehaltsgarantie und Rechtsschutzgarantie haben, ohne ihre gemeinsamen Aspekte leugnen zu können, unmittelbar nichts miteinander zu tun. Der Respekt vor der Verfassung selbst, die jeder dieser Garantien einen festen Platz zugewiesen hat, gebietet es, ihre verschiedenartigen Funktionsbereiche deutlich voneinander zu scheiden, statt sie gewaltsam zu verschmelzen.

5. Zusammenfassung

Es ist denkbar, daß den Anstoß zu jenem Prozeß, in dessen Verlauf Art. 19 Abs. 2 GG mehr und mehr zu einem Konglomerat heterogener Rechtsgrundsätze zu entarten droht, die Besorgnis gegeben hat, am Ende ließe sich mit dieser Verfassungsnorm überhaupt nichts rechtes ausrichten. Man verstand ihren Sinn, stabilisierendes Element der Grundrechtsordnung zu sein, aber man verstand nicht, diesen Sinn zu präzisieren. Das bezeugen die in diesem Kapitel kritisch erörterten Interpretationen nicht weniger als der grundlegende Streit um das Schutzobjekt der Wesensgehaltsgarantie[45].

---

[43] Vgl. dazu OVG Hamburg, Urteil vom 30. März 1951, VerwRspr. 3, S. 724 (736): „Ein Grundrecht, das nicht der gerichtlichen Kontrolle zugänglich ist, verliert dadurch in der Regel seinen Wesensgehalt." Zustimmend Peter *Schneider*, a.a.O., S. 96.

[44] So im Urteil vom 27. März 1952, BGHZ 5, S. 298; kritisch dazu Herbert *Krüger*, DÖV 1955, S. 599.

[45] Vgl. oben S. 49 ff

Allen hier wiedergegebenen Auffassungen gemeinsam ist der Versuch, das dem Wesensgehalt als materieller Größe allein adäquate Kriterium der Eingriffs*intensität* zugunsten von Momenten in den Hintergrund zu drängen, die den absolut geschützten Kernbereich der Grundrechte allenfalls mittelbar zu berühren vermögen. Eine zweite Gemeinsamkeit dieser Ansichten ist es, daß jede einzelne von ihnen dem Art. 19 Abs. 2 GG einen normativen Inhalt zuerkennt, mit dem diese Vorschrift in eine zumindest höchst unökonomische Konkurrenz zu unbestritten geltenden Rechtsprinzipien treten würde. Schließlich kennzeichnet es diese extensiven Auslegungen des Art. 19 Abs. 2 GG, daß sie alle einer Entwicklung Vorschub leisten, an deren Ende die Auflösung der Wesensgehaltssperre stehen wird. Denn je zahlreicher und verschiedenartiger die Rechtsgüter und -prinzipien sind, denen eine Norm Schutz verleihen soll, desto unklarer werden ihr Inhalt und ihre spezifischen Funktionen, und desto leichter fällt es, diese Funktionen im entscheidenden Fall lahmzulegen.

Die Gefahr eines ‚Ausverkaufs der Grundrechte', heraufbeschworen durch den von einer exzessiven Grundrechtsinterpretation beförderten Hang, in jeder erlittenen Unbill ein Grundrechtsproblem zu sehen[46], hat ihr Gegenstück in dem drohenden Ausverkauf der Grundrechtssicherungen. Um ihn zu verhindern, gilt es die *Grenzen* der Leistungskraft des Art. 19 Abs. 2 GG zu erkennen.

III. Art. 19 Abs. 2 GG und das besondere Gewaltverhältnis

1. Das Problem

Nach dem rechtlichen Schicksal der Grundrechte im Rahmen besonderer Gewaltverhältnisse[1] befragt, geben Schrifttum und Judikatur übereinstimmend zur Antwort, daß die Grundrechtsverbürgungen

---

[46] Dazu Horst *Ehmke*, Wirtschaft und Verfassung, S. 56 ff.

[1] An dem heute umstrittenen (vgl. Hans *Spanner*, DÖV 1963, S. 29 ff., Hans *Jecht*, Die öffentliche Anstalt, Berlin 1963, S. 111) Begriff des besonderen Gewaltverhältnisses wird hier bewußt festgehalten. Gewiß haftet ihm, zumal im Blick auf den öffentlichen Dienst, manches Anachronistische an. Dennoch braucht das Beharren auf dem überkommenen Terminus die seit langem angestrebte und betriebene Wandlung dieser bedeutsamen rechtlich-sozialen Figur nicht zu hemmen, sondern mag im Gegenteil die Aufmerksamkeit für ihren unvermindert Konfliktreichtum schärfen. Daß die rechtlichen Probleme heute anders gesehen und gelöst werden als zu der Zeit, die den Begriff des besonderen Gewaltverhältnisses geprägt hat, ist unbestritten, hat aber selbst das Bundesverfassungsgericht nicht zur Aufgabe des Begriffs veranlaßt; vgl. BVerfGE 3, 58 (153) und 15, 167 (199). Vgl. auch Hugo *Kellner*, Zum gerichtlichen Rechtsschutz im besonderen Gewaltverhältnis, DÖV 1963, S. 418 ff., und Martin *Löffler*, NJW 1964, S. 1101.

auch hier ihren festen und legitimen Platz haben[1a]. Dieser Auffassung ist beizupflichten. Die Konstruktion eines durch derartige Gewaltverhältnisse geschaffenen grundrechtsfreien Raumes ist mit der verfassungsmäßigen Konzeption und dem Rang der Grundrechte unvereinbar. Ihre grundsätzliche Geltung wird auch durch die dem Gewaltabhängigen verbindlich auferlegten Grundrechtsbeschränkungen nicht berührt.

Die eigentliche Grundrechtsproblematik des besonderen Gewaltverhältnisses liegt jenseits des heute ausgetragenen Streites um die Anerkennung dieser herrschenden Lehre[2]. Sie beginnt erst dort, wo es die mehr oder minder rigorose Beschneidung, die das individuelle Grundrecht im besonderen Gewaltverhältnis erfährt, dogmatisch zu begründen, d. h. mit dem System der Grundrechtsgarantien und -sicherungen in Einklang zu bringen gilt. Diese dogmatische Klärung ist ihrerseits notwendige Voraussetzung für den Versuch, die verfassungsrechtlichen *Grenzen* derartiger Eingriffe zu bestimmen und normative Kriterien für ihren jeweils (noch) zulässigen Umfang zu gewinnen.

Schon an der Vorfrage, ob es überhaupt rechtliche Kriterien bei der Limitierung der vom Gewaltabhängigen hinzunehmenden Grundrechtsbeschränkungen gibt, scheiden sich die Geister. Die einen erklären die Widerstandskraft der dem Druck besonderer Gewaltverhältnisse ausgesetzten Grundrechte in Anknüpfung an die Weimarer Lehre[3] als allein oder doch vorwiegend von *Wesen und Zweck des jeweiligen Unterwerfungsverhältnisses* abhängig[4]. Die anderen — bis vor kurzem

---

[1a] Vgl. *v. Mangoldt-Klein*, Vorbem. B. XVI vor Abschnitt I GG, S. 133 ff. Die dort gegebenen Literatur- und Rechtsprechungshinweise finden sich ergänzt bei Walter *Leisner*, Grundrechte und Privatrecht, S. 174 f.
Nachzutragen bleibt vor allem: Ingo v. *Münch*, Freie Meinungsäußerung und besonderes Gewaltverhältnis, S. 22 ff.; Karl Josef *Partsch*, Verfassungsprinzipien und Verwaltungsinstitutionen, S. 24 ff.; Walter *Leisner*, DVBl. 1960, S. 617 ff.; Hess. VGH, Urteil vom 21. Febr. 1958, JZ 1959, S. 611; Bayer. VerfGH, Entscheidung vom 14. Juni 1960, DÖV 1960, S. 628 ff. (629); *Perschel*, Die Meinungsfreiheit des Schülers, S. 19 ff.; *Löffler*, NJW 1964, S. 1101 ff.; *Fischbach*, Bundesbeamtengesetz, S. 19 ff.

[2] Diese Lehre hatte sich vor allem gegen die in Deutschland erst seit der Jahrhundertwende endgültig im Schwinden begriffene Grundrechtsauffassung konservativer Prägung durchzusetzen, die den grundrechtsfreien Raum noch nicht als „atavistisches Rudiment aus einer vorrechtsstaatlichen Epoche" (*Partsch*, a.a.O., S. 25) erkannt hatte.

[3] Vgl. Kurt *Häntzschel*, HdbDStR II (1932), S. 670; Gerhard *Anschütz*, Reichsverfassung, Anm. 4 g zu Art. 123 sowie Anm. 1 zu Art. 130.

[4] So *v. Mangoldt-Klein*, Vorbem. B XVI 4 und 5 vor Abschnitt I GG (S. 136 f.); Herbert *Krüger*, DVBl. 1950, S. 629; Wilhelm *Grewe*, Die politischen Treupflichten, S. 50 f.; Hellmut *Röhl*, JZ 1954, S. 65 f.; Siegfried *Mann*, DÖV 1960, S. 409; Carl Hermann *Ule*, Das besondere Gewaltverhältnis, VVDStRL 15, S. 145; *Ders.*, Öffentlicher Dienst, S. 617; Bayer.VerfGH, DÖV 1960, S. 629, BVerwGE 7, 377 (404 f.), und offenbar auch BVerfGE 15, 288 (293).

noch eindeutig die Minderheit — fragen umgekehrt, was aus der *Natur des Grundrechts* für seine Einschränkbarkeit im Rahmen eines besonderen Gewaltverhältnisses folgt[5].

Diesen Streit zu entscheiden, ist hier nicht der Ort. Dennoch erscheint eine nicht ganz unparteiische Feststellung geboten: Gerade dort, wo die vielberufene Natur der Sache das Recht zu überlagern und autonom zu werden droht, wo Eigenleben und Eigengewicht eines im weitesten Sinne politisch-sozialen Phänomens sich mit dem Anspruch auf Eigengesetzlichkeit verbinden, kann und muß die normative Kraft der Verfassung[6] als ausgleichendes Korrektiv wirken. Das *ius strictum* der Grundrechtsordnung ist solchen Schutzes gewiß in besonderem Maße würdig. Auch wenn man sich nicht die sehr scharfe Kritik Otto Bachofs zu eigen machen will, der der überkommenen Lehre die „völlige Verkehrung des grundgesetzlichen Verteilungsprinzips zwischen Freiheit und Staatsmacht" vorgeworfen hat[7], bleiben die Bedenken gegen den als *lex suprema* des Gewaltverhältnisses ausgegebenen Zweckbegriff erheblich.

Der Aufgabe der dogmatischen Analyse und einer auf ihr fußenden normbewußten Steuerung der Beziehung zwischen Grundrecht und besonderem Gewaltverhältnis ist die Rechtslehre bislang mit deutlicher Zurückhaltung begegnet[8]. Es nimmt deshalb nicht wunder, wenn ein

---

[5] Otto *Bachof*, VVDStRL 15, S. 206; Ingo *v. Münch*, a.a.O., S. 29 ff. (mit eingehender Kritik der h. L., an der sowohl Mängel in der praktischen Handhabung als auch ihre unzureichende dogmatische Fundierung gerügt werden); Karl Josef *Partsch*, a.a.O., S. 26 f.; Christian-Friedrich *Menger*, Der Schutz der Grundrechte, S. 717 ff.; Walter *Leisner*, Grundrechte und Privatrecht, S. 176 f.

[6] Dazu Konrad *Hesse*, Die normative Kraft der Verfassung, Tübingen 1959, *Ders.*, VVDStRL 17, S. 115 f.; im gleichen Sinne auch Joseph H. *Kaiser*, ebda., S. 112 f.

[7] VVDStRL 15, 206. Vgl. auch *Bachof*, JZ 1962, S. 400.

[8] Fritz *Werner*, JZ 1954, S. 561: „Die Theorie des öffentlich-rechtlichen Statusverhältnisses und ihr Verhältnis zur Grundrechtsordnung bedürfen sehr grundsätzlicher Einsichten und Überlegungen, an deren Anfängen wir wohl erst stehen." Nach *v. Mangoldt-Klein*, Vorbem. B XVI 3 vor Abschnitt I GG (S. 134), liegen „nur einige sporadische Stellungnahmen der Rechtslehre und der Rechtsprechung zu Einzelheiten des Problems vor". Kennzeichnend ist auch, daß keines der Referate, die auf der Mainzer Staatsrechtslehrertagung 1956 zum Thema des besonderen Gewaltverhältnisses gehalten wurden, dem grundrechtlichen Aspekt Aufmerksamkeit geschenkt hat (Berichterstatter waren Herbert *Krüger*, VVDStRL 15, S. 109 ff., und Carl Hermann *Ule*, a.a.O., S. 133 ff.). *Krüger* weist zwar auf das Moment der Einwilligung des einem freiwilligen besonderen Gewaltverhältnisses Unterworfenen hin; sie stelle sich als „Verfügung über öffentliche Angelegenheiten und ebensolche Rechte, insbesondere Grundrechte" dar. Die entscheidende Frage nach der „konstruktiven Rechtfertigung derartiger Vorgänge" wird angeschnitten, aber unbeantwortet gelassen (S. 122 f.). Lediglich in der Diskussion ergriffen *Bachof* (S. 205), *Wacke* (S. 209) und *Partsch* (S. 211) zum Thema der Grundrechte das Wort.

Teil der Rechtsprechung, die zunächst den „Eindruck eines gewissen Vorwärtstastens" erweckte[9], mittlerweile auf einen Weg geraten ist, dessen dogmatischer Unterbau brüchig und dessen verfassungsrechtliche Markierung unzureichend ist[10]. Klarheit besteht nach wie vor nur über die Ausgangslage: Das besondere Gewaltverhältnis kennt keine wie auch immer geartete Grundrechtsfreiheit (im Sinne des grundrechtsfreien Raumes). Aber es kennt eine ganze Skala besonderer Grundrechtsbeschränkungen, die nach Art und Schwere außerordentlich variieren. Wie lassen diese Beschränkungen sich rechtfertigen, wie begrenzen? Wie sind sie mit der Wesensgehaltsgarantie und ihren verschiedenen Auslegungen zu vereinbaren? Welche Funktion kommt dem Art. 19 Abs. 2 GG im besonderen Gewaltverhältnis überhaupt zu?

Daß die Wesensgehaltssperre auch in diesem Bereich Verbindlichkeit besitzt, ist unbestritten. Grundrechtsnormen und Grundrechtsgarantien bilden eine unteilbare Einheit. Wo jene gelten, gelten notwendig auch diese. Deshalb kennzeichnet Art. 19 Abs. 2 GG hier wie überall eine äußerste Grenze, deren Überschreiten die jeweilige Grundrechtsbeschränkung verfassungswidrig macht. Und hier wie überall bedeutet diese Konsequenz für die Vertreter jener Theorie, die als Schutzobjekt der Wesensgehaltssperre nicht das Grundrecht als solches, sondern die grundrechtlich verbürgte Rechtsstellung des einzelnen begreift, ein nicht leicht zu überwindendes dogmatisches Hindernis. Denn sowohl dem unfreiwilligen als auch dem freiwilligen besonderen Gewaltverhältnis sind Beschränkungen und Eingriffe geläufig, die den Kern der individuellen Grundrechtsposition antasten und die doch rechtmäßig sind. Eben dies aber widerspricht dem Verbot des Art. 19 Abs. 2 GG, sofern man ihn im Sinne der Rechtsstellungstheorie interpretiert.

Dieses dogmatische Dilemma zu überbrücken, erweist sich als um so schwieriger, als hier die bequemste Hilfskonstruktion von vornherein ausscheidet: Aus der These von der Existenz immanenter Schranken läßt sich eine „konstruktive Rechtfertigung" (Krüger) derartiger Eingriffe nicht ableiten. Die Ansicht, es gehöre zum *Inbegriff* der Grundrechte, daß sie gegenüber einer mit hoheitlichen Befugnissen ausgestatteten Anstaltsgewalt nur beschränkt in Anspruch genommen werden dürfen, stößt schon auf logische Bedenken. Denn mit dem *generellen* Charakter der grundrechtlichen Garantien ist die Annahme *spezieller* Immanenzschranken unvereinbar. Wenn und soweit es immanente

---

[9] Fritz *Werner*, a.a.O., S. 561.
[10] Vgl. dazu das Urteil des BFH vom 1. Juli 1959, JZ 1960, S. 315 f., mit einer treffenden kritischen Anmerkung von Klaus *Vogel* (S. 316 ff.). *Vogel* demonstriert am Beispiel des Art. 5 Abs. 1 Satz 2 GG, wie die Grundrechtsordnung ein konkretes besonderes Gewaltverhältnis und die ihm innewohnende Zweckgerichtetheit überlagert und begrenzt.

Grundrechtsschranken gibt, wohnen sie dem Grundrecht als solchem inne und entfalten ihre Wirksamkeit allen Rechtsgenossen gegenüber in gleicher Weise. Grundrechtsschranken, die allein im Bereich besonderer Gewaltverhältnisse — auch hier übrigens nicht einheitlich, sondern in einer vielfach gebrochenen Ungleichartigkeit — Geltung haben, sind dem Grundrecht nicht immanent. Sie mögen ihren Ursprung in der Natur des jeweiligen besonderen Gewaltverhältnisses haben; aus der Natur des *Grundrechts,* wie der Immanenzbegriff dies fordert, resultieren sie **nicht.**

Damit ist der Kreis möglicher Lösungen wesentlich eingeengt. Die beiden wichtigsten, innerhalb des verbleibenden Spielraums unternommenen Versuche, den aufgezeigten Widerspruch auf der Grundlage der Rechtsstellungstheorie zu überwinden, seien im folgenden erörtert.

2. Der Verzicht auf Grundrechte

Nach einer ebenso gewichtigen wie plausibel erscheinenden These verstößt die durch ein freiwillig eingegangenes besonderes Gewaltverhältnis bedingte Einschränkung bestimmter Grundrechte weder gegen Art. 19 Abs. 2 GG, wenn diese Grundrechte in ihrem Kern getroffen werden, noch auch gegen die einzelne Grundrechtsnorm selbst: insoweit liege nämlich ein *Verzicht* des Gewaltunterworfenen auf das Grundrecht vor. Damit könnte in der Tat dem Einwand begegnet werden, die Rechtsstellungstheorie kollidiere bereits bei der geläufigsten Form hoheitlicher Grundrechtsbeschränkungen mit der Wesensgehaltssperre. Abgesehen davon jedoch, daß auch hier der Wortlaut des Art. 19 Abs. 2 GG Schwierigkeiten macht („in keinem Falle" — also doch auch nicht im Falle eines Verzichts), ist die Prämisse dieser These — die grundsätzliche Bejahung der Möglichkeit eines Grundrechtsverzichts — im Lichte der gegenwärtigen Grundrechtsauffassung anfechtbar.

Die Frage, ob ein Verzicht auf subjektive öffentliche Rechte überhaupt wirksam erklärt werden kann, ist seit je umstritten. In einer zusammenfassenden monographischen Untersuchung zu diesem Thema[11] wird, ausgehend von der deutschen Rechtslehre des vorigen Jahrhunderts, anschaulich gezeigt, daß sich eine „einheitliche Auffassung über dieses Problem ... in der Doktrin tatsächlich bis heute nicht herausgebildet" hat[12]. Es erübrigt sich, die gegensätzlichen Argumente der

---

[11] Max *Leippert,* Der Verzicht auf subjektive öffentliche Rechte mit besonderer Berücksichtigung des Verzichtes auf Leistungen der Sozialversicherung, Diss. iur. Freiburg (Schweiz), Zürich 1953, insbes. S. 62—93.
[12] a.a.O., S. 77.

miteinander in Streit liegenden Theorien erneut zu referieren. Immerhin läßt sich feststellen, daß die These von der Unverzichtbarkeit subjektiver öffentlicher Rechte — namentlich der Grundrechte —, sei es innerhalb oder außerhalb besonderer Gewaltverhältnisse, seit geraumer Zeit an Boden gewinnt[13]. Die Ansicht, im Falle des besonderen Gewaltverhältnisses lasse „die vorerst noch herrschende Lehre" eine Durchbrechung dieses Prinzips zu[14], dürfte kaum mehr zutreffen.

Entscheidend aber ist etwas anderes. Man mag ruhig unterstellen, daß der einzelne die volle Verfügungsfreiheit über die ihm von der Verfassung verbürgten Grundrechte besitzt (einschließlich des zur Bekräftigung dieser These gern, aber zu Unrecht angeführten ‚Rechts auf Selbstmord'), und man mag leugnen, daß die Grundrechte mindestens ebensosehr im Interesse der Allgemeinheit wie im Interesse des einzelnen garantiert werden: Damit ist lediglich die bloße *Möglichkeit* eines rechtswirksamen Verzichts auf Grundrechte bejaht. Um diese generelle Verzichtmöglichkeit zu aktualisieren, bedarf es einer entsprechenden *Verzichterklärung*. Da eine solche in ausdrücklicher Form bei dem Eintritt in ein besonderes Gewaltverhältnis weder gefordert noch gegeben wird, bleibt zu prüfen, ob etwa schon ein konkludentes Verhalten zur rechtsverbindlichen Erklärung eines derartigen Verzichts ausreicht. Nur dann kann die Verzichtstheorie — unter allen eingangs lediglich angedeuteten grundsätzlicheren Vorbehalten — praktische Bedeutung erlangen.

Ein konkludentes Verhalten wird jedenfalls nur dort als ausreichende Verzichterklärung angesehen werden können, wo das auf die Begründung eines besonderen Gewaltverhältnisses gerichtete Verhalten des einzelnen einen entsprechenden Verzichtwillen eindeutig erkennen läßt. Erste Voraussetzung dafür ist, daß vor oder bei dem Eintritt in das Gewaltverhältnis auf seiten dessen, der sich in diese Bindung begibt, Klarheit über Art und Ausmaß der mit dem Unterwerfungsverhältnis verbundenen Tangierung und Einschränkung der individuellen Grundrechtsposition sowie die Absicht besteht, insoweit auf diese Rechte von vornherein Verzicht zu leisten. Dies zu unterstellen, widerspricht der Lebenserfahrung. Wer sich als Student an einer Hochschule immatrikuliert, wer Beamter oder Berufssoldat wird, wird in aller Regel ‚gar

---

[13] Vgl. Wilhelm *Grewe*, Die politischen Treupflichten, S. 51; Günter *Dürig*, ZgesStWiss. 109 (1953/54), S. 328 *Zinn-Stein*, Vorbem. IV 1 vor Art. 1 (S. 95); Fritz *Werner*, JZ 1954, S. 561; Werner *Thieme*, DÖV 1956, S. 523 mit Anm. 33; v. *Mangoldt-Klein*, Vorbem. B XVI 5 vor Abschnitt I GG (S. 138 f.); *Ule*, Öffentlicher Dienst, S. 616; *Löffler*, NJW 1964, S. 1102.

[14] So *Maunz*, Deutsches Staatsrecht, S. 127. Maunz selbst vertritt die Meinung, daß zumindest die überstaatlichen Grundrechte „auch durch Eintritt in ein besonderes Gewaltverhältnis nicht verzichtbar" werden (a.a.O.).

III. Art. 19 Abs. 2 GG und das Besondere Gewaltverhältnis

nicht daran denken', auf verfassungsmäßig garantierte Rechte zu verzichten, mag er sich auch der besonderen, ihm als Student, als Beamter, als Berufssoldat nunmehr zuwachsenden Rechtspflichten bewußt sein[15]. Ein konkludent zum Ausdruck gebrachter Verzicht auf Grundrechte liegt hier nicht vor. Es bedürfte einer juristischen Fiktion, ihn gleichwohl als erklärt anzusehen. Daß aber die rechtliche und rechtsdogmatische Problematik der Beziehungen zwischen Grundrechtsordnung und öffentlich-rechtlichem Statusverhältnis nicht mit Hilfe von Fiktionen gelöst werden kann und darf, ist nicht nur ein Erfordernis der Rechtsstaatlichkeit sondern zugleich die praktisch notwendige Voraussetzung für die Gewähr eines lückenlosen Rechtsschutzes. Dies wird von der neueren Lehre anerkannt[16].

Hinzu kommt folgendes: Die Konstruktion eines — etwa bei Übernahme in das Beamtenverhältnis — durch konkludente Handlung pauschal erklärten Grundrechtsverzichts geht von einer Vorleistung des Berechtigten aus, deren Umfang dieser in aller Regel nicht zu überblicken vermag. Eine solche Vorleistung ist weder rechtlich noch sachlich notwendig. Denn es würde die berechtigten Interessen des Dienstherrn nicht beeinträchtigen, wenn der Beamte seinen Willen, auch empfindliche Grundrechtsbeschränkungen hinzunehmen, ausdrücklich oder konkludent *ad hoc* erklärt[17]. Ist er dazu nicht bereit, wird er die Konsequenzen dieser seiner Haltung ziehen müssen: ihm steht der Verwaltungsrechtsweg[18] und/oder das Ausscheiden aus dem Beamtenverhältnis offen. Der Einwand, daß der vorwegerklärte Verzicht unumgänglich sei, da sonst keine Grundlage für eine disziplinarische Bestrafung bestehe, geht fehl. Disziplinarstrafen gründen sich rechtlich nicht auf die Zuwiderhandlung gegen einen erklärten Rechtsverzicht, son-

---

[15] Ingo *v. Münch*, a.a.O., S. 29 hält es mit Recht für entscheidend, „daß der Verzichtende weiß, worauf er nun eigentlich verzichtet... Gerade damit liegt es aber sehr im Argen. Die große Mehrzahl aller derjenigen, die sich beispielsweise um eine Übernahme in das Beamtenverhältnis bewirbt, hat nur höchst unklare Vorstellungen, welche Grundrechtseinbuße damit verbunden ist."

[16] Christian-Friedrich *Menger*, Der Schutz der Grundrechte in der Verwaltungsgerichtsbarkeit, S. 745, lehnt „fingierte Grundrechtsverzichte" im besonderen Gewaltverhältnis ausdrücklich ab; vgl. auch OVG Hamburg, DVBl. 1953, S. 506 (510).

[17] Ein von *Partsch* mitgeteilter (VVDStRL 15, S. 211), ihm selbst widerfahrener Fall ist dafür ein Beispiel: Einem Ministerialbeamten wird auf Anfrage dienstlich untersagt, zu einem Kompetenzkonflikt zwischen Regierung und Parlament in einem Augenblick wissenschaftlich Stellung zu nehmen, in dem diese Frage zwischen den beteiligten Organen diskutiert wird. Daraufhin verzichtet der Beamte auf die geplante Publikation.

[18] Daß insoweit die „Verwaltungsgerichtsbarkeit ... auch Grundrechts-Rechtsprechung ist und sein muß", ist heute unbestritten; vgl. dazu statt anderer *Werner*, a.a.O., S. 561.

dern stets auf die Verletzung übernommener Amts- und Statuspflichten. Existenz und Dauer dieser Pflichtenbindung sind unabhängig davon, ob auf ein Recht, das mit ihr kollidiert, Verzicht geleistet wird oder nicht.

Der letztlich entscheidende Vorbehalt gegenüber der dogmatischen Brauchbarkeit der Verzichtstheorie aber liegt darin, daß diese Konstruktion, unterstellt man die Richtigkeit ihrer Prämisse, nicht mehr als eine Teillösung bietet. Denn mag man auch darüber streiten, ob mit dem Eintritt in ein *freiwilliges* besonderes Gewaltverhältnis nicht doch ein partieller Grundrechtsverzicht concludenter erklärt oder durch das Prinzip „volenti non fit iniuria"[19] ersetzt wird, — unbestreitbar ist, daß die hypothetische Annahme eines Verzichts der einem *unfreiwilligen* Gewaltverhältnis Unterworfenen sich als unzulässige, da dem wahren Sachverhalt erkennbar widersprechende Fiktion darstellt. Auch aus dem Verhalten des reuigen Strafgefangenen oder des mit Begeisterung dienenden Wehrpflichtigen kann schwerlich gefolgert werden, hier werde aus freien Stücken ein den Erfordernissen des Strafvollzuges bzw. des Wehrdienstes angepaßter Grundrechtsverzicht erklärt. Daß überdies die rechtliche Erheblichkeit einer solchen Erklärung durchaus fragwürdig wäre, sei nur am Rande bemerkt.

In Anbetracht dieser vorgegebenen und nicht behebbaren Mängel der Verzichttheorie im Rahmen besonderer Gewaltverhältnisse, die innerhalb der Grundrechtsordnung als Einheit verstanden und behandelt werden müssen, erscheint es kaum als aussichtsreich, auf diesem Wege zu einer Lösung zu kommen, die weder lebensfremd sein noch die vom Grundgesetz präsumierte Gemeinschaftsfunktion, den Integrationswert[20] der Grundrechte außer acht lassen darf.

Als Ergebnis bleibt festzuhalten, daß die Berufung auf einen sei es tatsächlich erklärten, sei es lediglich fingierten Grundrechtsverzicht des einem besonderen Gewaltverhältnis Unterworfenen nicht geeignet ist, die unvermeidlichen Eingriffe in den Kern seiner individuellen Grundrechtsposition dogmatisch zu rechtfertigen.

3. *Grundrecht und Grundrechtsausübung*

Der Verzichttheorie gegenüber steht eine Auffassung, die wie jene darauf abzielt, Art. 19 Abs. 2 GG im besonderen Gewaltverhältnis für unanwendbar zu erklären, die sich aber einer subtileren und (scheinbar)

---

[19] Zur Problematik dieses Grundsatzes auch im (z. T. nur scheinbar) freiwilligen besonderen Gewaltverhältnis vgl. *v. Münch*, a.a.O., S. 27 ff.
[20] Ihn hat Rudolf *Smend*, Verfassung und Verfassungsrecht, München — Leipzig 1928, S. 161 ff., und VVDStRL 4 (1928), S. 48, bereits für den Weimarer Staat bejaht; man sollte diesen Wert auch heute nicht unterschätzen.

grundrechtsfreundlicheren Argumentation bedient. Sie geht zutreffend davon aus, daß ein Grundrechtsverzicht auch von dem sich freiwillig Unterwerfenden nicht wirksam geleistet werden könne; dies widerspreche der Funktion und dem Rang der Grundrechte im Rahmen der Verfassungsordnung. Wohl aber könne sich der einzelne der Möglichkeit begeben, bestimmte Grundrechte *auszuüben*[21]. Neben dieser nur für das freiwillige Gewaltverhältnis geltenden Variante eines ‚Ausübungsverzichts' steht die umfassendere eines normativen oder durch die Natur der Sache bedingten ‚Ausübungsverbots': im besonderen Gewaltverhältnis erleide die *Ausübung* der Grundrechte der Gewaltunterworfenen „zwangsläufig gewisse Einschränkungen"[22].

Grundlage dieser These ist somit die begriffliche Trennung zwischen dem Grundrecht auf der einen, der Befugnis, von ihm Gebrauch zu machen, auf der anderen Seite. Mit Hilfe einer solchen Unterscheidung läßt sich logisch einwandfrei vertreten, der von Art. 19 Abs. 2 GG geschützte und im Sinne der Rechtsstellungstheorie auf das individuelle Grundrecht bezogene Wesensgehalt werde bei Vorliegen eines besonderen Gewaltverhältnisses deshalb nicht angetastet, weil hier nur jene Möglichkeit der Ausübung, nicht aber das Recht selbst eingeschränkt sei.

Es erscheint jedoch als fraglich, ob diese Trennung von Grundrecht und Grundrechtsausübung sachlich begründet ist. Sie muß, will sie mehr sein als ein rein technisch-hypothetischer Kunstgriff, einer rechtlich faßbaren Lebenswirklichkeit entsprechen. Aber schon dieser Nachweis läßt sich nicht führen. Um mit einer ganz einfachen Überlegung zu beginnen: Ich bin nicht nur dann Inhaber eines Rechts, wenn ich von ihm Gebrauch mache, sondern auch dann, wenn ich es aus freien

---

[21] *Dürig*, ZgesStWiss. 109 (1953), S. 328: „Wer freiwillig in ein besonderes Gewaltverhältnis eintritt, kann gar nicht auf das Grundrecht als solches verzichten. Er begibt sich (sic!) lediglich in einem durch die Natur des Gewaltverhältnisses bestimmten Umfang der Möglichkeit des Gebrauchs des Grundrechts." Ebenso Herbert *Krüger*, DVBl. 1950, S. 629; *Grewe*, a.a.O., S. 50 f.; *Zinn-Stein*, a.a.O., Vorbem. IV 1 vor Art. 1, S. 95, wo von einem „Verzicht auf die Ausübung von Grundrechten" gesprochen wird; *v. Mangoldt-Klein*, Vorbem. B XVI 5 (S. 138 f.).

[22] Vgl. etwa die Entscheidung des OVG Koblenz vom 19. April 1955, DVBl. 1956, S. 27 f.: „Dem Beamten stehen zwar die gleichen verfassungsrechtlichen Grundrechte zu wie jedem Staatsbürger, doch ergeben sich aus der verfassungsrechtlich anerkannten, inhaltlich nach den hergebrachten Grundsätzen bestimmten Institution des Berufsbeamtentums zwangsläufig gewisse Einschränkungen in der Ausübung dieser Grundrechte." — Daß diese Argumentation nicht auf das besondere Gewaltverhältnis beschränkt ist, zeigt das Urt. des Hess.VGH vom 10. Mai 1955, DÖV 1956, S. 579, zur Zulässigkeit einer Beschränkung des der Eigentumsgarantie zugeordneten Jagdrechts: „Art. 19 II GG ... ist nicht verletzt, denn das Jagdrecht wird hier nicht in seiner Substanz angegriffen, vielmehr wird nur seine Ausübung einer stärkeren als der bisher schon geltenden Beschränkung unterworfen."

Stücken nicht ausübe. Ein Recht aber, das ich nicht ausüben kann und darf, besitze ich nicht, — wobei es gleichgültig ist, ob ich mit physischer Gewalt an der Ausübung gehindert werde (so etwa der Strafgefangene hinsichtlich des Rechts des freien Zuges) oder ob ich mit der Ausübung gegen eine Rechtsnorm, eine verbindlich eingegangene Verpflichtung, eine innerdienstliche Weisung o. ä. verstoßen würde. Mit anderen Worten: Für die tatsächliche grundrechtliche Position des Betroffenen macht es keinen Unterschied, ob ihm für eine mehr oder minder lange Zeit das Grundrecht selbst oder die Ausübungsbefugnis entzogen wird[23]. Am Beispiel des Strafgefangenen, der einer ganzen Reihe von Grundrechten entraten muß, wird dies besonders deutlich. Den zu lebenslänglichem Zuchthaus Verurteilten als lediglich in der Ausübung seiner Grundrechte beschränkt zu bezeichnen, stellt sich ebensosehr als eine unzulässige Fiktion dar wie die Annahme, er habe auf seine Grundrechte freiwillig Verzicht geleistet.

Dem steht nicht entgegen, daß unserer Rechtsordnung die Figur des speziellen oder partiellen Ausübungsverbotes geläufig ist. Das Schikaneverbot des § 226 BGB ist dafür ein Beispiel. Seine Anwendung ist bewußt an eine extrem starre, normativ fixierte Voraussetzung geknüpft[24], die es verhindert, daß der Verlust der Ausübungsbefugnis in einen effektiven Rechtsverlust umschlägt. Hier bleibt in der Tat das Recht als solches unberührt, und auch seine Ausübung ist außerhalb der engen, durch die Norm gezogenen Grenzen nicht behindert. Im Bereich der subjektiven öffentlichen Rechte dagegen bedeuten pauschale Ausübungsverbote stets die Beschränkung oder Entziehung dieser Rechte selbst. Sowohl das Grundgesetz[25] als auch die deutschen Länderverfassungen sprechen deshalb durchweg von der Einschränkung von Grundrechten und nicht deren Ausübung, und zwar auch dort, wo von dem grundrechtlichen Sonderstatus der einem besonderen Gewaltverhältnis Unterworfenen die Rede ist[26]. Soweit von dieser

---

[23] Der immer wiederkehrende Hinweis darauf, daß der Austritt aus dem freiwillig begründeten Gewaltverhältnis jederzeit möglich sein müsse, wenn anders das Ausübungsverbot nicht im Ergebnis auf eine Entziehung des Grundrechts hinauslaufen solle (vgl. H. *Krüger*, DVBl. 1950, S. 629, und NJW 1953, S. 1373; *Grewe*, a.a.O., S. 51; *v. Mangoldt-Klein*, a.a.O., S. 139), bestätigt nur, daß die angebliche Ausübungsbeschränkung tatsächlich eine Beschränkung des Grundrechts selbst ist.

[24] § 226 BGB: „Die Ausübung eines Rechtes ist unzulässig, wenn sie nur den Zweck haben kann, einem anderen Schaden zuzufügen."

[25] Vgl. die Zusammenstellung oben S. 45, Anm. 5.

[26] Der durch verfassungsänderndes Gesetz vom 19. März 1956 (BGBl. I, S. 111) in das GG eingefügte Art. 17 a Abs. 1 bezieht sich ausdrücklich auf die Einschränkung von *Grundrechten* der Angehörigen der Streitkräfte und des Ersatzdienstes. Er folgt damit der entsprechenden Bestimmung von Art. 133 Abs. 2 Satz 2 WRV: Das Reichswehrgesetz bestimmt, „wieweit für Angehörige der Wehrmacht ... einzelne Grundrechte einzuschränken sind."

einheitlichen (und gerade damit auch juristisch verbindlichen) Terminologie abgewichen wird, fällt es nicht schwer, logische Ungereimtheiten und Widersprüche aufzudecken, die auf ein redaktionelles Versehen schließen lassen[27]. Ähnliches gilt für Art. 11 der Europäischen Konvention zum Schutze der Menschenrechte und Grundfreiheiten vom 4. Nov. 1950[28], dessen zweiter Absatz sich mit den möglichen Beschränkungen der Versammlungs- und Vereinsfreiheit befaßt. Wenn hier lediglich von einer Beschränkung der Ausübung dieser Rechte die Rede ist[29], so ist dies sowohl der Sache als auch der deutschen verfassungsrechtlichen Terminologie nach gleichbedeutend mit einer Beschränkung der Rechte selbst. Im übrigen gilt die Trennung von Grundrecht und Grundrechtsausübung auch im Verfassungsrecht anderer kontinentaleuropäischer Staaten als suspekt und mißverständlich. Das wird eindrucksvoll belegt durch den Streit um die gleichlautenden Bestimmungen über das Streikrecht in der französischen Verfassung vom 27. Okt. 1946[30] und der italienischen vom 27. Dez. 1947[31]. Man hat diese Verfassungsvorschriften, in denen nur von einer unter Gesetzesvorbehalt stehenden Ausübung des Streikrechts, nicht aber von seiner Anerkennung gesprochen wird, als sibyllinische Formel bezeichnet[32], unter der alles und nichts verstanden werden könne. Die Wendung „Das Streikrecht wird ausgeübt ..." entbehre jedes positiv-rechtlichen Gehaltes und habe lediglich einen technisch-modalen Sinn[33]. Die Mehrdeutigkeit dieser Formu-

---

[27] Vgl. Art. 7 Abs. 2 und 3 der Verf. des Freistaates Bayern vom 2. Dez. 1946. Wenn es hier heißt, daß die Ausübung der staatsbürgerlichen Rechte, insbesondere des Wahlrechts, „von der Dauer eines Aufenthalts bis zu einem Jahr abhängig gemacht werden" kann, so ist evident, daß der während dieser Zeitspanne nicht wahlberechtigte Bürger eben kein Wahlrecht besitzt. Rechtsinhaberschaft und Rechtsausübungsbefugnis lassen sich hier nicht trennen.

[28] BGBl. 1952 II, S. 686.

[29] Art. 11 Abs. 2 lautet: „Die *Ausübung* dieser Rechte darf keinen anderen Einschränkungen unterworfen werden als den vom Gesetz vorgesehenen, die in einer demokratischen Gesellschaft im Interesse der äußeren und inneren Sicherheit, zur Aufrechterhaltung der Ordnung und zur Verbrechensverhütung, zum Schutze der Gesundheit und der Moral oder zum Schutze der Rechte und Freiheiten anderer notwendig sind. Dieser Artikel verbietet nicht, daß die *Ausübung* dieser Rechte für Mitglieder der Streitkräfte, der Polizei oder der Staatsverwaltung gesetzlichen Einschränkungen unterworfen wird."

[30] In Abschnitt 7 der Präambel heißt es: „Le droit de grève s'exerce dans le cadre des lois qui le règlementent."

[31] Art. 40 lautet: „Il diritto di sciopero si esercita nell'ambito delle leggi che lo regolano."

[32] Vgl. Meuccio *Ruini*, L'organizzazione sindicale ed il diritto di sciopero nella costituzione, Milano 1953, S. 99.

[33] Mario *Ferrari*, Sciopero e serrata nei confronti della Costituzione, in: Giurisprudenza Italiana 103 (1951), Teil II, Sp. 307 ff.

lierung, die immer wieder kritisiert worden ist[34], war nach allgemeiner Überzeugung allein dem Umstand zuzuschreiben, daß hier in Abweichung von der üblichen verfassungsrechtlichen Terminologie nicht von einer unter Gesetzesvorbehalt gestellten Rechtsgewähr, sondern von Rechtsausübung die Rede ist. Es erübrigt sich fast zu bemerken, daß es sich bei diesen Verfassungsnormen um Idealtypen bewußter dilatorischer Formelkompromisse handelt[35].

Was auch immer man zur Rechtfertigung einer dogmatischen Trennung von Grundrecht und Grundrechtsausübung anführen mag, sicher ist, daß in ihr der Keim zu einer stillen Eskamotierung aller normativen Grundrechtssicherungen des Grundgesetzes verborgen liegt. Dies gilt nicht nur für Art. 19 Abs. 2 GG, sondern auch für die Rechtsschutzgarantie (Art. 19 Abs. 4 GG), die nur im Fall einer *Rechts*verletzung aktuell zu werden vermag, und es gilt schließlich für Art. 19 Abs. 1 GG, dessen Anwendung ebenfalls die Einschränkung von *Rechten* zur Voraussetzung hat. Alle diese Sicherungen und Schranken treten gar nicht mehr in das Blickfeld des Richters, sobald er glauben darf, es bei den Grundrechtsbeschränkungen im besonderen Gewaltverhältnis lediglich mit Eingriffen in die (nicht geschützte) Ausübungsbefugnis des Betroffenen zu tun zu haben. Er wird folgerichtig konstatieren, daß das Grundrecht selbst weder eingeschränkt, noch verletzt, noch gar in seinem Wesensgehalt angetastet werde[36].

Welche Kriterien endlich sind genügend bestimmt und bündig, um im Zweifelsfall zu erkennen, ob es sich noch um eine bloße Beschränkung der Ausübungsbefugnis oder aber bereits um eine solche des Grundrechts selbst handelt? Das einschlägige Schrifttum gibt auf diese Kernfrage keine Antwort, — ein weiteres Indiz dafür, wie ungefestigt die rechtstheoretischen Grundlagen der auf der Unterscheidung zwischen Grundrecht und Grundrechtsausübung beruhenden Konzeption noch

---

[34] Vgl. etwa Claude-Albert *Colliard*, Précis de droit public. Les libertés publiques, Paris 1950, S. 431; Jean *Rivero* — Jean *Savatier*, Droit du travail, Paris 1956, S. 172; André de *Laubadère*, Traité élémentaire de droit administrativ, 2. Aufl., Paris 1957, S. 684.

[35] Zur Entstehungsgeschichte der Präambel der franz. Verfassung vgl. Robert *Pelloux*, Le préambule de la constitution du 27 octobre 1946, in: Revue du droit public et de la science politique, 63 (1947), S. 374 f.
Die Entstehungsgeschichte von Art. 40 der ital. Verfassung wird bei *Ruini*, a.a.O., S. 87—97, abgehandelt; vgl. ferner Vincenzo *Carullo*, La costituzione della Repubblica Italiana, illustrata con i lavori preparatori. Kommentar, Bologna 1950, Anm. zu Art. 40, S. 125—129.

[36] Es ist eine gewiß sympathische Inkonsequenz, die aber die Gefährlichkeit der hier kritisierten Auffassung nicht mindert, wenn *Menger*, a.a.O., S. 745, erklärt: „Soweit gesteigerte Pflichten begründet werden sollen, welche die *Ausübung* bestimmter Grundrechte beschränken, kann und darf dies nur durch Gesetz und in der Form des Art. 19 I GG geschehen."

immer sind. Nach allem überrascht es nicht, wenn einer der Protagonisten dieser Lehre seine ursprüngliche Auffassung revidiert hat und diese „dogmatisch mögliche Aufspaltung" nunmehr einen „unzulässigen Kunstgriff" nennt[37].

4. Ergebnis

Damit stehen die Anhänger jener Theorie, die die Wesensgehaltsschranke über das grundrechtliche Institut hinaus auf die individuelle Rechtsstellung bezogen wissen will, nach wie vor einem ungelösten und auf dieser Grundlage wohl in der Tat unlösbaren Problem gegenüber. Sie sind nicht in der Lage, dogmatisch einwandfrei zu begründen, daß und weshalb die einschneidenden Grundrechtsbeschränkungen, die das besondere Gewaltverhältnis kennt, mit Art. 19 Abs. 2 GG vereinbar und insofern verfassungsmäßig sind.

Begreift man die Wesensgehaltssperre hingegen als generelle Bestandsgarantie der Grundrechte, so sind Verfassungsnorm und Verfassungswirklichkeit versöhnt. Über ein *besonderes* Gewaltverhältnis kann die *allgemeine* Institutsgarantie des Art. 19 Abs. 2 GG im Regelfall weder begrifflich noch tatsächlich verletzt werden. Im Regelfall, d. h. solange die folgenden beiden Voraussetzungen für die Begründung besonderer Gewaltverhältnisse verbindlich bleiben:

1. Die Gesamtheit der einem besonderen Gewaltverhältnis Unterworfenen muß zur Gesamtheit der Rechtsunterworfenen in einem solchen quantitativen Verhältnis stehen, daß ihr Status sich einwandfrei als ‚Sonderstatus' qualifizieren läßt[37a]. Die Konzipierung allumfassender ‚besonderer Gewaltverhältnisse', wie sie etwa die Subsumtion der Be-

---

[37] *Dürig*, AöR. 81 (1956), S. 152. Im gleichen Sinne Ingo *v. Münch*, Freie Meinungsäußerung, a.a.O., S. 27: „Das Grundrecht und seine Ausübung sind nur theoretisch trennbar. Spaltet man vom Grundrecht die Möglichkeit seiner Ausübung ab, so bleibt lediglich eine praktisch bedeutungslose leere Form zurück."

[37a] In der Bundesrepublik liegt der Anteil der öffentlich Bediensteten an der Gesamtzahl der Erwerbspersonen heute beträchtlich über 10 Prozent; vgl. *Ule*, Öffentlicher Dienst, S. 540. In einem Sektor dieser Größenordnung kann die vollständige Entziehung gewisser Grundrechte (etwa der politischen Meinungsäußerungsfreiheit; vgl. dazu Klaus *Kröger*, AöR 1963, S. 148 ff.) bereits zu einem Problem des Art. 19 Abs. 2 GG werden. Die üblichen, meist nur einzelne Gruppen (Ministerialbeamte, Soldaten, Strafgefangene etc.) treffenden Grundrechtsverkürzungen des besonderen Gewaltverhältnisses liegen dagegen eindeutig im Vorfeld der Wesensgehaltssperre, — was kein Grund ist, diese Verkürzungen deshalb unbesehen für rechtens zu halten. Ein festes, für alle Grundrechte gleiches Mengenmaß, an dem sich der Umschlag eines gerade noch rechtmäßigen generellen Grundrechtseingriffs in einen rechtswidrigen Verstoß gegen Art. 19 Abs. 2 GG ablesen ließe, gibt es nicht.

ziehungen zwischen Staat und Steuerpflichtigen unter diesen Begriff mit sich brächte[38], ist mit dem Erfordernis des Sonderstatus schlechthin unvereinbar.

2. Besondere Gewaltverhältnisse dürfen nicht willkürlich neu geschaffen werden, sondern müssen sich inhaltlich (qualitativ) an der herkömmlichen Ausprägung dieser Rechtsfigur orientieren und in diesem Rahmen sachlich geboten sein[39]. Das gleiche gilt für die Erweiterung bestehender besonderer Gewaltverhältnisse. Wäre es schon bedenklich, alle öffentlich Bediensteten der gesteigerten Pflichtenbindung des Berufsbeamtentums zu unterwerfen, so muß erst recht ein Begriff wie der der Anstalt auf Sonderbeziehungen des Staatsbürgers zur öffentlichen Gewalt begrenzt bleiben[40].

Unter diesen Voraussetzungen stellen die Grundrechtsbeschränkungen und -entziehungen des besonderen Gewaltverhältnisses keine Verletzung der Wesensgehaltssperre dar. Sie treffen nicht das Grundrecht ‚als solches'. Diese dogmatisch klare und — was für die vornehmlich von den Untergerichten zu leistenden Rechtsanwendung nicht ohne Bedeutung ist — unkomplizierte Lösung ergibt sich aus dem Versagen der Rechtsstellungstheorie auf der einen, der Evidenz der Gegenthese auf der anderen Seite. Denn tatsächlich vermag das einem Beamten auferlegte Verbot, seine Meinung ungehindert zu äußern und zu verbreiten, die generelle Geltung des Art. 5 GG ebensowenig zu beeinträchtigen, wie etwa die in Strafanstalten geübte Briefzensur das in Art. 10 GG für unverletzlich erklärte Briefgeheimnis in seinem Wesensgehalt antastet.

Von welch grundsätzlicher Bedeutung es ist, den scheinbar bestehenden Widerspruch zwischen der Wesensgehaltsschranke des Art. 19 Abs. 2

---

[38] In diese Richtung zielt die Rechtsprechung des Bundesfinanzhofs zu § 201 Abs. I AO; vgl. das Urt. vom 1. Juli 1959, JZ 1960, S. 315 f. (mit kritischer Anm. von *Vogel*). Ähnlich O. *Bühler*, Grundsätzliche Fragen der Neuordnung der Finanzgerichtsbarkeit, Karlsruhe 1958, S. 13 f. Dagegen *Wacke*, AöR 83 (1958), S. 333.

[39] Eine Inpflichtnahme etwa der Herausgeber und Redakteure der Tagespresse mit dem Ziel, sie zu weisungsgebundenen Staatsbediensteten zu machen, würde diesen Rahmen eindeutig sprengen. Zugleich gewinnt hier Art. 19 Abs. 2 GG seine volle Aktualität zurück — quod erat demonstrandum.

[40] Vgl. *Wacke*, a.a.O., S. 333: „Der Begriff der Anstalt ... kann nicht auf das allgemeine Staatsuntertanenverhältnis angewandt werden; insbesondere kann er nicht dazu dienen, die rechtsstaatlichen Garantien in solchen öffentlich-rechtlichen Beziehungen zu beseitigen, die unterschiedslos Männer und Frauen, Kinder und Ausländer treffen, wie etwa die Polizeipflicht und die Steuerpflicht. Wenn diese Beziehungen, und andere mehr, ‚Anstalten' wären, dann bliebe sonst nichts mehr übrig ... : es gäbe ausschließlich besondere Gewaltverhältnisse." Zur Beziehung zwischen Anstalt und Rechtsstaatsbegriff vgl. auch *Jecht*, a.a.O., S. 20 ff.

III. Art. 19 Abs. 2 GG und das Besondere Gewaltverhältnis

GG und den Grundrechtseingriffen des besonderen Gewaltverhältnisses ohne Rest aufzulösen, hat jüngst Leisner[41] an dem „Paradebeispiel" des Gefangenenverhältnisses auf Lebenszeit dargetan. Er fragt, wie der ewige Verlust der persönlichen Freiheit, der Freizügigkeit, der Berufsfreiheit sowie der ehelichen Freiheiten, der vollständig ist, mit Art. 19 Abs. 2 GG vereinbar sein könne. Diese Frage habe zu „erheblichen neueren Bedenken" darüber geführt, ob die herrschende Lehre von der Geltung der Grundrechte auch im besonderen Gewaltverhältnis überhaupt zutreffe[42].

Nach Dürig[43] soll die Wesensgehaltsgarantie im unfreiwilligen besonderen Gewaltverhältnis so lange nicht verletzt sein, als die Unterwerfung „zeitlich beschränkt", „zweckbegrenzt", „wertbegrenzt" und „durch Rechtsschutz begrenzt" ist. Bereits die erste seiner Kategorien nötigt Dürig zu der Einschränkung, eine Ausnahme bilde die lebenslange Zuchthausstrafe. Selbst wenn man anerkennt, daß diese Ausnahme „weitgehend irreal" sei, so ist sie es doch nicht ganz, und Dürigs Forderung, unfreiwillige Gewaltverhältnisse müßten „als Durchgangsstadium angelegt sein, bei dem ‚ein Ende abzusehen ist'"[44], bleibt insoweit unerfüllt. Die dogmatische Geschlossenheit seines Systems wird damit hinfällig. Darüber mag man hinwegsehen. Woraus aber darf gefolgert werden, daß ein Eingriff, der die dauernde Entziehung eines Grundrechts zur Folge hat, mit Art. 19 Abs. 2 GG unvereinbar ist, während eine auf drei, fünf oder zwölf Jahre befristete Entziehung des gleichen Grundrechts zulässig sein soll? Nach Art. 19 Abs. 2 GG darf ein Grundrecht in keinem Falle — also weder dauernd noch vorübergehend — in seinem Wesensgehalt angetastet werden. Ist es denkbar, daß die vollständige, aber auf ein Dezennium beschränkte Beseitigung eines Grundrechts dieses nur tangiert, nicht aber in seiner Substanz angreift? Wenn die Rechtsstellungstheorie in der Bejahung dieser Frage ihre Rettung suchen muß, ist Art. 19 Abs. 2 GG ohnehin entwertet und

---

[41] Die schutzwürdigen Rechte im Besonderen Gewaltverhältnis, DVBl. 1960, S. 625 mit Anm. 49.

[42] *Leisners* Versuch, diese Bedenken von der Position der Rechtsstellungstheorie aus zu zerstreuen, kann nicht überzeugen. Er meint, nur bei *einem* Recht — der persönlichen Freiheit — könne von einem Eingriff in den Wesensgehalt die Rede sein; alle übrigen Eingriffe seien als notwendige Folge des Eingriffs in die Freiheit „sekundär". Der Primäreingriff aber gehe nicht auf das besondere Gewaltverhältnis, sondern auf § 211 StGB zurück. Daß der Hoheitsakt, der ein besonderes Gewaltverhältnis begründet, in diesem nicht nur fortwirkt, sondern als integraler Bestandteil untrennbar mit ihm verbunden ist, wird dabei übersehen. *Leisner* verlagert lediglich die von ihm wohlerkannte Grundrechtsproblematik in das Strafgesetzbuch, ohne die sich nun aufdrängende Frage zu beantworten, wie es dann um die Verfassungsmäßigkeit des § 211 StGB bestellt ist.

[43] Der Grundrechtssatz von der Menschenwürde, AöR 81 (1956), S. 154 f.

[44] a.a.O., S. 154.

die Ansicht, die Wesensgehaltssperre sei zum Schutz der Einzelgrundrechte im besonderen Gewaltverhältnis notwendig, ad absurdum geführt.

Tatsächlich bedarf es eines solchen Schutzes nicht. Die einfache Grundrechtsnorm, wenn sie nur ernst genommen wird, bietet Sicherheit genug. Art. 19 Abs. 2 GG aber ist dann frei für die Aufgabe, die Grundrechtsordnung als integrierenden Teil der staatlichen Verfassung, des öffentlichen Allgemeinzustandes mit einer Garantie auszustatten, welche die *generelle* Beseitigung oder Aushöhlung jedes einzelnen Grundrechts verbietet. Eben deshalb ist Art. 19 Abs. 2 GG für das *spezielle* Gewaltverhältnis nicht nur „unergiebig"[45], sondern ohne rechtliche und sachliche Relevanz. Die Sicherung, die diese Norm darstellt, erfüllt ihre Funktion in einem ‚Stromkreis', an den das besondere Gewaltverhältnis nicht angeschlossen ist. Nur in diesem Stromkreis kann sie ‚durchschlagen' und damit verfassungsrechtlich aktuell werden. Die Verfassungsmäßigkeit der Grundrechtseingriffe des besonderen Gewaltverhältnisses bemißt sich allein nach dem Sinn, der Geltungskraft und den Vorbehaltsschranken der *einzelnen Grundrechtsnorm*. Daß deren Eigenständigkeit infolge der durch Art. 19 Abs. 2 GG ausgeübten Faszination einerseits, der Präponderanz des *Zwecks* im besonderen Gewaltverhältnis andererseits zu verkümmern droht, wurde bereits dargelegt. Dieser beunruhigenden Tendenz wirkt die neuerdings zu beachtende Abkehr von der ‚Rechtfertigung durch den Zweck' entgegen[46]. Der hier versuchte Nachweis, daß eine Abkehr von Art. 19 Abs. 2 GG in bestimmten Bereichen nicht minder notwendig ist, dient letztlich dem gleichen Ziel, mag er auch in erster Linie darauf angelegt sein, die umstrittene Rechtsfigur des besonderen Gewaltverhältnisses von der Last dogmatischer Unklarheit zu befreien und verfassungsrechtlich transparent zu machen.

Die Richtung, in der die Lösung des — über den Streit um Art. 19 Abs. 2 GG hinausreichenden — Gesamtproblems einmal gefunden werden mag, kann hier nur angedeutet werden: Wer sich freiwillig in ein besonderes Gewaltverhältnis begibt, untersteht der *rechtmäßig* ausgeübten Befehlsgewalt seines Dienstherrn[47]. Für das unfreiwillige besondere Gewaltverhältnis gilt nichts grundsätzlich anderes. Die Recht-

---

[45] So *v. Münch*, Freie Meinungsäußerung und besonderes Gewaltverhältnis, S. 42: Art. 19 Abs. 2 GG bezeichne lediglich „die äußerste Grenze, bis zu der eine Grundrechtseinschränkung überhaupt gehen darf". Vgl. dazu auch *Partsch*, a.a.O., S. 25, und *Ule*, Öffentlicher Dienst, S. 618.

[46] Vgl. oben S. 80 f. mit Anm. 5.

[47] Dies gestattet gleichwohl keine unterschiedliche Beurteilung der Rechts*natur* rechtmäßiger und rechtswidriger Eingriffe; so zutreffend OVG Rheinland-Pfalz, Urt. v. 12. Dez. 1959, DÖV 1960, S. 350 (352).

mäßigkeit der Gewaltausübung ist im Verwaltungsrechtswege und/
oder durch Erhebung der Verfassungsbeschwerde nachprüfbar. Soweit
die Zulässigkeit einer Grundrechtsbeschränkung durch förmliches Gesetz statuiert wird[48], hat dieses Gesetz den Anforderungen des Art. 19
Abs. 1 GG zu genügen[49].

Der Richter, der einen konkreten Eingriff in Grundrechte des
Gewaltabhängigen zu beurteilen hat, darf sich nicht allein an den
„historisch-politisch-soziologischen Anschauungen der Rechtsgemeinschaft über das Wesen bestimmter Einrichtungen"[50] (hier etwa des
Berufsbeamtentums, des Militärdienstes, des Strafvollzuges etc.) orientieren und nicht allein an jener „Form geheimnisvoller ‚Natur der
Sache' "[51], die im besonderen Gewaltverhältnis lebendig ist. Der Richter
wird zuerst das verletzte Grundrecht selbst befragen: gegen seine prävalente normative Kraft muß die legitime Funktion des Gewaltverhältnisses sich behaupten und beweisen — aber nicht umgekehrt.

IV. Art. 19 Abs. 2 GG und die Verwirkung von Grundrechten

1. Das Problem

Art. 18 GG sieht die vom Bundesverfassungsgericht auszusprechende
Verwirkung bestimmter Grundrechte vor, wenn diese Rechte „zum
Kampfe gegen die freiheitliche demokratische Grundordnung mißbraucht" werden. Infolge ihres einschneidenden Charakters[1] erscheint
die Verwirkung als unvereinbar mit Art. 19 Abs. 2 GG, sofern man
dessen Schutzfunktion im Sinne der Rechtsstellungstheorie auf die
individuelle Grundrechtsposition ausdehnt: Die Verwirkung tastet, wie
zu zeigen sein wird, das einzelne verwirkte Grundrecht nicht nur in
seinem Kern an, sondern kann sogar zur totalen Rechtsvernichtung
führen. Ein derartiger Widerspruch besteht dagegen nicht, wenn Art. 19

---

[48] Eine lückenlose Vergesetzlichung zumal des freiwilligen besonderen
Gewaltverhältnisses, wie *Menger*, a.a.O., S. 745, sie fordert, wird kaum zu
erreichen sein. Selbst durch innerdienstliche Weisungen können gesteigerte
Pflichten begründet werden, die bestimmte Grundrechte beschränken und
die doch rechtmäßig sind.

[49] Für das unfreiwillige Gewaltverhältnis wird dies trotz eingestandener
Bedenken verneint von Herbert *Krüger*, DVBl. 1950, S. 628 f.; ebenso *v. Mangoldt-Klein*, a.a.O., S. 138. A.A. offenbar *Menger*, a.a.O., S. 745.

[50] *Dürig*, AöR. 81, S. 156.

[51] Dazu *Leisner*, DVBl. 1960, S. 625.

[1] Die Dauer der befristet ausgesprochenen Verwirkung eines Grundrechts
beträgt mindestens ein Jahr. Wird keine Frist gesetzt, so kann das Bundesverfassungsgericht die Verwirkung frühestens zwei Jahre nach ihrem Ausspruch ganz oder teilweise aufheben (§§ 39 Abs. 1 Satz 2 und 40 Satz 1 BVerfGG).

Abs. 2 GG ausschließlich als generelle Bestandsgarantie der Grundrechte begriffen wird. In diesem Fall fügt sich das aus dem Gedanken der „wehrhaften Demokratie"[2] geborene Institut der Verwirkung bruchlos in die vom Grundgesetz normierte und von Art. 19 Abs. 2 GG wesentlich geprägte verfassungsmäßige Ordnung der Bundesrepublik ein.

Das Bundesverfassungsgericht hat zeit seines Bestehens nicht eine einzige Verwirkung von Grundrechten ausgesprochen, und nur einmal ist ein entsprechender Antrag an das Gericht gestellt worden[3]. Es ist nicht abzusehen, ob und unter welchen Umständen dieses Institut in Zukunft praktische Bedeutung erlangen wird[4]. Gleichwohl ist seine dogmatische Klärung unentbehrliche Voraussetzung für das Verständnis nicht nur des Art. 18 GG selbst, sondern auch der Grundrechtskonzeption der Gesamtverfassung.

Der Versuch, die scheinbare Diskrepanz zwischen Art. 19 Abs. 2 GG und Art. 18 GG zu überwinden, begegnet angesichts der noch immer ungenügenden Erschließung dieser beiden Grenznormen des Grundrechtsteiles besonderen Schwierigkeiten. Wenn verschiedentlich offen von dem Unvermögen gesprochen worden ist, Art. 19 Abs. 2 GG widerspruchsfrei in die Verfassungsordnung einzuspannen, so gelten derartige Aussagen nicht zuletzt der Verwirkungsklausel des Art. 18 GG, die sich nicht nur wie die Wesensgehaltsschranke des Art. 19 Abs. 2 GG ihrer *Form* nach als Novum im deutschen Verfassungsrecht darstellt[5], sondern die ihm auch *inhaltlich* bislang fremd gewesen ist[6,7]. Die Fest-

---

[2] Dazu Hermann *Jahrreiss*, Demokratie. Selbstbewußtsein — Selbstgefährdung — Selbstschutz, in Festschrift für Richard Thoma, Tübingen 1950, S. 88 ff. Ebenso wird von „streitbarer Demokratie" gesprochen; vgl. *Wintrich*, Zur Problematik der Grundrechte, S. 12.

[3] Dieser Antrag wurde durch Zurückweisungsbeschluß erledigt; vgl. BVerfGE 11, 282. — Antragsberechtigt sind lediglich der Bundestag, die Bundesregierung und die Landesregierungen (§ 36 BVerfGG).

[4] Sich der Sanktion des Art. 18 GG zu bedienen, besteht vornehmlich wegen der parallellaufenden und bequemer zu handhabenden Normen des politischen Strafrechts kein Anlaß. Auf das Bedenkliche dieser faktischen „Ausschaltung der grundgesetzlichen Verwirkungsregelung und Aushöhlung der rechtsstaatlichen Schutzfunktion des durch Art. 18 S. 2 GG begründeten Kompetenzprivilegs des BVerfG" hat Hans *Copic*, Berufsverbot und Pressefreiheit, JZ 1963, S. 494 ff., hingewiesen. Ihm hat sich *Dürig* in *Maunz-Dürig*, Anm. II 9 b zu Art. 18 (Randnr. 88 ff.), angeschlossen. Vgl. ferner *Reissmüller*, JZ 1960, S. 529 ff., Ernst *Friesenhahn*, Die Verfassungsgerichtsbarkeit in der Bundesrepublik Deutschland (1963), S. 95 ff., sowie Helmut *Ridder*, DÖV 1963, S. 323.

[5] Vgl. dazu Walter *Leisner*, Grundrechte und Privatrecht, S. 87 ff., sowie oben S. 63 f.

[6] Werner *Weber*, Spannungen und Kräfte im westdeutschen Verfassungssystem, Stuttgart 1958, S. 29, bezeichnet den Verwirkungstatbestand des Art. 18 GG m. E. zu Unrecht als „Abwandlung" der generellen Suspension

IV. Art. 19 Abs. 2 GG und die Verwirkung von Grundrechten

stellung, der dem Zivilrecht entstammende Begriff der Verwirkung sei noch nicht einmal für den Bereich des Verwaltungsrechts, das dieses Institut schon relativ früh rezipiert hat, als ‚wissenschaftlich gelöst' zu betrachten[8], wirft vollends Licht auf die Situation, der sich heute der mit Art. 18 GG konfrontierte Verfassungsrechtler gegenübersieht.

2. Die Rechtsfolgen der Verwirkung

Unklarheit herrscht vor allem über die grundsätzliche Frage, welche Rechtsfolgen die Verwirkung im Hinblick auf die Grundrechte des Betroffenen auslöst. Entkleidet die Verwirkung diese Rechte nur der positiven verfassungsrechtlichen Garantie — was (prozessual gesehen) die *Berufung* des Betroffenen auf das verwirkte Grundrecht ausschließt und (materiellrechtlich gesehen) den Entzug der *Ausübungsbefugnis*

---

von Grundrechten, wie sie Art. 48 Abs. 2 Satz 2 WRV zuließ. Gegen diese Auffassung ausdrücklich schon *v. Mangoldt*, Das Bonner Grundgesetz, Anm. 2 zu Art. 18: „Mit dieser Vorschrift wird die Grundlage für eine Rechtsentwicklung gelegt, welche unter der Weimarer Verfassung noch nicht möglich war, weil es dort an einer ähnlichen Bestimmung fehlte." Ähnlich *Ridder*, DÖV 1963, S. 323.

[7] Als Vorläufer der grundgesetzlichen Regelung können lediglich die zwar nicht inhaltsgleichen, aber doch analogen Bestimmungen der Nachkriegsverfassungen dreier deutscher Länder gelten:

Art. 17 der Verfassung des Landes *Hessen* vom 11. Dez. 1946 bestimmt: „Auf das Recht der freien Meinungsäußerung, der Versammlungs- und Vereinsfreiheit sowie auf das Recht der Verbreitung wissenschaftlicher oder künstlerischer Werke kann sich nicht berufen, wer den verfassungsmäßigen Zustand angreift oder gefährdet. Ob diese Voraussetzung vorliegt, entscheidet im Beschwerdewege der Staatsgerichtshof."

Art. 133 Abs. 1 der Verfassung für *Rheinland-Pfalz* vom 18. Mai 1947 schreibt vor: „Wer darauf ausgeht, die sittlichen oder politischen Grundlagen des Gemeinschaftslebens, besonders die verfassungsmäßigen Freiheiten und Rechte durch Gewaltanwendung oder Mißbrauch formaler Rechtsbefugnisse zu untergraben oder aufzuheben, wird strafrechtlich verfolgt und kann sich auf die Grundrechte nicht berufen."

Art. 124 der Verfassung des Landes *Baden* vom 22. Mai 1947 lautet: „Wer es unternimmt, die durch die Verfassung den Staatsbürgern gewährleisteten Grundrechte und Freiheiten zum Kampfe gegen diese Grundrechte und Freiheiten zu mißbrauchen, stellt sich selbst außerhalb der Verfassung und verwirkt damit das Recht, sich gegenüber Notwehrhandlungen des Staates auf verfassungsmäßige Grundrechte und Freiheiten zu berufen. Ob diese Voraussetzung vorliegt, entscheidet auf Klage der Staatsgerichtshof."

Vgl. auch Art. 24 der *nach* Erlaß des GG verabschiedeten Verfassung von *Berlin* vom 1. Sept. 1950: „Auf die Artikel 8 und 18 darf sich nicht berufen, wer mißbräuchlich die Grundrechte angreift oder gefährdet, insbesondere wer nationalsozialistische oder andere totalitäre oder kriegerische Ziele verfolgt."

[8] So in ganz ähnlichen Formulierungen Günter *Dürig*, JZ 1952, S. 513, und *Wernicke* in Bonner Kommentar, Erl. II 1 g α zu Art. 18. — Vgl. auch Ernst *Forsthoff*, Verwaltungsrecht, S. 165 f.

bedeutet[9] — oder aber greift sie unmittelbar und substantiell in das verwirkte Grundrecht selbst und damit in die Rechtsposition des Betroffenen ein? Mit anderen Worten: Führt die Verwirkung lediglich zum *Rechtsschutzverlust* oder bewirkt sie darüber hinaus einen echten *Rechtsverlust?*

Das Schrifttum hat sich nach anfänglichem Zögern[10] fast einmütig zur ersten Alternative bekannt[11]. Gleichwohl kann dieser herrschenden Meinung nicht zugestimmt werden. Sie stützt ihre These, die Verwirkung im Sinne von Art. 18 GG lasse die Substanz der Grundrechte des Betroffenen unangetastet, auf eine Reihe von Argumenten, die einer kritischen Prüfung nicht standhalten. Infolgedessen erscheint auch der weitergehende Schluß, Art. 18 GG könne schon begrifflich mit Art. 19 Abs. 2 GG nicht kollidieren, als anfechtbar.

---

[9] In der Literatur wird die Zusammengehörigkeit dieser beiden Aspekte häufig nicht erkannt. Die dadurch verursachte terminologische Verwirrung führt auch sachlich in die Irre. Wenn es etwa bei Hans *Lechner*, Bundesverfassungsgerichtsgesetz, München — Berlin 1954, in Anm. 1 zu § 13 heißt, die richtige Alternative zum Substanzentzug sei „nicht die Wegnahme der verfassungsrechtlichen Garantie, sondern der Entzug des Ausübungsrechts", so ist das zumindest mißverständlich. Denn die richtige Alternative zum Substanzentzug dürfte der Entzug des Ausübungsrechts *durch* Wegnahme der verfassungsrechtlichen Garantie sein.

[10] Kennzeichnend dafür ist die von Willibalt *Apelt*, JZ 1951, S. 354 aufgeworfene, aber unbeantwortet gelassene Frage: „Das Eigentum kann durch Gesetz beschränkt und dem Wohle der Allgemeinheit dienstbar gemacht werden ...; aber kann einem Menschen das Recht auf Eigentum schlechthin entzogen werden, wie es Art. 18 vorsieht?"

[11] So statt anderer Willi *Geiger*, Gesetz über das Bundesverfassungsgericht, in Vorbem. 4 vor § 36 („Nicht das Recht in seiner Substanz, sondern die verfassungsrechtliche Garantie des Rechtes wird verwirkt") und in Anm. 3 zu § 39 („Das Grundgesetz hat die Grundrechte nicht geschaffen, sondern sie als ursprünglich vorhandene Rechte anerkannt und garantiert. Mit ihrer Verwirklichung entfällt nur diese positive verfassungsrechtliche Garantie"); Theodor *Maunz*, Deutsches Staatsrecht, 2. Aufl., München — Berlin 1952, S. 96 (bei Erscheinen der 1. Aufl. war das BVerfGG noch nicht verabschiedet), und ebenso in den folgenden Auflagen, vgl. 15. Aufl. (1966), S. 124; Herbert *Krüger*, DVBl. 1953, S. 100; *v. Mangoldt*, a.a.O., Anm. 2 zu Art. 18; Günter *Dürig*, JZ 1952, S. 517 („Die Stoßrichtung des Art. 18 geht also gegen den öffentlichen Rechtsschutzstatus des Antragsgegners"); Andreas *Hamann*, Grundgesetz, Anm. B 5 zu Art. 18; Wilhelm *Wertenbruch*, Grundgesetz und Menschenwürde, S. 76.
Hans *Lechner*, a.a.O., Anm. 1 zu § 13, bezeichnet es als strittig, „ob die Verwirkung das Grundrecht der Substanz nach aufhebt oder nur seine Durchsetzbarkeit, die ‚besondere verfassungsrechtliche Garantie' beseitigt oder einschränkt. — Unklar *Wernicke* in Bonner Kommentar, Erl. II 1 g α zu Art. 18: „Stellt man auf die Wirkung ab, so liegt die Hauptbedeutung dieser Rechtsfigur darin, daß jemand in gewissen Fällen ein ihm an sich zustehendes Recht .., . nicht (mehr) ausüben darf." Dagegen heißt es in Erl. II 2 d β: „Das verwirkte GR. hat der Rechtsträger eingebüßt. Er steht, juristisch gesehen, dann so da, als existiere für ihn das betreffende GR. überhaupt nicht."
Eindeutig gegen die herrschende Lehre *v. Mangoldt-Klein*, Anm. III 2 b zu Art. 18 (mit weiteren Literaturhinweisen).

IV. Art. 19 Abs. 2 GG und die Verwirkung von Grundrechten

a) Grundgesetz und Bundesverfassungsgerichtsgesetz sprechen übereinstimmend von der Verwirkung von Grund*rechten*[12], nicht aber von einer Verwirkung der Rechtsausübungsbefugnis, wie sie etwa die Wendung „verwirkt das Recht, sich zu berufen" implizieren würde. Dem Verfassungsgesetzgeber muß der Unterschied zwischen einem Recht und seiner Ausübbarkeit, wie Wertenbruch[13] zutreffend betont, geläufig gewesen sein. Es stand ihm frei, die von ihm sachlich gewollte Formulierung zu wählen, und er tat dies in Kenntnis der entsprechenden Bestimmungen einer Reihe deutscher Länderverfassungen[14]. Daß er ihrem Vorbild terminologisch und damit sachlich nicht gefolgt ist, kann nur die Auffassung bestärken, daß hier bewußt von einer vorgezeichneten Linie abgewichen worden ist. Um so mehr überrascht es, daß Dürig[15] schon an diesem Punkt mit seiner Kritik ansetzt: „Art. 123 der Verfassung für Baden[16] ... bringt bereits die Formulierung ‚verwirkt das Recht, sich zu berufen' und hat offenbar als Modell für Art. 20 I des Herrenchiemseer Entwurfs, der die gleiche Wendung gebrauchte, gedient. Der Grundsatzausschuß des Parlamentarischen Rates ersetzte aus unerfindlichen Gründen und ohne Kommentierung diese Worte durch die apodiktische Formulierung: ‚verwirkt diese Grundrechte'. Durch diese unglückliche Kürzung sollte keine sachliche Änderung getroffen werden."

Selbst wenn diese Vermutung Dürigs zuträfe, wäre eine entsprechende Willensentscheidung des Grundgesetzgebers schon deswegen unerheblich, weil sie in der endgültigen Fassung des Art. 18 GG keinen Ausdruck gefunden hat. Der Wille des Gesetzes muß sich mit dem des Gesetzgebers nicht unbedingt decken. Bereits auf der Münchener Tagung der Deutschen Staatsrechtslehrer im Oktober 1950 ist Erich Kaufmann[17], ohne Widerspruch zu finden, nachdrücklich der Ansicht entgegengetreten, die Materialien des Parlamentarischen Rates oder der ‚psychologische Wille' seiner Mitglieder könnten für die Interpreta-

---

[12] So Art. 18 Satz 1 GG; §§ 13 Ziff. 1, 39 Abs. 1 Satz 1, 39 Abs. 1 Satz 2 und 39 Abs. 2 BVerfGG.

[13] a.a.O., S. 76 — Die auf S. 75 angeführten §§ 226, 903, 1020 ff., 1059, 1092 und 1099 BGB bestätigen, daß die Gesetzessprache zwischen Recht und Rechtsausübungsbefugnis genau zu unterscheiden pflegt.

[14] Vgl. oben Anm. 7.

[15] JZ 1952, S. 517.

[16] Gemeint ist wohl Art. 124 Bad.Verf.

[17] Die Grenzen der Verfassungsgerichtsbarkeit, VVDStRL Heft 9, Berlin 1952, S. 12 f. — *Kaufmann* erhob hier seine berühmt gewordene Forderung, „daß erstens kein Mitglied des Parlamentarischen Rates in das Verfassungsgericht kommt und daß zweitens die Materialien des Parlamentarischen Rates, wenn nicht verbrannt, so doch in einem verschlossenen Schrank gehalten und nur zu rein historischer Arbeit herangezogen werden (Beifall)".

tion des Grundgesetzes entscheidend sein[18]. Entscheidend ist vielmehr der in der Verfassungsnorm ‚objektivierte Wille' des Verfassungsgebers. Die einzelne Norm muß deshalb als selbständige Größe innerhalb des Verfassungsganzen begriffen und unter Berücksichtigung des Sinnzusammenhangs, in den sie erkennbar gestellt ist, aus sich heraus interpretiert werden[19]. Die Berufung auf den *Grundgedanken,* von dem der Verfassungsgesetzgeber sich hat leiten lassen, ist nur dann legitim, wenn durch sie die verbale, logische und systematische Auslegung einer Norm ergänzt (nicht aber ersetzt) werden soll. Dabei kommt der aus ihrer Entstehungsgeschichte einwandfrei ermittelten ratio legis oder — negativ — der ratio dessen, was der Gesetzgeber nicht gemeint haben kann, vor allem die Bedeutung zu, in Zweifelsfällen zwischen mehreren gleichermaßen vertretbaren Auffassungen den Ausschlag zu geben[20].

Daraus folgt für das Verständnis des Art. 18 GG: Da sich das Grundgesetz für die Verwirkung von *Rechten* entschieden hat und auch das Bundesverfassungsgerichtsgesetz sich dieser Formulierung bedient, muß ihr klarer Wortsinn so lange als verbindlich gelten, wie nicht der Nachweis erbracht ist, daß entweder der Verwirkungsbegriff in der Nomenklatur der deutschen Rechtssprache grundsätzlich nur eine Rechtsausübungsminderung zum Inhalt hat oder aber — wenn dies nicht der Fall ist — besondere Umstände eine vom Wortlaut der Verfassungsnorm abweichende Interpretation des Art. 18 GG zwingend erfordern. Ein solcher Nachweis ist jedoch nicht zu führen.

(1) Daß die erste Alternative in der erforderlichen Eindeutigkeit gegeben und somit nachweisbar sei, wird selbst von den Anhängern der

---

[18] Deshalb können auch entgegen der Ansicht *Dürigs,* a.a.O., die wissenschaftlichen Äußerungen *v. Mangoldts,* der als Vorsitzender des Grundsatzausschusses in der 26. Sitzung vom 30. Nov. 1948 an der Neuformulierung der Verwirkungsklausel beteiligt war, nicht als ‚Beweis' für die Richtigkeit einer bestimmten Interpretation des Art. 18 GG gewertet werden. Auch hier gilt es mit Erich *Kaufmann,* a.a.O., S. 13 zu erkennen, daß das, „was alle Abgeordneten bei ihrer Abstimmung, auf die es letztlich ankommt, gedacht oder nicht gedacht haben", gar nicht festzustellen ist. Im gleichen Sinne hat Carl Hermann *Ule,* Über die Auslegung der Grundrechte, AöR, N. F., Band 21 (1932), S. 119, auf die „praktische Unlösbarkeit" des Problems einer nachträglichen Willensermittlung hingewiesen.
Eben diese Bedenken unterstreicht übrigens *Dürig* selbst, wenn er die Gründe, die zu der endgültigen Fassung des Art. 18 GG führten, als „unerfindlich" bezeichnet (s. o.).

[19] Mit den Worten Gustav *Radbruchs:* „Nur der Inhalt des Gesetzes selbst entscheidet" (Einführung in die Rechtswissenschaft, 9. Aufl., Stuttgart 1952, S. 243).

[20] In diesem Sinne BVerfGE 1, S. 312; ferner *Radbruch,* a.a.O., S. 242 ff., und Hans *Nawiasky,* Positives und überpositives Recht, JZ 1954, S. 719. — Bei einer solchen Mehrdeutigkeit der Norm ist auch Raum für eine teleologische Interpretation; vgl. *Ule,* a.a.O., S. 70 ff.

herrschenden Lehre nicht behauptet. Kennzeichnend dafür ist das Bedauern Dürigs über die Kürzung, die der Entwurf des Verwirkungsartikels im Grundsatzausschuß des Parlamentarischen Rates erfahren hat[21]. ‚Unglücklich' kann Dürig diese Kürzung jedenfalls dann nicht nennen, wenn er der Ansicht ist, daß der Rechtsbegriff der Verwirkung generell und unmißverständlich auf den Entzug der bloßen Rechtsausübungsbefugnis zielt[22].

Zugleich wird anerkannt, daß die zivilrechtliche Ausprägung des Instituts der Verwirkung für das öffentliche Recht nicht maßgebend sein kann[23]. Für den Bereich des Verwaltungsrechts, dessen Verwirkungsbegriff eine analoge Übertragung in das Verfassungsrecht am ehesten gestattet, hat Forsthoff[24] die Verwirkung, soweit sie auf Gesetz beruht[25], als den *„Verlust* eines *Rechts* oder einer Rechtsstellung als Folge eines gesetz- oder pflichtwidrigen Verhaltens" bezeichnet[26]. Gesetzgebung[27] und Rechtsprechung[28] bestätigen die Zuverlässigkeit dieser Definition[29].

---

[21] Vgl. das Zitat oben S. 99.

[22] Andernfalls wären *Dürigs* Ausführungen in sich widerspruchsvoll. Auf diese Konsequenz hat schon Rudolf *Echterhölter,* Zur Problematik des Art. 18 GG, JZ 1953, S. 658, hingewiesen: „Versteht man mit der herrschenden Meinung unter ‚verwirken' eines Grundrechts, daß man sich nicht mehr darauf berufen kann, so bedeutet die Tenorierung ‚... hat das Recht verwirkt, sich auf das Grundrecht ... zu berufen' eine Tautologie."

[23] Statt anderer *Dürig,* JZ 1952, S. 514 (mit ausführlicher Begründung); Herbert *Krüger,* DVBl. 1953, S. 99; Hellmuth von *Weber,* Zum SRP-Urteil des Bundesverfassungsgerichtes, JZ 1953, S. 293.

[24] a.a.O., S. 165 f.

[25] Neben dem Typus der gesetzlichen Verwirkung, dem auch Art. 18 GG zuzurechnen ist, steht als „unmittelbare Auswirkung eines allgemeinen Rechtsgedankens" *(Forsthoff)* die Verwirkung als Folge mißbräuchlicher Rechtsausübung. Dieser allgemeine Rechtsgedanke hat auch im verfassungsrechtlichen Bereich Gültigkeit; vgl. Ulrich *Scheuner,* Grundlagen und Art der Enteignungsentschädigung, in Reinhardt - Scheuner, Verfassungsschutz des Eigentums. Tübingen 1954, wo es (S. 117) heißt: „Abgesehen von dem ganz anders gelagerten Falle der strafweisen und präventiven Verwirkung des Art. 18 wird im Grundgesetz die mißbräuchliche Verwendung eines Grundrechts nicht gedeckt." Verwirkungsfolge ist hier regelmäßig der Rechtsschutzverlust; so etwa BVerfGE 12, 1 (5): Wer das Grundrecht der Glaubensfreiheit mißbraucht, „genießt nicht den Schutz des Artikels 4 Abs. 1 GG".

[26] Hervorhebung von mir.

[27] Vgl. etwa die Verwirkungstatbestände in § 53 GewO, § 12 GaststättenG, § 4 StrVG und § 31 Abs. 1 des G zur Regelung der Wiedergutmachung nationalsozialistischen Unrechts für Angehörige des öffentlichen Dienstes, vom 11. Mai 1951 (BGBl. I, S. 291) i. d. F. vom 23. Dez. 1955 (BGBl. I, S. 820). In allen diesen Fällen dürfte es sich kaum um die bloße Entziehung der Befugnis handeln, Rechte, die de iure fortbestehen, geltend zu machen und auszuüben.

[28] Vgl. die Urteile des BVerwG vom 23. Mai 1958 (in VerwRspr. 11, Nr. 30) und vom 24. Febr. 1960 (BVerwGE 10, S. 173).

[29] A. A. *Wertenbruch,* a.a.O., S. 76, der sich zur Erläuterung des Verwirkungsbegriffs auf die (ungedruckte) Berliner Dissertation von Johanna

Damit ergibt sich, daß von einem allgemeinen Sprachgebrauch, demzufolge der Terminus ‚Verwirkung' die substantielle Beeinträchtigung des verwirkten Rechts grundsätzlich ausschließt und nur einen Rechtsschutzverlust impliziert, zumindest für den hier entscheidenden Bereich des öffentlichen Rechts nicht die Rede sein kann. Weit eher dürfte das Gegenteil der Fall sein[30].

(2) Es liegen aber auch keine besonderen Umstände vor, die eine vom Wortlaut der Verfassungsnorm des Art. 18 GG abweichende Interpretation erfordern und rechtfertigen könnten.

Vor allem stellt die Berufung darauf, die Verwirkungsklausel müsse mit dem Postulat der Unverletzlichkeit jener Rechte in Einklang gebracht werden, von denen Art. 1 Abs. 2 GG spricht, keine zureichende Begründung für eine derartige, dogmatisch gewiß bequeme Umdeutung des Art. 18 GG dar. Die Lösung des hier — wie auch im Hinblick auf Art. 19 Abs. 2 GG — scheinbar vorliegenden Widerspruchs[31] muß auf anderem Wege erfolgen. So bestechend die Logik der namentlich von Dürig[32] vertretenen Auffassung auch anmuten mag — wenn die Verfassung sich auf der einen Seite feierlich zu „unverletzlichen und unveräußerlichen Menschenrechten" bekenne, dürfe sie diese Rechte nicht auf der anderen Seite als verwirkbar und somit ‚veräußerlich' behandeln —, so gründlich verkennt diese Auffassung den Sinn der Menschenrechtsgarantie des Art. 1 Abs. 2 GG. Nach Dürig darf die vom Bundesverfassungsgericht konstitutiv ausgesprochene Verwirkung in keinem Fall den ‚Menschenrechtsgehalt' eines Grundrechts antasten. Vielmehr sei bei allen Menschenrechten, denen zumindest die in Art. 18

Müller, Die Verwirkung im Verwaltungsrecht, 1949, beruft. Unter diesem Begriff werde „im allgemeinen, die Folge eines von der Rechtsordnung mißbilligten Verhaltens' verstanden, ‚durch das auf die Ungeeignetheit des Berechtigten zur *Ausübung* des Rechts zu schließen ist' ". Wertenbruch übersieht, daß diese Definition die von ihm vertretene Auffassung gar nicht zu stützen vermag: sie sagt nichts über die Rechtsfolge der Verwirkung aus, sondern bezeichnet umgekehrt die Verwirkung als Folge eines bestimmten Verhaltens des Betroffenen. Ob die Ungeeignetheit zur Ausübung eines Rechts im konkreten Fall den Verlust der Ausübungsbefugnis oder aber den des Rechts nach sich zieht, bleibt in dieser Definition offen.

[30] So schreibt etwa *Wernicke* in Bonner Kommentar, Erl. II 1 g α zu Art. 18, der Begriff ‚verwirken' bedeute „im allgemeinen Sprachgebrauch soviel wie einbüßen, *das Recht auf etwas verlieren*, sich um etwas bringen" (Hervorhebung von mir).

[31] Günter *Dürig*, Das Eigentum als Menschenrecht, ZgesStWiss. 109 (1953), S. 327, bezeichnet ihn als einen der beiden „Hauptwidersprüche, die, wenn ihre befriedigende Auflösung nicht gelänge, so grundlegender Art wären, daß sie die Entscheidungen für vorstaatliche Menschenrechte wieder absorbieren würden". — Als erster hat Willibalt *Apelt*, JZ 1951, S. 353 f., auf diese Problematik hingewiesen.

[32] JZ 1952, S. 517 f. und ZgesStWiss. 109, S. 327 ff.

Satz 1 GG genannten Grundrechte auf Eigentum und Freiheit der Meinungsäußerung zugezählt werden müßten[33], nur eine „im Ausmaß auf konkrete Rechtsausübungsminderung beschränkte, über das Recht als solches gar nicht entscheidende Tenorierung in Form der Teilverwirkung möglich"[34]. Trifft diese Ansicht zu, so ist in der Tat das Institut der Verwirkung mit Art. 1 Abs. 2 GG und — freilich nur partiell[35] — mit Art. 19 Abs. 2 GG auf der Grundlage der Rechtsstellungstheorie dogmatisch versöhnt.

b) Dürigs These von der Teilverwirkung scheitert jedoch — von den Bedenken gegenüber der ihr zugrunde liegenden Interpretation der verfassungsrechtlichen Grundrechtsgarantien ganz abgesehen — bereits an den tatsächlichen Folgen, die die Verwirkung bestimmter Grundrechte notwendigerweise zeitigt. Die These setzt voraus, daß nach der grundgesetzlichen Konzeption des Instituts der Verwirkung die vollständige und irreparable Zerstörung der verwirkungsfähigen Grundrechte mit Menschenrechtsgehalt begrifflich wie faktisch ausgeschlossen ist. Schon im Hinblick auf das in Art. 18 GG aufgeführte *Asylrecht*, dem zwar ein vorstaatlicher, schwerlich aber ein menschenrechtlicher Charakter abgesprochen werden kann[36], erweist sich die Annahme einer solchen

---

[33] „Der Weg, in den in Art. 18 aufgezählten Grundrechten eben *keine* Menschenrechte zu sehen, ist gerade für denjenigen nicht gangbar, der von der Vorstaatlichkeit wenigstens des Eigentums und der Freiheit der Meinungsäußerung überzeugt ist" (so *Dürig* in ZgesStWiss. 109, S. 327.

[34] a.a.O., S. 328.

[35] Denn dem von Verfassungs wegen ebenfalls unantastbaren Wesensgehalt jener verwirkbaren Grundrechte, die nicht zugleich Menschenrechte sind, erkennt *Dürig* keinen so weitgehenden Schutz zu.

[36] Das Asylrecht hat gerade in der geteilten Welt von heute die Bedeutung eines elementaren, Tag für Tag in Anspruch genommenen Menschenrechts gewonnen, das an Schutzwürdigkeit dem Eigentum kaum nachstehen dürfte. Allein im Jahre 1960 haben rund 3050 nicht-deutsche Flüchtlinge aus den Ostblockstaaten in der Bundesrepublik um politisches Asyl nachgesucht (vgl. FAZ vom 24. Jan. 1961, S. 1). Dazu Willibalt *Apelt*, JZ 1951, S. 354, der das Asylrecht gerade insoweit als Menschenrecht begreift, als es Ausländern zugute kommt. Als „echtes Menschenrecht" erscheint das Asylrecht bei Peter *Schneider*, Die Frage des Rechts auf die Heimat in den Rechtsordnungen der Bundesrepublik Deutschland, der Schweiz und der westeuropäischen Kontinentalstaaten, in: Kurt *Rabl* (Hrsg.), Das Recht auf die Heimat, Bd. 1, München 1958, S. 59. Als Menschenrecht hat das Asylrecht Eingang in Art. 14 der Universal Declaration of Human Rights der Vereinten Nationen vom 10. Dez. 1948 gefunden (zur völkerrechtlichen Geltungskraft vgl. den Artikel „Asylgewährung" in *Strupp—Schlochauer*, Wörterbuch des Völkerrechts, 2. Aufl., Berlin 1960). In geringfügig abgeschwächter, gewissermaßen ‚entpolitisierter' Form ist das Asylrecht sodann vertraglich anerkannt in Art. 31 des Genfer Abkommens über die Rechtsstellung der Flüchtlinge vom 28. Juli 1951, dem auch die BRD beigetreten ist (BGBl. 1953, II, S. 560). Daß weder die Europäische Menschenrechtskonvention vom 4. Nov. 1950 noch ihr Zusatzprotokoll vom 20. März 1952 das Asylrecht nennen, hat politische Gründe und bedeutet keine Leugnung seines menschenrechtlichen Charakters; dazu Claus *Weiss*, Die Europäische Konvention zum Schutze der Menschenrechte

Konzeption als irreal. Denn die verfassungsgerichtliche Feststellung, der — ausländische oder staatenlose[37] — Antragsteller habe sein Asylrecht verwirkt, kann für den Betroffenen schwerlich etwas anderes als die Ausweisung aus dem Territorium der Bundesrepublik bedeuten[38]. Damit aber erleidet seine auf Art. 16 Abs. 2 Satz 2 GG gestützte Rechtsposition einen Eingriff, der mit Gewißheit jeden nur denkbaren Wesens- und Menschenrechtsgehalt dieses seines individuellen Grundrechts antastet. Denn ein solcher Eingriff führt zur vollständigen und endgültigen *substantiellen* Vernichtung des mit dem Betreten des Bundesgebietes erworbenen[39] Rechts auf Gewährung politischen Asyls. Hier von einer bloßen Entziehung der Ausübungsbefugnis sprechen zu wollen, stünde nicht nur mit den tatsächlichen Gegebenheiten in Widerspruch, sondern wäre auch rechtlich unvertretbar: Da die Innehabung des Asylrechts den Aufenthalt des politisch Verfolgten im Geltungsbereich des Grundgesetzes begrifflich voraussetzt, fehlt jeder Konstruktion, derzufolge dem Betroffenen das verwirkte Asylrecht als ‚nudum ius' verbleibe, die Grundlage. Aus dem gleichen Grunde hat die Verwirkung des Asylrechts auch keinen bloßen Suspensiveffekt, wie sich das von einer befristet ausgesprochenen Verwirkung der übrigen in Art. 18 GG aufgezählten Grundrechte noch behaupten ließe. Dazu ermangelt es der notwendigen Rechtskontinuität. Selbst dann, wenn der auf Grund

---

und Grundfreiheiten, Frankfurt a. M. — Berlin 1954, S. 17. Zum ganzen vgl. Otto *Kirchheimer*, Gegenwartsprobleme der Asylgewährung, Köln — Opladen 1959, insbes. S. 12 ff., 49 f. Schließlich hat *Dürig* selbst (Freizügigkeit, S. 523) die Qualität des in Art. 16 Abs. 2 Satz 2 GG garantierten Asylrechts *als Menschenrecht* bejaht.

[37] Zum Kreis der potentiellen Antragsgegner können an sich auch Deutsche gehören, soweit sie asylberechtigt sind. Für Sowjetzonenflüchtlinge ist das mit Heinrich *Grützner*, Auslieferungsverbot und Asylrecht, S. 595, und *v. Mangoldt-Klein*, Anm. V 1 f. zu Art. 16, zu bejahen (a. A. *Kirchheimer*, a.a.O., S. 63). Andernfalls bestünde die Gefahr, daß ein Flüchtling, der nicht nur politisch verfolgt, sondern zugleich krimineller Straftaten beschuldigt ist, den DDR-Behörden übergeben werden muß. Denn ihm kommt das Auslieferungsverbot des Art. 16 Abs. 2 Satz 2 GG nicht zugute, da die DDR nicht „Ausland" im Sinne dieser Bestimmung ist. Von diesem Sonderfall abgesehen, müßte die gegen Deutsche ausgesprochene Verwirkung des Asylrechts ohne praktische Bedeutung bleiben, da Deutsche von den Behörden der BRD weder ausgeliefert noch ausgewiesen werden können. Deshalb beschränkt sich die Erörterung auf Ausländer und Staatenlose.

[38] Unter Umständen sogar die Auslieferung an den Staat, in dem der Betroffene politischer Verfolgung ausgesetzt ist. Dies ist der Fall, wenn jener Staat seine Auslieferung wegen strafbarer Handlungen, die auch nach deutschem Recht als strafbar zu betrachten sind, beantragt hat und dem Antrag nach der Verwirkung des Asylrechts auf Grund von Auslieferungsabkommen entsprochen werden muß. Vgl. dazu BVerfGE 9, 174 und 15, 249.

[39] Dies gilt unbeschadet der Meldepflicht und des Anerkennungsverfahrens gem. VO über die Verteilung von ausländischen Flüchtlingen (AsylVO) vom 6. Jan. 1953 (BGBl. I, S. 3); so auch *Grützner*, a.a.O., S. 595, und *v. Mangoldt-Klein*, a.a.O., Anm. V 2 c zu Art. 16.

IV. Art. 19 Abs. 2 GG und die Verwirkung von Grundrechten

einer Verwirkungsentscheidung Ausgewiesene später nochmals als asylsuchender politisch Verfolgter die Bundesrepublik betritt, kann sein früheres, im Wege der Verwirkung aberkanntes Asylrecht nicht wieder aufleben.

Somit ergibt sich: Die gemäß Art. 18 GG zulässige Verwirkung kann zur substanzentziehenden Vollverwirkung selbst jener Grundrechte führen, denen ein Menschenrechtsgehalt zukommt[40]. Infolgedessen erscheint die These, die Verwirkung der in Art. 18 GG genannten Rechte sei nur in Form einer zumindest den Menschenrechtsgehalt respektierenden Teilverwirkung möglich, als unbegründet. Sie wird schon in ihrem Ansatz der Realität des verfassungsrechtlichen Verwirkungsinstituts nicht gerecht.

Aber auch dann, wenn man unterstellt, daß kein Grundrecht mit Menschenrechtscharakter seiner Substanz nach verwirkt werden könne, besteht der aufgezeigte Widerspruch partiell, nämlich im Hinblick auf Art. 19 Abs. 2 GG fort. Dürig selbst erkennt an, daß der Kreis der verwirkbaren Grundrechte auch solche Rechte umfaßt, die nur mit einem Wesensgehalt, jedoch keinem Menschenrechtsgehalt ausgestattet sind[41]. Sein Lösungsversuch aber beschränkt sich erklärtermaßen auf die in Art. 1 Abs. 2 GG apostrophierten „unverletzlichen und unveräußerlichen Menschenrechte". Offen bleibt die Frage, wie sich die Verwirkung der übrigen von Art. 18 GG genannten Grundrechte dogmatisch rechtfertigen läßt, wenn man mit der Rechtsstellungstheorie Art. 19 Abs. 2 GG hier für anwendbar halten muß.

c) Die gleiche Frage stellt sich gegenüber der von Hamann[42] vertretenen Ansicht, daß es sich bei den in Art. 18 im einzelnen aufgeführten Grundrechten „durchweg" um solche handele, die staatlicherseits geschaffen oder ausgestaltet sind. Hamann geht damit über Dürig weit hinaus: er läßt die Möglichkeit eines Widerspruchs zwischen dem Verwirkungsinstitut und Art. 1 Abs. 2 GG gar nicht gelten. Die echten „überpositiven Grundrechte"[43] seien, das zeige der Katalog des Art. 18

---

[40] Übereinstimmend v. *Mangoldt-Klein*, a.a.O., Anm. III 3 b zu Art. 18, wo das Brief-, Post- und Fernmeldegeheimnis sowie das Asylrecht als voll verwirkbar bezeichnet werden. Diese Grundrechte wurden zuvor (in Anm. II 5 zu Art. 10 und Anm. II 6 zu Art. 16) als Menschenrechte qualifiziert. Alle übrigen in Art. 18 GG genannten Grundrechte sind nur ihrer positiven Seite nach (insoweit aber ebenfalls substantiell) verwirkbar; vgl. Anm. III 3 b zu Art. 18.

[41] Vgl. oben Anm. 33.

[42] Andreas *Hamann*, Grundgesetz, Anm. B 2 zu Art. 18. In der 1. Aufl. des Kommentars (1956) hatte es statt „durchweg" noch pointierter „lediglich" geheißen.

[43] Zu ihnen seien insbesondere die Achtung der Menschenwürde und der Gleichheitssatz zu rechnen.

GG, von vornherein jeder Verwirkung entzogen[44]. Freilich bleibt unbestreitbar, daß auch die nicht-vorstaatlichen Grundrechte durch eine unabdingbare verfassungsmäßige Substanzgarantie gedeckt sind: die Wesensgehaltssperre des Art. 19 Abs. 2 GG. Zumindest diese Garantie wird im Verwirkungsfall verletzt, sofern die Grundrechtsposition des einzelnen als in ihren Schutz- und Funktionsbereich einbezogen betrachtet wird. Die herrschende Lehre, derzufolge die Verwirkung lediglich die Rechtsausübungsbefugnis des Betroffenen in Mitleidenschaft zieht, weist auch hier keinen gangbaren Ausweg aus einem unverkennbaren dogmatischen Dilemma, sondern stellt eine die tatsächlichen Verwirkungsfolgen leugnende, ad usum proprium bestimmte *Fiktion* dar.

Auf die allgemeinen und wiederholt geäußerten Bedenken gegen den „unzulässigen Kunstgriff" einer derartigen Substituierung des Begriffs ‚Recht' durch den der Rechtsausübungsbefugnis wurde an anderer Stelle bereits hingewiesen[45]. Diese Bedenken haben unter dem Aspekt der Grundrechtsverwirkung um so größeres Gewicht, als es sich hier nicht wie bei der Rechtsfigur des besonderen Gewaltverhältnisses um *inzidente,* durch die Sachnatur des jeweiligen Gewaltverhältnisses bedingte Grundrechtsverkürzungen handelt, sondern um eine ausdrücklich und unmittelbar *gegen das einzelne Grundrecht gezielte* hoheitliche Zwangsmaßnahme[46]. Die durch sie verursachten Eingriffe in die individuelle Grundrechtsposition terminologisch zu umschreiben, ohne daß diese Umschreibung einen realiter bestehenden Sachverhalt deckt, widerspricht zudem den rechtsstaatlichen Prinzipien der Rechtssicherheit und Rechtsklarheit. Sie sind gefährdet, wenn es gestattet ist, die Aberkennung und substantielle Entziehung von Grundrechten mit Hilfe einer juristischen Fiktion als nicht-existent zu erklären. Die Verschleierung der wahren Rechtsnatur derartiger Eingriffe verletzt somit das legitime Interesse nicht nur des unmittelbar Betroffenen, sondern auch der Allgemeinheit. Diesem Interesse gebührt der Vorrang vor rechtsdogmatisch ‚glatten' Konstruktionen.

d) Zusammenfassend ist festzustellen: Die von Verfassungs wegen zulässige Verwirkung von Grundrechten greift in die Rechte selbst ein und beschränkt nicht nur die Befugnis, sie auszuüben. Art. 18 Satz 1 GG trägt diesem Sachverhalt durch die Formulierung Rechnung: Wer bestimmte Grundrechte „zum Kampfe gegen die freiheitliche demo-

---

[44] Vgl. dazu auch *Apelt,* JZ 1951, S. 354; ders., Verfassung und richterliches Prüfungsrecht, JZ 1954, S. 404.

[45] Vgl. oben S. 86 ff.

[46] So zutreffend Hellmuth von *Weber,* JZ 1953, S. 293 f., und vorher schon in DRiZ 1951, S. 155; ferner *Scheuner,* in Reinhard — Scheuner, a.a.O., S. 117. Anderer Ansicht *Dürig,* JZ 1952, S. 516 f.

kratische Grundordnung mißbraucht, verwirkt diese Grundrechte". Für eine vom Wortlaut der Verfassungsnorm abweichende Interpretation ist kein Raum.

3. Art. 18 GG als lex specialis gegenüber Art. 19 Abs. 2 GG?

Damit stellt sich erneut die Frage nach der Vereinbarkeit der Verwirkungsklausel mit dem als Rechtsstellungsgarantie verstandenen Art. 19 Abs. 2 GG. Diese Frage kann nun wie folgt präzisiert werden: Wie lassen sich die zum substantiellen Grundrechtsverlust führenden Verwirkungsfolgen ohne Zuhilfenahme der Fiktion von der Rechtsausübungsbeschränkung in Einklang bringen mit dem Verbot, ein Grundrecht in seinem Wesensgehalt anzutasten?

Die einzige auf der Grundlage der Rechtsstellungstheorie verbleibende Möglichkeit, diese Frage dogmatisch befriedigend zu beantworten, besteht darin, Art. 19 Abs. 2 GG im Hinblick auf den Verwirkungstatbestand für von vornherein und schlechthin unanwendbar zu erklären: Art. 18 GG wird als lex specialis begriffen, die die Wesensgehaltsschranke verdrängt[47]. Dieser Auffassung zufolge bedeutet die Verwirkung „nicht nur eine Zurückverlegung, sondern eine gänzliche Aufhebung des Schutzes, den das Grundrecht normalerweise gegen den Gesetzgeber gewährt"[48].

Abgesehen davon, daß auch hier der Wortlaut des Art. 19 Abs. 2 GG gewisse Schwierigkeiten bereitet, beruhen die Bedenken gegen eine solche These auf der Erwägung, daß das Institut der Verwirkung damit einer bedeutsamen verfassungsrechtlichen Kontrolle entzogen wird. Gewiß bietet die Tatsache, daß allein das Bundesverfassungsgericht über die Grundrechtsaberkennung zu entscheiden hat, zureichende Gewähr für die Rechtsförmigkeit des Verfahrens und die Sachgerechtheit des Urteils. Insbesondere besteht kein Anlaß zu der Befürchtung, eine Verwirkung könne ausgesprochen werden, bevor ihre tatbestandsmäßigen Voraussetzungen sorgfältig geprüft und einwandfrei nachgewiesen sind. Die Verwirkung individueller Grundrechte vermag jedoch — wie sogleich zu zeigen sein wird — anders als der Grundrechtseingriff im besonderen Gewaltverhältnis auch die objektive Grundrechtsnorm in ihrer generellen Geltung und damit das Grundrecht in seinem Wesensgehalt anzutasten. Dieser latenten Gefahr zu steuern, reicht die normative Kraft des Art. 18 GG nicht aus. Vielmehr bedarf es dazu der Schranke des Art. 19 Abs. 2 GG. Der These von der Spezialität der

---

[47] So v. *Mangoldt-Klein,* a.a.O., Anm. III 2 b zu Art. 18 (S. 526 unten), in offensichtlicher Abweichung von der Grundhaltung, die dieser Kommentar bei der Interpretation des Art. 19 Abs. 2 GG einnimmt.
[48] Herbert *Krüger,* DVBl. 1953, S. 100.

Verwirkungsregelung ist entgegenzuhalten, daß sie auf diese Schranke ohne Notwendigkeit zum Schaden der Grundrechtsordnung Verzicht leistet.

Hinzu kommt, daß Art. 18 GG gegenüber einer anderen Verfassungsnorm anerkanntermaßen[49] nicht als lex specialis betrachtet werden kann, obwohl diese Norm nach Sinn und Funktion der Wesensgehaltssperre verwandt ist: Art. 1 Abs. 2 GG bekennt sich feierlich zu unverletzlichen Menschenrechten und nimmt damit die technisch-neutraler gefaßte Garantie des Art. 19 Abs. 2 GG partiell vorweg. Es ist schwer einzusehen, weshalb zwei Normen mit verwandter Aussage in ihrem Verhältnis zu einer dritten Norm verschieden behandelt werden sollen.

Aus diesen Gründen kann der These von einer Derogation des Art. 19 Abs. 2 GG durch die als lex specialis verstandene Verwirkungsklausel nicht gefolgt werden. Sie schöpft einerseits die verfassungsrechtlichen Möglichkeiten der Wesensgehaltsschranke nicht aus und wird andererseits dem Gebot einer einheitlichen Systematik bei der Auslegung des Grundrechtsteiles der Verfassung nicht gerecht.

4. Ergebnis

Den scheinbaren Widerspruch zwischen der Verwirkungsklausel des Art. 18 GG und der Wesensgehaltsgarantie des Art. 19 Abs. 2 GG zu überbrücken, kann auf der Grundlage der Rechtsstellungstheorie nicht gelingen. Vielmehr muß Art. 19 Abs. 2 GG auch hier als den generellen Bestand der Grundrechte zu sichern bestimmte Verbotsnorm begriffen werden[50]. Damit gilt folgendes:

a) Die einzelne Verwirkung verstößt nicht gegen das Verbot des Art. 19 Abs. 2 GG, weil sie grundsätzlich nicht das Grundrecht als solches, sondern lediglich die individuelle Grundrechtsposition berührt. Letztere kann im Wege der Verwirkung ganz oder teilweise aberkannt werden. Art. 18 GG ist insoweit lex specialis gegenüber der verfassungsrechtlichen Gewähr der verwirkbaren Einzelgrundrechte[51].

---

[49] *v. Mangoldt-Klein*, a.a.O., Anm. III 2 b zu Art. 18: „Diese Begründung [Spezialität des Art. 18 gegenüber Art. 19 Abs. 2] reicht jedoch für das Verständnis des Art. 18 im Hinblick auf Art. 1 Abs. 2 nicht aus, weil insoweit nicht einfach ein Auslegungsproblem des Grundgesetzes, sondern die Positivierung der Menschenrechte im Sinne der Grundrechts-Qualität schlechthin in Frage steht."

[50] Entsprechendes gilt für das Verständnis des Art. 1 Abs. 2 GG. Das Postulat der Unverletzlichkeit der Menschenrechte bezieht sich ebenfalls ausschließlich auf den ungeschmälerten Bestand dieser Menschenrechte als solche und hindert nicht, daß im Einzelfall — man denke etwa an die Enteignung — rechtens in sie eingegriffen werden darf.

[51] Also gegenüber Art. 5 Abs. 1 und Abs. 3, Art. 8, Art. 9, Art. 10, Art. 14 Abs. 1 Satz 1 und Art. 16 Abs. 2 GG.

IV. Art. 19 Abs. 2 GG und die Verwirkung von Grundrechten

b) Zugleich aber — und das ist entscheidend — gewinnt die Wesensgehaltsschranke im Lichte dieser Interpretation ihre eigentliche grundrechtssichernde Funktion zurück, die die Rechtsstellungstheorie ihr streitig macht. Denn es bleibt der stärkste Einwand gegen die zugunsten jener Theorie vorgetragenen Auffassungen, Art. 18 GG stelle entweder eine zulässige Durchbrechung der Wesensgehaltsschranke dar oder aber werde von ihr gar nicht erfaßt, daß damit die Sperrfunktion des Art. 19 Abs. 2 GG für den Bereich der Verwirkung schlechthin aufgehoben wird. Es ist ausgeschlossen, mit einer derart relativierten oder für unanwendbar erklärten Schranke noch Angriffe abzuwehren, die über Art. 18 GG gegen die verwirkbaren Grundrechte *als solche* geführt werden und sie in ihrem Wesensgehalt antasten.

Ein derartiger Angriff auf den verfassungsmäßigen Bestand der Grundrechte liegt vor, wenn etwa die Bundesregierung sich in einer Krisensituation des Art. 18 GG zu bedienen versucht, um die Wortführer der oppositionellen Presse zum Schweigen zu bringen[52]. Werden entsprechende Anträge beispielsweise gegen eine Reihe von Herausgebern, Redakteuren oder politischen Mitarbeitern einflußreicher Tages- oder Wochenzeitungen gerichtet, so hat das Bundesverfassungsgericht zu prüfen, ob ein den Anträgen stattgebendes Urteil den Bestand der Pressefreiheit selbst in Frage stellen und damit gegen Art. 19 Abs. 2 GG verstoßen würde. Gelangt das Gericht zu der Überzeugung, daß es eine Verwirkung nicht aussprechen kann, ohne die Pressefreiheit in der Bundesrepublik ernstlich und wesentlich zu beeinträchtigen, so muß es die Anträge unter Berufung auf die Wesensgehaltssperre ganz oder teilweise verwerfen[53]. Dies gilt unabhängig davon, ob dem inkriminierten Personenkreis ein Mißbrauch der Pressefreiheit „zum Kampfe gegen die freiheitliche demokratische Grundordnung" nachgewiesen werden kann oder nicht. Die strikt und eindeutig formulierte Norm des Art. 19 Abs. 2 GG verbietet es, sich angesichts der Wahl zwischen dem fortgesetzten Mißbrauch eines Grundrechts und seiner generellen Beseitigung[54] für die zweite Alternative zu entscheiden. Sie wäre in der Tat ein untaugliches Mittel, um einem Anschlag auf die verfassungsmäßige

---

[52] Die Formulierung des Art. 18 Abs. 1 GG („Wer die Freiheit der Meinungsäußerung, insbesondere die Pressefreiheit ... mißbraucht") läßt erkennen, daß das Institut der Verwirkung nicht zuletzt im Hinblick auf eine verfassungsfeindliche Aktivität der Presse konzipiert worden ist. Auch *Geiger*, a.a.O., Anm. 3 zu § 39, erläutert die Verwirkung am Beispiel der Pressefreiheit („... dem Antragsgegner ist auf die Dauer von zwei Jahren untersagt, Redakteur oder freier Mitarbeiter einer Zeitung zu sein.").

[53] Insoweit ist in der Tat nur eine „über das Recht als solches gar nicht entscheidende Tenorierung in Form der Teilverwirkung möglich", — allerdings in einem anderen als dem von *Dürig* gemeinten Sinne.

[54] bzw. der seinen Wesensgehalt antastenden Beeinträchtigung.

Grundordnung zu begegnen und diese Ordnung wiederherzustellen. Der in der Verwirkungsklausel lebendige Gedanke der ‚wehrhaften Demokratie' würde ad absurdum geführt, wenn er die Handhabe dazu böte, die Fundamente dieser Demokratie[55] selbst zu beseitigen. Durch Art. 19 Abs. 2 GG versperrt das Grundgesetz den Weg aus einer akuten Staatskrise in die permanente oder doch zur Permanenz neigende Verfassungskrise. Es trifft damit eine Güterabwägung, deren grundsätzliche Bedeutung bisher nicht erkannt worden ist.

Die Wesensgehaltsschranke — und nur sie — bietet Schutz gegenüber der — angesichts der gegenwärtigen innerpolitischen Stabilität der Bundesrepublik gewiß wenig wahrscheinlichen, aber doch nicht undenkbaren — Bedrohung eines Grundrechts als solchen (Grundrechtsinstitut) durch das leicht zu schärfende Schwert der Verwirkung. In seinem Umkreis bedeutet Art. 19 Abs. 2 GG mehr als ein Warnungszeichen und mehr als eine bloße Bestätigung der Verfassungskraft der Grundrechtsnormen. Denn wenn man mit der herrschenden Lehre, die insoweit Zustimmung verdient, Art. 18 GG als *lex specialis* gegenüber den sechs Grundgesetzartikeln begreift, in denen die verwirkbaren Grundrechte garantiert sind, dann ist deren substantielle Unantastbarkeit in der Tat nicht länger gesichert. Dann nämlich hat der Verfassungsrichter, anders als bei der Beurteilung etwa von *gesetzlichen* Grundrechtsbeschränkungen, eine Verfassungsrang besitzende und eben deshalb von Eingriffen in ihren Bestand geschützte positive Grundrechtsnorm gar nicht mehr vor sich. Um bei unserem Beispiel zu bleiben: Wenn Art. 5 Abs. 1 GG derogiert ist, beherrscht die Eingriffsnorm des Art. 18 GG das Feld allein und unbegrenzt. Ohne Art. 19 Abs. 2 GG wäre das grundgesetzliche System der Grundrechtssicherungen somit lückenhaft. Daraus folgt zugleich, daß die Wesensgehaltssperre im Bereich des Art. 18 GG ganz unabhängig von ihrer praktischen Beanspruchung aus theoretisch-dogmatischen Gründen unentbehrlich ist.

---

[55] Daß ihnen gerade die Pressefreiheit zuzurechnen ist, bedarf seit dem Beschluß des Ersten Senats des Bundesverfassungsgerichts vom 6. Okt. 1959, BVerfGE 10, 118 (121), keines besonderen Nachweises. In dieser „für das Presserecht fundamentalen Entscheidung" (*Löffler*, NJW 1960, S. 29) wird das Grundrecht der Pressefreiheit als „institutionelle Sicherung der Presse ... im Interesse einer freien Demokratie" qualifiziert. Die Pressefreiheit ist „mehr nur als ein Unterfall der Meinungsfreiheit", die das BVerfG schon früher als für die freiheitliche Demokratie „schlechthin konstituierend" bezeichnet hat (BVerfGE 5, 85 [134, 199, 206 f.] und 7, 198 [208, 212]). Dem solchermaßen gekennzeichneten hohen Rang dieses Grundrechts entspricht das *Monopol* des BVerfG, es im Mißbrauchsfall abzuerkennen.

Dieser Beschluß des BVerfG macht evident, daß die zulässige Verwirkung der Pressefreiheit einen besonders neuralgischen Punkt unserer Verfassungsordnung berührt. Um so wichtiger ist hier die Erkenntnis der verfassungsrechtlichen Grenzen, die auch der Grundrechtsverwirkung gezogen sind.

V. Zusammenfassung

a) Es sind — faßt man die Vielzahl der gegen die Rechtsstellungstheorie vorgetragenen Einwände zusammen — vornehmlich drei Gründe, und zwar ein materiellrechtlicher, ein rechtsdogmatischer und ein rechtspolitischer, die eine Interpretation des Art. 19 Abs. 2 GG in dem hier vertretenen Sinne fordern:

(1) Der Schutz der individuellen Grundrechtsposition wird durch außerhalb des Art. 19 Abs. 2 GG bestehende Rechtsnormen, vor allem durch die einzelne Grundrechtsgewährleistung selbst, nicht nur unmittelbarer, sondern auch wirksamer ausgeübt, als es durch die Wesensgehaltssperre geschehen kann. In keinem Falle bedarf es der Berufung auf Art. 19 Abs. 2 GG, um rechtswidrige Angriffe auf diese individuelle Grundrechtsposition abzuwehren und sie in ihrem vollen verfassungsgemäßen Umfang zu erhalten.

(2) Ordnet man mit der Rechtsstellungstheorie den Begriff des Wesensgehalts nicht (oder nicht nur) dem Grundrecht als solchem, sondern jeder einzelnen grundrechtlich geschützten Rechtsposition zu, so wird der „Wesensgehalt" dieser Rechtsposition in einer großen Zahl von Fällen angetastet, ohne daß hier die Rechtsfolge eines Verstoßes gegen Art. 19 Abs. 2 GG zugelassen werden könnte (Beispiele: Strafvollzug, Wehrdienst, Verwirkung). Die insoweit unvermeidliche Zulassung einer dem klaren Wortlaut dieser Verfassungsnorm widerstreitenden Durchbrechung der Wesensgehaltssperre bleibt rechtsdogmatisch unbefriedigend, wie immer man diese Durchbrechung unter Berufung auf immanente Grundrechtsschranken oder auf von außen an die Grundrechtsverbürgungen herangetragene Konstruktionen begründen mag.

(3) Die Wesensgehaltsgarantie droht in ihrer für den Schutz der Grundrechtsordnung entscheidenden Funktion zu versagen, wenn ihre den generellen Bestand dieser Ordnung zu sichern bestimmte Kraft schon bei der Abwehr von Eingriffen, die das Grundrecht als solches gar nicht treffen können, eingesetzt und aufgezehrt wird. Die Notwendigkeit, in diesem Bereich Einzeldurchbrechungen der Wesensgehaltsschranke hinzunehmen oder sie gar als logisch gebotenes Begriffsmerkmal einer Rechtsfigur wie der Enteignung anzuerkennen, relativiert und mindert die Sperrwirkung des Art. 19 Abs. 2 GG. Damit aber wird zwangsläufig der Weg zur Aushöhlung und letztlich zur Preisgabe des prinzipiellen Verbots beschritten, ein Grundrecht in seinem Wesensgehalt anzutasten.

Demgegenüber bleibt positiv festzustellen: Als *Bestands- und Institutsgarantie* der Grundrechte sucht Art. 19 Abs. 2 GG das allen Grundrechten inhärente Element der Unverbrüchlichkeit in einer eigenständigen Rechtsnorm zu verankern und hier verfassungskräftig gegen *jeden* hoheitlichen Eingriff in die Substanz, den Wesensgehalt dieser Rechte zu sichern. Allein diese absolute Interpretation des Art. 19 Abs. 2 GG wird dem Wortlaut der Norm gerecht, und sie allein führt zu einem dogmatisch einwandfreien, sinnvollen und funktionell richtigen Ergebnis. Art. 19 Abs. 2 GG tritt auf den Plan, wann immer die öffentliche Gewalt sich aus vermeintlich zwingenden Gründen und zum Schutz angeblich übergeordneter Rechtsgüter anschickt, ein Grundrecht *generell* zu beseitigen oder wesentlich zu verkürzen. Daß keine Gemeinschaftsbelange denkbar sind, die es rechtfertigen könnten, ein Grundrecht als solches außer Kraft zu setzen, daß dem Bestand der Grundrechtsordnung vielmehr der Rang eines höchsten Gemeinschaftswertes zukommt, — das ist die Lehre des Art. 19 Abs. 2 GG.

b) Sucht man sich abschließend den Funktionszusammenhang zu vergegenwärtigen, in den Art. 19 Abs. 2 GG gestellt ist, so ergibt sich ein aus fünf Bauelementen gefügtes *grundgesetzliches System der Grundrechtssicherungen:*

(1) Die Basis bildet die *originäre Geltungskraft der* mit Verfassungsrang ausgestatteten *Grundrechtsnormen.* Sie binden — als objektives Verfassungsrecht — Gesetzgebung, Verwaltung und Rechtsprechung (Art. 1 Abs. 3 GG) und begründen — als subjektives Verfassungsrecht — die individuelle Grundrechtsposition der natürlichen und (nach Maßgabe des Art. 19 Abs. 3 GG) juristischen Personen.

(2) Die verfassungskräftige Normierung eines Grundrechts schließt seine Beseitigung durch Akte der Gesetzgebung, Verwaltung und Rechtsprechung aus. Sie schließt dagegen nicht aus, daß der ordentliche Gesetzgeber die im Allgemeininteresse (z. B. zwecks Erfüllung des staatlichen Strafanspruchs) gebotenen *Einschränkungen der unter Gesetzesvorbehalt stehenden (objektiven) Grundrechte* statuiert oder die Ermächtigung zu solchen Einschränkungen erteilt. Die Kontrolle dieser legislativen Grundrechtsbeschränkungen ist für eine erfolgreiche Grundrechtssicherung entscheidend. Entsprechend zahlreich sind die Vorkehrungen, um willkürliche Restriktionen zu verhindern und das betroffene Grundrecht in weitestmöglichem Umfang zu erhalten: Sowohl formale (z. B. Art. 19 Abs. 1 GG) als auch sachliche (z. B. Grundsatz der Verhältnismäßigkeit) Gebote engen das gesetzgeberische Ermessen ein.

(3) Der Einschränkung des objektiven Grundrechts durch den Gesetzgeber folgt unmittelbar oder mittelbar die *Einschränkung des subjektiven Grundrechts* (der Rechtsposition des einzelnen), auf die sie abzielt.

V. Zusammenfassung

Im Regelfall mittelbarer Auswirkung wird die abstrakt-generelle Beschränkung durch einen zwischengeschalteten administrativen Akt individualisiert und konkretisiert. Für die *Kontrolle* des grundrechtsbeschränkenden Verwaltungsaktes gilt ähnliches wie für den unter (2) gekennzeichneten Gesetzgebungsakt. Das Ermessen der entscheidenden Behörde ist in formeller wie in materieller Hinsicht vielfach gebunden (z. B. gilt auch hier das nunmehr auf den konkreten Eingriff und seine besonderen Umstände bezogene Gebot der Verhältnismäßigkeit des Mittels).

(4) Jeder Einzeleingriff der unter (3) bezeichneten Art unterliegt der *gerichtlichen Nachprüfung*. Neben den Ausbau des verwaltungsgerichtlichen Rechtsschutzes ist die in den Grundrechtsteil der Verfassung aufgenommene Rechtsweggarantie des Art. 19 Abs. 4 GG getreten. Noch darüber hinaus geht das Institut der *Verfassungsbeschwerde* (§§ 90—96 BVerfGG); mit ihr kann jedermann selbst nach Erschöpfung des Rechtsweges die Verletzung von Grundrechten durch die öffentliche Gewalt rügen.

Neben der richterlichen Kontrolle der gesetzesanwendenden Verwaltung steht — in Gestalt der vom Bundesverfassungsgericht ausgeübten *Normenkontrolle* (Art. 100 Abs. 1 GG) — die Justiziabilität des Gesetzes selbst. Diese Normenkontrolle kann auch im Wege der Verfassungsbeschwerde erreicht werden, falls die Verletzung von Grundrechten unmittelbar durch Gesetz gerügt wird (Art. 93 Abs. 2 BVerfGG).

Dieser lückenlose Rechtsschutz ermöglicht die allseitige und zum Teil mehrstufige, Gesetzgebung (2) und Verwaltung (3) erfassende Nachprüfung jedes grundrechtsbeschränkenden Aktes in formeller und materieller Hinsicht. Wird nach Erschöpfung des Rechtsweges Verfassungsbeschwerde eingelegt, sind selbst die (Nachprüfungs-)Akte der richterlichen Gewalt (4) außerhalb des Instanzenzuges richterlich nachprüfbar.

(5) Die *Wesensgehaltssperre* endlich stellt sich als zusätzlicher Schutz der (objektiven) Grundrechte in Form einer absoluten Bestandsgarantie dar. Einerseits unterstreicht sie, was sich von selbst versteht: daß die verfassungskräftige Normierung eines Grundrechts seine Beseitigung durch die öffentliche Gewalt ausschließt. Insofern ist es richtig, Art. 19 Abs. 2 GG als bloß deklaratorische Norm, als Ausrufezeichen und Warnsignal zu betrachten. In dieser Funktion schärft sie die Aufmerksamkeit für die unter (2) gekennzeichnete besondere Problematik grundrechtseinschränkender Gesetze.

Andererseits statuiert Art. 19 Abs. 2 GG mehr als ein grobkörniges und selbstverständliches Beseitigungsverbot. Diese Norm untersagt auch, ein Grundrecht unter formaler Aufrechterhaltung faktisch auszuhöhlen und inhaltlich zu entwerten. In dieser Funktion verbietet Art. 19 Abs. 2 GG jede generelle Grundrechtsbeschränkung, für die zwar ein Allgemeininteresse reklamiert werden kann und bei deren Zustandekommen auch die unter (2) bezeichneten formellen und materiellen Auflagen erfüllt worden sind, die aber ihrer Schwere wegen von dem eingeschränkten Grundrecht ‚so gut wie nichts' übrigläßt. Art. 19 Abs. 2 GG markiert zum Schutz der Grundrechtsinstitute eine äußerste Grenze, die „in keinem Falle" überschritten werden darf. Sogenannte ‚zwingende Notwendigkeiten' verlieren jenseits dieser Grenze ihre Kraft. Aus Art. 19 Abs. 2 GG folgt, daß es unter der Herrschaft des Grundgesetzes keine ‚ranghöheren Gemeinschaftsgüter' gibt als das öffentliche Interesse an der ungeschmälerten Aufrechterhaltung einer grundrechtlich geprägten Ordnung. —

Das hier skizzierte System der Grundrechtssicherungen spiegelt die gegenwärtige, vielfach verkannte verfassungsrechtliche Situation. Der künftige Wert des Art. 19 Abs. 2 GG wird davon abhängen, ob es gelingt, die irrige Vorstellung auszuräumen, die Wesensgehaltsgarantie beziehe sich nicht oder nicht nur auf die Geltungskraft des objektiven Grundrechts, sondern auch oder allein auf die individuelle Rechtsstellung etwa des Strafgefangenen X oder des Soldaten Y. Wäre dies richtig, so müßten die lebenslange Zuchthausstrafe und ungezählte minder schwere Eingriffe längst als verfassungswidrig abgeschafft worden sein. Weil dieser Schluß zwingend ist, bleibt den Anhängern der Rechtsstellungstheorie kein anderer Ausweg, als die Wesensgehaltsgarantie zu relativieren und ihre Impermeabilität zu leugnen. Der dadurch bereits eingetretene Substanzverlust dieser Verfassungsnorm ist beträchtlich. Ihn wieder wettzumachen, setzt voraus, ihr das Odium einer gutgemeinten, aber verunglückten Generalklausel zu nehmen und ihre ausschließliche Aufgabe darin zu sehen, den Bestand der objektiven Grundrechte gegen Eingriffe der öffentlichen Gewalt zu sichern.

Drittes Kapitel

Folgerungen

I. Die praktische Anwendung des Art. 19 Abs. 2 GG im Rechtsstreit

Die voraufgegangene Untersuchung hat ergeben, daß es Sinn und Funktion der Wesensgehaltssperre ist, das von der Verfassung gewährleistete Grundrecht *als solches,* als Rechts*institut,* gegen Eingriffe zu schützen, die nach Art und Schwere — sei es unmittelbar, sei es kraft ihrer allmählichen Erosionswirkung — geeignet sind, das Grundrecht aufzuheben oder in seinem Kern zu treffen. Aus der Natur dieser generellen Bestandsgarantie ergibt sich für die praktische Handhabung des Art. 19 Abs. 2 GG in Rechtsstreitigkeiten folgendes:

1. Hat das Gericht die vom Kläger bestrittene Rechtmäßigkeit eines konkreten Eingriffs in seine individuelle Grundrechtsposition zu beurteilen, so wird es zunächst prüfen, ob ein formelles, nicht nur für den Einzelfall geltendes *Gesetz* existiert, das Eingriffe der beanstandeten Art entweder selbst anordnet oder aber ihre Anordnung zuläßt. Diese Suche nach der unumgänglichen gesetzlichen Grundlage, nach einer Norm, die den umstrittenen Eingriff abstrakt-generell deckt, führt notwendig zu einem der folgenden Ergebnisse:

a) Eine solche Rechtsnorm läßt sich nicht ermitteln. In diesem Fall ist der Eingriff in das Grundrecht rechtswidrig; der Kläger dringt mit seiner Klage durch.

b) Eine solche Rechtsnorm läßt sich nicht mit Sicherheit ermitteln, d. h. es ist zweifelhaft, ob eine der in Frage kommenden gesetzlichen Bestimmungen zur Rechtfertigung von Eingriffen der gegebenen Art ausreicht. In diesem Fall wird das Gericht zugunsten der grundrechtlichen Position zu entscheiden haben. Sind auch die Grundrechtsgewährleistungen der Verfassung nicht unbedingt extensiv, so sind doch grundrechtsbeschränkende Normen restriktiv zu interpretieren. Auch hier dringt somit der Kläger mit seiner Klage durch.

c) Eine derartige Rechtsnorm läßt sich einwandfrei ermitteln. Das Gericht hat nunmehr ihre Rechtsgültigkeit in formeller und materieller Hinsicht zu prüfen. In diesem Stadium tritt Art. 19 Abs. 2 GG erstmals in das Blickfeld des Richters.

aa) Hält er die Rechtsnorm für unvereinbar mit dem Verbot, ein Grundrecht in seinem Wesensgehalt anzutasten, so hat er das Verfahren auszusetzen, um die Entscheidung des Bundesverfassungsgerichts einzuholen (Art. 100 Abs. 1 GG)[1].

bb) Haben sich keine Anhaltspunkte für die Verfassungswidrigkeit der Rechtsnorm ergeben, so tritt der Richter, sofern es sich um eine Grundrechtseinschränkung *durch* Gesetz handelt, unmittelbar in die zweite Phase der Untersuchung mit der Frage ein, ob die grundsätzlich bejahte Zulässigkeit und Rechtmäßigkeit des Eingriffs auch unter Berücksichtigung der besonderen, im Falle des Klägers gegebenen Umstände zu bejahen bleibt.

Ist die Grundrechtseinschränkung dagegen *auf Grund* eines Gesetzes erfolgt, so hat das Gericht zuvor die Rechtsbeständigkeit der etwa zwischengeschalteten Rechtsverordnung oder entsprechender Bestimmungen mit Rechtssatzcharakter zu prüfen. Im materiellen Teil dieser Prüfung ist — unter anderem[2] — wiederum Art. 19 Abs. 2 GG heranzuziehen. Zwar wird eine auf Grund eines gültigen Gesetzes erlassene Rechtsverordnung, die gegen Art. 19 Abs. 2 GG verstößt, regelmäßig schon wegen Überschreitens des nach Inhalt, Zweck und Ausmaß bestimmten Ermächtigungsrahmens (Art. 80 Abs. 1 Satz 2 GG) nichtig sein. Es ist jedoch denkbar, daß dies ausnahmsweise nicht der Fall ist, — dann nämlich, wenn die durch Rechtsverordnung zu regelnde Materie es bedingt, daß innerhalb der durch das ermächtigende Gesetz fixierten Ermessensbindung Raum bleibt für eine mit der Wesensgehaltsgarantie kollidierende Ausgestaltung des Grundrechts. Eine Verordnung über die Voraussetzungen der Asylgewährung beispielsweise, die dem Asylsuchenden statt der bloßen Glaubhaftmachung den *Nachweis* abfordert, aus politischen Gründen verfolgt zu sein, verletzt in Anbetracht der Tatsache, daß ein solcher Nachweis nur selten erbracht werden kann, den Wesensgehalt des Grundrechts aus Art. 16 Abs. 2 Satz 2 GG. Gleichwohl braucht die Verordnung weder gegen das ihr zugrundeliegende Gesetz und seine Ermessensrichtlinien zu verstoßen, noch braucht das ermächtigende Gesetz selbst wegen ungenügender Ermessensbindung fehlerhaft zu sein. Eine gesetzliche Ermächtigung

---

[1] Gleiches gilt selbstverständlich, wenn das Gericht die Rechtsnorm aufgrund eines Mangels für verfassungswidrig hält, der nicht auf einem Verstoß gegen Art. 19 Abs. 2 GG beruht, — wenn sie etwa den Gleichheitssatz verletzt oder den Erfordernissen des Art. 19 Abs. 1 GG nicht genügt.

[2] Die hier an erster Stelle zu untersuchende Frage, ob die Grenzen der erteilten Ermächtigung in sachlicher Hinsicht eingehalten sind, ob also dem Grundsatz der Gesetzmäßigkeit der Verwaltung Genüge geschehen ist, setzt natürlich voraus, daß das ermächtigende Gesetz selbst den Anforderungen des Art. 80 Abs. 1 GG entspricht.

zum Erlaß einer Rechtsverordnung, die deren Inhalt bereits bis ins Detail vorzeichnen würde, verlöre jeden Sinn.

Somit ergibt sich: Stellt sich als abstrakt-generelle Rechtsgrundlage des Eingriffs, dessen Rechtmäßigkeit der Kläger bestreitet, eine im Verordnungswege kraft gültiger gesetzlicher Ermächtigung ergangene Rechtsvorschrift heraus, die gesetz- oder verfassungswidrig ist, so ist damit die Rechtswidrigkeit des Eingriffs erwiesen[3]. Auch hier dringt also der Kläger mit seiner Klage durch.

Ist die Rechtsverordnung oder ein ihr gleichstehender Erlaß mit Rechtssatzcharakter hingegen in formeller wie materieller Hinsicht unangreifbar, so schließt das Gericht damit seine Rechtsnormbeurteilung ab und tritt in die zweite Phase der Untersuchung ein.

2. In diesem zweiten Stadium der richterlichen Arbeit ist die Rechtsbeständigkeit der den Kläger unmittelbar belastenden Einzel- oder Allgemeinverfügung, Anordnung, Weisung etc. zu untersuchen. Soweit es sich hierbei — was die Regel sein wird — um einen Verwaltungsakt im Sinne der Verwaltungsgerichtsordnung handelt, hat das Gericht — im Rahmen der Bindung an das „Ne ultra petita"-Prinzip[4] — die Prüfung der Gültigkeitsvoraussetzungen dieses Akts erneut auch auf jene verfassungsrechtlichen Kriterien zu erstrecken, die schon bei der Rechtsnormbeurteilung berücksichtigt worden sind. Dies gilt für den Gleichheitssatz, der auch die vollziehende Gewalt bindet, nicht minder als für den Grundsatz der Gesetzmäßigkeit der Verwaltung, der nicht nur dann verletzt wird, wenn der den Verwaltungsbehörden eingeräumte Ermessensspielraum ungenügend determiniert ist, sondern auch dann, wenn die Verwaltung die ihrem Ermessen gezogenen Grenzen überschreitet. Auch das Vorhandensein bestimmter verfassungsrechtlich normierten Gültigkeitsvoraussetzungen (etwa das Wohl der Allgemeinheit, Art. 14 Abs. 3 Satz 1 GG) ist im Hinblick auf den konkreten Eingriff erneut zu prüfen. Nicht zuletzt bleibt der umstrittene Eingriff nach Art und Schwere zu dem durch ihn angestrebten

---

[3] Handelt es sich um eine Rechtsverordnung des Bundes und hält das Gericht sie für gesetz-, aber nicht für verfassungswidrig, so kann das Gericht von sich aus diesen Mangel feststellen. Verneint es jedoch zugleich oder ausschließlich die Verfassungsmäßigkeit der VO, so ist zweifelhaft, ob nicht die Entscheidung des BVerfG gemäß Art. 100 Abs. 1 Satz 1 GG eingeholt werden muß. Dagegen spricht, daß Art. 100 Abs. 1 GG nur die Überprüfung der „gesetzgebenden Gewalt" — also nicht der Exekutive — beim BVerfG konzentrieren will; so BVerfGE 1, 184 (188 ff.) und 1, 283 (292). Dafür spricht, daß unter „Gesetz" im 1. Satz des Art. 100 Abs. 1 GG schwerlich nur ein formelles Gesetz verstanden werden kann, wenn der Begriff „Bundesgesetz" im 2. Satz auch Gesetze im materiellen Sinne umfassen soll; so BVerfG E 1, 189 f.

[4] Vgl. § 88 VGO vom 21. Jan. 1960.

Erfolg in Beziehung zu setzen: Das zumindest im Verwaltungsrecht unangefochten geltende Prinzip der Verhältnismäßigkeit des Mittels darf gerade dort, wo es um Grundrechtseinschränkungen geht, nicht außer acht gelassen werden.

Art. 19 Abs. 2 GG dagegen bleibt in dieser Phase der Untersuchung grundsätzlich unerörtert. Abgesehen von dem wohl auch nur theoretisch denkbaren Fall, daß durch eine Allgemeinverfügung etwa eine ganze Kategorie von Eigentumsrechten (Gruppenenteignung) aufgehoben wird, ist die Prüfung der Frage, ob das betroffene Grundrecht durch den individuell-konkreten Eingriff in seinem Wesensgehalt angetastet sein könnte, gegenstandslos. Wenn sich bei der Rechtsnormbeurteilung ergeben hat, daß die Schranke des Art. 19 Abs. 2 GG respektiert ist, so ist damit erwiesen, daß auch der auf Grund dieser Rechtsnorm verfügte Einzeleingriff nicht gegen Art. 19 Abs. 2 GG verstößt.

3. Die besonderen Gefahren der Rechtsstellungstheorie, die Art. 19 Abs. 2 GG schon bei individuellen, den Bestand des Grundrechts gar nicht treffenden Eingriffen als verletzt ansehen muß, treten bei der prozessualen Handhabung der Wesensgehaltsklausel deutlich hervor. Denn macht sie der Richter über die ihm gemäß Art. 100 Abs. 1 GG obliegende Normenkontrolle hinaus zum Maßstab der rechtlichen Beurteilung auch des auf der Norm beruhenden konkreten (etwa polizeilichen) Einzeleingriffs, so ist der Weg zur richtigen Urteilsfindung wenn nicht verfehlt, so doch erschwert. Der unmittelbare und in diesem Stadium unbegründete Rückgriff auf die als letzte ‚Auffangstellung' konzipierte Wesensgehaltssperre verführt zur Verkennung der natürlichen Abwehrkraft der einzelnen Grundrechtsnorm und droht den Blick für das Selbstverständliche zu trüben: daß das einzelne Grundrecht *nicht nur gegen Eingriffe geschützt ist, die es in seinem Kern antasten, sondern gegen jede noch so geringfügige Minderung, die unrechtmäßig ist*[5]. Der Richter, der im Sinne der Rechtsstellungstheorie die Zulässigkeit eines Eingriffs an Art. 19 Abs. 2 GG mißt, ehe er sie für den der Wesensgehaltsschranke vorgelagerten Bereich (zwischen den beiden Polen einer gänzlich ungeschmälerten und einer bis in ihren Kern zerstörten Grundrechtsposition) bejaht hat, trägt schon durch dieses Verfahren zu einer stillen Entwertung der Grundrechte bei. Denn von der Vorstellung, jedwede Grundrechtseinschränkung müsse vor allem oder gar ausschließlich an Art. 19 Abs. 2 GG gemessen werden, ist es nur ein kleiner Schritt zu der vollends irrigen Ansicht,

---

[5] Gegen den fatalen Irrtum, daß „jede auf Grund eines Grundrechtsvorbehalts zulässige staatliche Einwirkung so lange rechtmäßig ist, als nur der Grundrechtskern unberührt bleibt", hat sich auch Rupprecht *v. Krauss*, Der Grundsatz der Verhältnismäßigkeit, S. 49, mit Nachdruck gewandt.

I. Die praktische Anwendung des Art. 19 Abs. 2 GG

die Rechtmäßigkeit eines Eingriffs stehe bereits dann fest, wenn er den Wesensgehalt des Grundrechts unangetastet lasse. Diesem Trugschluß liegt vermutlich die verbreitete Auffassung zugrunde, nach der der *Gesetzgeber* befugt ist, den gekennzeichneten ‚Zwischenbereich' als für die Normsetzung irrelevant zu überspringen[6] und Grundrechte sogar dort, wo es nur um ihre inhaltliche ‚Ausgestaltung' geht, nach Belieben bis an die durch Art. 19 Abs. 2 GG errichtete Grenze einzuschränken[7]. Daß diese Auffassung nicht unbestritten ist, wurde bereits dargestellt[8]. Daß sie aber keinesfalls in dem Bereich der gesetzesvollziehenden hoheitlichen *Verwaltung* Geltung beanspruchen kann, folgt eindeutig aus dem verfassungsmäßig fixierten Macht- und Zuständigkeitsgefälle, das die Gesetzgebung von der Verwaltung trennt und beide als durchaus inkommensurable Größen erscheinen läßt.

4. Nach allem ergibt sich aus der hier vertretenen Interpretation der Wesensgehaltssperre, daß der Richter, der keinen Zweifel in die Rechtsgültigkeit der einen konkreten Grundrechtseingriff tragenden *Norm* setzt, Art. 19 Abs. 2 GG grundsätzlich ungeprüft und unerörtert zu lassen hat. Diese Zurückhaltung einer Verfassungsbestimmung gegenüber, deren praktische Anwendung zu einem immer noch unausgetragenen Meinungsstreit zwischen den höchsten Gerichten und zu einer beunruhigenden Vielzahl von einander widersprechenden Auslegungen geführt hat, wird dazu beitragen, die gegenwärtig bestehende Unsicherheit zu überwinden. Der Richter muß erkennen, daß Art. 19 Abs. 2 GG weder den einzigen, noch den praktisch bedeutsamsten Schutz der Grundrechte darstellt. Diese Erkenntnis wird ihn davor bewahren, sich durch die ihm nur in Ausnahmefällen aufgegebene Aktualisierung einer Schranke und Interpretation eines Begriffs überfordert zu fühlen, die sich — bezieht man sie auf das Individualgrundrecht — in der Tat einer sinnvollen Anwendung und einleuchtenden Definition widersetzen.

---

[6] So vor allem BVerwGE 2, 295 (301), Urteil vom 3. Nov. 1955: „Hält sich die gesetzliche Einschränkung eines Grundrechts im Rahmen seines Wesensgehalts, so liegt es ausschließlich im Ermessen des Gesetzgebers zu bestimmen, wie er diese Einschränkungen aus staats-, rechts-, wirtschafts- oder sozialpolitischen Erwägungen gestalten will. Eine Nachprüfung dieses Ermessens ist dem Richter verwehrt." (Dagegen BVerfGE 7, 377.).
[7] Vgl. *Werner*, Das Problem der Kodifikation des Baurechts, DVBl. 1952, S. 262.
[8] Vgl. oben Zweiter Teil, II, 3 (Der Grundsatz der Verhältnismäßigkeit).

II. Art. 19 Abs. 2 GG und die Verfassungsänderung

1. In Art. 79 Abs. 3 GG werden der Änderung des Grundgesetzes bestimmte Schranken gezogen. Die Vorschrift des Art. 19 Abs. 2 GG ist in dem kurzen Katalog unantastbarer Verfassungsprinzipien nicht aufgeführt. Rein formal gesehen ist damit die Wesensgehaltsgarantie vor einer durch verfassungsänderndes Gesetz erfolgenden Modifizierung, Einschränkung oder Beseitigung nicht gefeit. Dieser Umstand wiederum vermöchte, sofern man bei solch rein formaler Betrachtung stehenbleibt, eine Auffassung zu stützen, wie sie in der Diskussion um die verfassungsrechtliche Verankerung des Notstandsrechts oft angeklungen ist: Weil Art. 19 Abs. 2 GG an dem Schutz des Art. 79 Abs. 3 GG nicht teilhabe, könne die verfassungsändernde Mehrheit unter Beachtung der in Art. 79 Abs. 1 Satz 1 GG vorgeschriebenen Form das tun, was dem einfachen Gesetzgeber (wie schlechthin aller öffentlichen Gewalt) verwehrt ist: den Bestand der Grundrechte selbst anzugreifen, die Grundrechtsordnung stückweise abzutragen[1].

Dieser Weg ist jedoch nicht gangbar. Denn Art. 19 Abs. 2 GG verkörpert nicht weniger als die in Art. 79 Abs. 3 GG hervorgehobenen Verfassungsmaximen ein *unverzichtbares Grundprinzip* des Grundgesetzes. Dies hat das Bundesverfassungsgericht im Urteil des Ersten Senats vom 4. Mai 1955 expressis verbis anerkannt[2]. Es hat hier die Wesensgehaltsgarantie mit den in Art. 79 Abs. 3 GG bezeichneten Grundsätzen auf eine Stufe gestellt und damit den besonderen Rang des Art. 19 Abs. 2 GG innerhalb der ihm formell gleichgeordneten Verfassungsnormen bekräftigt. Ein gewichtiger Teil des Schrifttums hat sich dieser Ansicht des Bundesverfassungsgerichts angeschlossen oder sich schon früher zu ihr bekannt[3]. Auch der Bundesgerichtshof

---

[1] Vgl etwa Hans *Schmitt-Lermann*, Die verfassungsrechtliche Regelung des Staatsnotstandes, DÖV 1960, S. 321 ff. (326): „Um Zweifeln darüber vorzubeugen, ob die Verhängung einer Nachrichtensperre für ein bestimmtes räumliches Gebiet und für einen bestimmten Zeitraum, der Erlaß eines Versammlungsverbots, das Verbot von Vereinigungen bestimmter Art oder die Verhängung von Zuzugssperren über bestimmte räumliche Gebiete den Wesensgehalt der betreffenden Grundrechte antasten oder diese lediglich einschränken, erscheint es angezeigt, im Grundgesetz selbst die Zulässigkeit dieser Maßnahmen im Falle des Ausnahmezustands klar auszusprechen. Unter die einer Verfassungsänderung entzogenen Artikeln ... ist Art. 19 Abs. 2 GG nicht aufgeführt."

[2] BVerfGE 4, 157 ff. (zur Frage der Verfassungsmäßigkeit des am 24. März 1955 vom Bundestag beschlossenen Abkommens über das Statut der Saar vom 23. Okt. 1954). Hier heißt es: „Die verfassungsrechtlichen Grenzen, die auch in diesem Fall gezogen sind und deren Überschreitung die Ungültigkeit des Vertragsgesetzes zur Folge hätte, liegen dort, wo unverzichtbare Grundprinzipien des Grundgesetzes klar verletzt würden, also etwa die in Art. 79 Abs. 3 oder Art. 19 Abs. 2 GG" (S. 169 f.).

[3] Erstmals in diesem Sinne wohl Hans Ulrich *Scupin*, Die Rechtslage der Wirtschaft unter dem Bonner Grundgesetz (1950), S. 20. Sehr klar sodann

II. Art. 19 Abs. 2 GG und die Verfassungsänderung

spricht der Wesensgehaltsgarantie eine auch den Verfassungsgesetzgeber bindende Funktion zu[4]. Eine solche Funktion aber kann Art. 19 Abs. 2 GG nur erfüllen, wenn er seinem materiellen Inhalt nach als in die Sperre des Art. 79 Abs. 3 GG einbezogen begriffen wird.

Die Richtigkeit dieser Konsequenz läßt sich freilich nicht — oder jedenfalls nur unvollkommen — damit begründen, daß, wenn der Wesensgehalt eines Grundrechts „ein gegenüber gesetzlichen Einschränkungen gefeiter Wert ist, er es erst recht gegenüber Änderungen und Beseitigungen der Grundrechte ist"[5]. Dieses (technische) Argument a minore ad maius bleibt vordergründig, weil es von der Fiktion einer qualitativen Gleichheit von Verfassungsgesetzgebung und einfacher Gesetzgebung ausgeht. Nicht alles, was dem Gesetzgeber zu tun und anzuordnen versagt ist, ist schon deshalb auch der Entscheidung der verfassungsändernden Mehrheit entzogen.

Man wird vielmehr mit der Verfassung selbst und ihrem objektiven Sinngehalt argumentieren müssen. Dann läßt sich sagen: Die „geradezu kopernikanische Wendung"[6] in unserem Grundrechtsverständnis, die das Grundgesetz der Bundesrepublik Deutschland verglichen mit der Weimarer Verfassung kennzeichnet, liegt nicht so sehr darin, daß die gesetzliche Einschränkbarkeit der Grundrechte weiterhin erschwert und limitiert worden ist. Die damit erreichte zusätzliche Sicherung des

---

Horst *Ehmke*, Grenzen der Verfassungsänderung (1953), S. 105: „Die als Grenzen der Verfassungsänderung bezeichneten Bestimmungen dürfen im einzelnen im Wortlaut geändert werden. Der Wesensgehalt der Grundrechte — auch soweit sie gesetzlichen Einschränkungen unterliegen — darf aber nicht angetastet werden. Art. 19 Abs. 2 GG, der diesen Grundsatz ausdrückt, ist ebenfalls als Grenze der Verfassungsänderung anzusehen." Ebenso Andreas *Hamann*, Rechtsstaat und Wirtschaftslenkung (1953), S. 78: Art. 19 Abs. 2 GG gelte „überall dort, wo im Wege der verfassungsändernden Gesetzgebung ... Grundrechte eingeschränkt werden können"; ähnlich *Maunz*, Deutsches Staatsrecht, S. 53 (anders aber S. 121). Am eindeutigsten wird die Teilnahme der Wesensgehaltssperre an der Sperre des Art. 79 Abs. 3 GG bejaht von *Maunz-Dürig*, Grundgesetz, Anm. II 2 c cc) zu Art. 1 Abs. 2 (Randnr. 81) und Anm. IV 9 b zu Art. 79 (Randnr. 42).
Anderer Ansicht vor allem Wolfgang *Zeidler*, Die Unverbrüchlichkeit der Grundrechte, DVBl. 1950, S. 600 (unter Berufung auf *v. Mangoldt* und *Giese*), sowie *v. Mangoldt-Klein*, Anm. V 7 b zu Art. 19.
Weder zustimmend noch ablehnend äußert sich *Menzel* im Bonner Kommentar, Anm. II 9 c des Nachtrags zu Art. 79 Abs. 1, zu diesem Punkt der zitierten Entscheidung des BVerfG.
[4] Vgl. das Gutachten des BGH vom 6. Sept. 1953, JZ 1954, S. 152 ff. (153), sowie den Beschluß des Großen Senats für Zivilsachen vom 20. Mai 1954, JZ 1954, S. 489 ff. (501); auch hier wird die Wesensgehaltssperre jener des Art. 79 Abs. 3 GG zugeordnet.
[5] So *Maunz-Dürig*, a.a.O., Anm. II 2 c cc) zu Art. 1 Abs. 2 (Randnr. 81).
[6] Willi *Geiger*, Grundrechte und Rechtsprechung, S. 15. Ähnlich hat Arnold *Köttgen* 1949 von einer „geistesgeschichtlichen Wendung" gesprochen (zit. nach *v. Mangoldt*, DÖV 1949, S. 263).

Prinzips ihrer Unantastbarkeit stellt kaum eine spektakuläre Wende, sondern durchaus die Fortsetzung jener — gewiß nicht immer kontinuierlich verlaufenen — rechtsstaatlichen Entwicklung dar, die sich bis zum preußischen Allgemeinen Landrecht[7] und darüber hinaus zurückverfolgen läßt. Das wirklich Neuartige an der gegenwärtigen Verfassungslage ist der klar bekundete Wille des Grundgesetzgebers, mit der Erkenntnis ernst zu machen, daß die Grundrechte, soweit sie zum Kreis der „unveräußerlichen Menschenrechte" (Art. 1 Abs. 2 GG) zählen[8], dem Staat vorgegeben und *deshalb* auch der verfassungsändernden Mehrheit entzogen sind. Die freiheitliche demokratische Grundordnung, auf die sich das Grundgesetz bezeichnenderweise nur in seinen Abwehrnormen beruft[9], setzt die Geltung dieser Rechte voraus und ist ohne sie nicht denkbar: Grundrechte und Gesamtverfassung bilden eine unauflösliche Einheit. Ihr Selbstverständnis erübrigt es, die einzelnen menschenrechtlich geprägten Grundrechtsinstitute oder die Wesensgehaltsgarantie selbst ausdrücklich gegen Verfassungsänderungen zu schützen. Hätte man gleichwohl eine Reihe von ‚klassischen' Grundrechten wie etwa das Eigentum in den Katalog des Art. 79 Abs. 3 GG aufgenommen, so würde dem lediglich deklaratorische Bedeutung beizumessen sein[10]. Umgekehrt würde das Fehlen

---

[7] Dazu Wilhelm *Dilthey*, Das Allgemeine Landrecht, Zweites Kapitel: Das Preußische Naturrecht, Band XII der Gesammelten Schriften, Stuttgart — Göttingen 1960, S. 162: „Der große Fortschritt des Landrechts liegt nun aber in der sittlichen Selbstbeschränkung des Monarchen durch die von ihm gegebenen Gesetze und die von ihm eingesetzten Gerichte. Aus diesem Geist verkündete der Entwurf zum Landrecht: Durch Machtsprüche soll niemand an seinem Recht gekränkt werden. Und indem dieser Satz das *Prinzip der Unantastbarkeit der Individualrechte* anerkannte, wie sie im Anspruch auf den Schutz der Gesetze, Freiheit des Lebens und Eigentums und vor allem auf Gewissensfreiheit bestehen, wurde die Entwicklung zum Rechtsstaat mächtig gefördert." (Hervorhebung von mir.)

[8] Es ist hier nicht zu prüfen, welchen Grundrechten Menschenrechtscharakter zukommt und welchen nicht. Eine klare Trennung ist ohnehin kaum mehr möglich, da die Rechtsanschauungen darüber seit langem im Fluß sind und manches Grundrecht, das der Weimarer Staat noch ‚gewährt' hatte, heute als vorstaatlich angesehen wird. Ähnliches gilt für die jüngste Zeit. Hans *Peters* weist z. B. darauf hin, daß die Freiheit der Berufswahl, die der Grundgesetzgeber als „ausdrücklich von der positiven Rechtsordnung gewährleistetes" Recht betrachtete, menschenrechtlich geprägt ist. (Die Positivierung der Menschenrechte, S. 367 mit Anm. 22.) Wenn im folgenden lediglich von Grundrechten gesprochen wird, so rechtfertigt sich dies aus der Erkenntnis, daß jeder Versuch einer säuberlichen Scheidung heute künstlich und willkürlich erscheinen muß.

[9] Art. 18 Satz 1, Art. 21 Abs. 2 Satz 1 und Art. 91 Abs. 1 GG. Der farblose, politisch neutrale Begriff der „verfassungsmäßigen Ordnung" erscheint demgegenüber in Art. 2 Abs. 1, Art. 9 Abs. 2, Art. 20 Abs. 3 sowie Art. 28 Abs. 1 und 3 GG.

[10] Das gilt auch für das Änderungsverbot der in Art. 1 und 20 GG niedergelegten „Grundsätze" — was immer darunter zu verstehen ist —, soweit sie ihrem Inhalt nach nicht der Dispositionsbefugnis des Verfassungsgebers unterliegen.

eines Grundrechts in diesem Katalog noch nicht bedeuten, daß es dem Zugriff der verfassungsändernden Mehrheit unterliegt. Denn mit konstitutiver Wirkung kann der Verfassunggeber Grenzen der Verfassungsänderung nur dort ziehen oder zu ziehen unterlassen, wo es sich um Entscheidungen handelt, die auch anders zu treffen er frei war. Das gilt etwa für die Gliederung des Bundes in Länder, nicht aber für die dem Staat vorgegebenen Grundrechte. Sie, die in der Verfassungsurkunde nur ‚aufbewahrt' werden, sind *eo ipso* gegen Verfassungsänderungen gefeit. Versuche, rechtspositivistisch nachzuweisen, daß der Grundrechtskatalog oder daß Art. 19 Abs. 2 GG durch Art. 79 Abs. 3 GG indirekt miterfaßt und mitgeschützt seien[11], sind müßig. Eine solche Bemühung verkennt die Grundrechtskonzeption des Grundgesetzes, die ihren sichtbaren Ausdruck nicht in einer einzelnen Norm oder in einem exakt zerlegbaren Normengefüge gefunden hat, sondern in dem ‚Bekenntnis' des Art. 1 Abs. 2 GG. Es ist evident, daß ein von der ganzen Kraft positiven Verfassungsrechts getragenes Bekenntnis zu überpositiven, nämlich „unverletzlichen und unveräußerlichen Grundrechten als Grundlage jeder menschlichen Gemeinschaft" ohne Verfassungsbruch weder widerrufen noch eingeschränkt werden kann. Dabei ist es wiederum gleichgültig, ob dieses Bekenntnis zu den in Art. 79 Abs. 3 GG besonders geschützten „Grundsätzen" des Art. 1 GG gehört oder nicht.

Die Grundrechtskonzeption des Grundgesetzes führt, indem sie — außerstande, an eine intakte eigene Tradition anzuknüpfen — das Ideengut von 1776 und 1789 aufgreift, an die „Schwelle des demokratischen Zeitalters" zurück[12]. Die damals verkündeten Menschen- und Bürgerrechte wurden mit dem Anspruch geschichtsmächtig, ein für alle Zukunft geltendes Recht zu sein, *leges in perpetuum valiturae*, deren „Abänderung durch die Gesetze künftiger Generationen gar nicht in Frage kommt"[13] und deren auch nur vorübergehende Beseitigung aus Gründen der Staatsräson unerträglich schien. Im Laufe der Zeit wurden diesen hochfliegenden Vorstellungen zwar kräftig die Flügel gestutzt, aber die Idee einer kompromißlosen Grundrechtsauffassung blieb ungebrochen und steter Erneuerung fähig. Zu ihr hat sich, um

---

[11] So will die bekannte These von der ‚Kettenreaktion der Bindungen' über Art. 1 Abs. 3 GG sämtliche Grundrechte in die Sperre des Art. 79 Abs. 3 GG einbeziehen; vgl. *Wernicke* in Bonner Kommentar, Erl. 5 b zu Art. 1.

[12] Richard *Thoma*, Wesen und Erscheinungsformen, S. 28 f. Als diese Studie verfaßt wurde (1947) lag das Grundgesetz noch nicht vor. Um so aufschlußreicher ist *Thomas* Bemerkung, die Grundrechtsauffassung des ausgehenden 18. Jahrhunderts sei „gegenwärtig von hoher Aktualität". Durch BVerfGE 1, 97 (104) findet sich diese Beobachtung bestätigt. — Im gleichen Sinne Walter *Hamel*, Die Bedeutung der Grundrechte, S. 7 ff. und 13; a. A. *Ehmke*, VVDStRL, Heft 20, S. 82.

[13] *Thoma*, a.a.O., S. 29.

eine deutliche historische Zäsur bemüht, der Grundgesetzgeber bekannt. Zeugnis seiner Kompromißlosigkeit ist das keine Einschränkung duldende Verbot des Art. 19 Abs. 2 GG. Die Unbedingtheit seiner Formulierung unterstreicht, daß diese Verfassungsbestimmung ihrem ganzen Inhalt nach verfassungsändernden Korrekturen entzogen ist.

Es wäre im übrigen ein verfassungstheoretisch unverständlicher Rückschritt, wenn die heutige Staatsrechtslehre die Existenz des Art. 79 Abs. 3 GG zum Anlaß nehmen wollte, um ungeschriebene Grenzen der Verfassungsänderung für das Grundgesetz zu verneinen. Die Bedeutung derartiger Grenzen ist schon während der Weimarer Republik —allerdings erst in ihren Spätjahren — erkannt und diskutiert worden[14]. Ausgangspunkt war die Kritik an der herrschenden, rein mechanistischen Auffassung des Art. 76 WRV, in der die politische Schwäche des Weimarer Staates sich beunruhigend manifestierte. In seiner Abhandlung „Legalität und Legitimität" hat Carl Schmitt, unbestreitbar der Wortführer dieser Kritik, unter Berufung auf Maurice Hauriou[15] namentlich die allgemeinen Freiheitsrechte als Fundamentalprinzipien des bürgerlichen Rechtsstaats qualifiziert, die als solche jeglicher Verfassungsänderung entzogen seien[16]. Hier ist vorweggenommen, was uns heute als gesicherte Erkenntnis gilt[17].

Es mag sein, daß die auf der Annahme materieller Grenzen der Verfassungsänderung beruhende „neue Lehre", deren staatstheoretische Attraktion bedeutend gewesen sein muß[18], der Weimarer Verfassungs-

---

[14] Vgl. dazu Karl *Loewenstein*, Verfassungsänderung, S. 47 ff.

[15] Précis de Droit constitutionnel, Paris 1923, S. 297. — Mit dem Grundrechtsverständnis *Haurious* setzt sich ausführlich *Häberle*, Wesensgehaltgarantie, S. 73 ff. und passim, auseinander.

[16] Carl *Schmitt*, Legalität und Legitimität (1932), S. 60 f.: „Die allgemeinen Freiheitsrechte umschreiben die soziale Struktur einer individualistischen Ordnung, deren Aufrechterhaltung und Wahrung die organisatorische Regelung des ‚Staates' dienen soll. Dadurch sind sie wirkliche Fundamentalprinzipien, und wie man von den Prinzipien von 1789 gesagt hat, ‚die Grundlage der ganzen öffentlichen Ordnung' (la base du droit public). Sie enthalten eine überlegale Würde, ... eine ‚superlégalité constitutionnelle', die sie nicht nur über die gewöhnlichen, einfachen Gesetze, sondern auch über die geschriebenen Verfassungsgesetze erhebt und ihre Beseitigung durch verfassungsändernde Gesetze ausschließt."

[17] Vgl. dazu *Ehmke*, Verfassungsänderung, S. 85 ff. und passim, sowie Hans *Schneider*, Das Ermächtigungsgesetz vom 24. 3. 1933, in: Vierteljahrshefte für Zeitgeschichte, 1953, S. 284, wo beklagt wird, daß „diese uns heute so einleuchtende Lehrmeinung Carl *Schmitts* während der Weimarer Zeit nur geringen Beifall gefunden" habe.

[18] Zu den „immer zahlreicher werdenden" Staatsrechtlern, die Art. 76 WRV in irgendeiner Form begrenzt wissen wollten, zählte Carl *Schmitt* 1932 so klangvolle Namen wie Heinrich *Triepel*, Carl *Bilfinger*, Erwin *Jacobi*, Ottmar *Bühler*, Richard *Thoma*, Walter *Jellinek*, Karl *Loewenstein* u. a. (Legalität und Legitimität, S. 49). Vgl. auch Carl *Schmitt*, Der Hüter der Verfassung, S. 112 f.

II. Art. 19 Abs. 2 GG und die Verfassungsänderung

lage tatsächlich nicht entsprach. Jedenfalls sind die führenden Interpreten der Reichsverfassung, allen voran Gerhard Anschütz[19], andere Wege gegangen, — gewiß in der Überzeugung, damit dem Geist dieser Verfassung gerecht zu werden. Die politische und parlamentarische Praxis ist ihnen gefolgt und hat das verhängnisvolle Idol einer strikten Wertneutralität des Staates zur herrschenden Maxime erhoben. Mit ihr war der Gedanke einer überpositiven Bindung der verfassungsändernden Mehrheit an Fundamentalprinzipien der sozialen und staatlichen Ordnung schwer zu vereinbaren. Desungeachtet blieb die Tatsache, daß die Weimarer Staatsrechtslehre sich mit der Frage nach ungeschriebenen Grenzen der Verfassungsänderung auf das eindringlichste befaßt und sie zumindest prinzipiell, d. h. ihrer Möglichkeit nach, auch bejaht hat, von richtungsweisender Kraft.

Der Grundgesetzgeber, der mit der Vorstellung eines wertneutralen Staatsfunktionalismus bewußt gebrochen hat[20], mußte folgerichtig die Allmacht der verfassungsändernden Gewalt verneinen und von der Unantastbarkeit jener Verfassungsnormen und -prinzipien ausgehen, welche die freiheitliche demokratische Grundordnung konstituieren und die „Wende vom Grundrecht als *Staatsschranke* zum Grundrecht als *Staatszweck*"[21] kennzeichnen.

Es ist kaum zweifelhaft, daß die Theorie von der Existenz ungeschriebener Grenzen der Verfassungsänderung heute eine machtvolle Wiederkehr erfahren würde, hätte nicht Art. 79 Abs. 3 GG der verfassungsändernden Mehrheit *expressis verbis* eine Reihe von Schranken gesetzt. Diese positiv-rechtliche Regelung legt den Trugschluß nahe, das Grundgesetz statuiere damit einen *numerus clausus* derartiger Bindungen. Tatsächlich aber kann die Frage, welchen Verfassungsnormen und -prinzipien eine „superlégalité constitutionnelle" (Hauriou) zukommt, nur aus dem Geist der Verfassung, ihrem objektiven Sinnzusammenhang und dem durch sie determinierten Staatszweck erschöpfend beantwortet werden. Mit anderen Worten: der Schutz der Konstitutions-

---

[19] Nach *Anschütz*, Reichsverfassung, Anm. 3 zu Art. 76, darf die „völlig neuartige Theorie", derzufolge Art. 76 die Befugnis zu Verfassungsänderungen nicht nur gewähre, sondern auch begrenze, „vielleicht die Eigenschaft einer *de lege ferenda* beachtlichen politischen Forderungen beanspruchen. *De lege lata* ist sie abzulehnen".

[20] Dazu sei hier nur auf Art. 1 Abs. 1 GG verwiesen, dessen Bedeutung als „Zentrum eines ganzen materialen Wertsystems, an dem sich alles staatliche Handeln einschließlich der Normsetzung legitimieren muß" (Bernd *Bender*, Der Rechtsstaat im Kreuzfeuer), unbestritten ist. Vgl. statt anderer Wilhelm *Wertenbruch*, Grundgesetz und Menschenwürde, *passim*; Willi *Geiger*, Grundrechte und Rechtsprechung, S. 21 f.; Günter *Dürig* in *Maunz-Dürig*, Abschn. I zu Art. 1 Abs. 1 (Rd. Nrn. 1—16); Josef M. *Wintrich*, Zur Problematik der Grundrechte, S. 13 ff., 29.

[21] So Walter *Leisner*, Grundrechte und Privatrecht, S. 101, zur „Anerkennung der Grundrechte als staatsgrundlegender höchster Normstufe".

elemente der Verfassung ist unabhängig von der vornehmlich deklaratorischen Bestimmung des Art. 79 Abs. 3 GG, und es bedarf deshalb auch keiner interpretativen Anstrengung, um ein so primäres Konstitutionselement wie die Grundrechtsordnung unter eine der in Art. 79 Abs. 3 GG genannten Alternativen zu subsumieren. Sie steht außerhalb der mehr oder weniger willkürlich auf bestimmte Verfassungsgrundsätze beschränkten Sperrwirkung dieser Norm und ist dennoch in gleichem Maße geschützt. Unter der Herrschaft des Grundgesetzes, das eine Identität von verfassunggebender und verfassungsändernder Gewalt nicht kennt[22], kann die Grundrechtsordnung auf legalem Wege weder beseitigt noch substantiell verkürzt werden[23].

Wenn diese Feststellung zutrifft, so ist mit der Grundrechtsordnung logischerweise auch deren spezifische Garantienorm, die Wesensgehaltssperre, der Verfassungsänderung entzogen. Da die Norm des Art. 19 Abs. 2 GG den gekennzeichneten Rechtszustand nicht geschaffen hat, sondern ihn, ohne daß sich ihre Bedeutung darin erschöpft, nur hervorhebend positiviert, kann dieser Rechtszustand nicht dadurch modifiziert oder beseitigt werden, daß Art. 19 Abs. 2 GG modifiziert oder beseitigt wird. Verfassungsänderungen, die ein Grundrecht in seinem Wesensgehalt antasten, sind als „verfassungswidrige Verfassungsnormen" (Bachof) nichtig[24]. Nichts anderes gilt, wenn zuvor oder gleichzeitig die Wesensgehaltsklausel selbst ganz oder teilweise außer Kraft gesetzt wird. Keine verfassungsändernde Mehrheit könnte die Verfassungswidrigkeit einer solchen Maßnahme heilen.

2. Aus dieser Rechtslage folgt für das Verhältnis von Art. 19 Abs. 2 GG zu einer im Wege der Verfassungsänderung zu treffenden Notstandsvorsorge, daß jede derartige Regelung die durch die Wesens-

---

[22] Dieses Kriterium ist für die Bestimmung der Grenzen der Verfassungsänderung wesentlich. Dazu hat Zaccaria *Giacometti*, Allgemeine Lehren, S. 27, mit Blick auf die schweizerische Verfassungslage bemerkt: „Beim Bestehen des obligatorischen Verfassungsreferendums trägt ... in der echten Demokratie das Volk als verfassungsändernde Gewalt auch ohne Bindung an ewige Normen die Garantie der rechtsstaatlichen Prinzipien in sich selber." Eine Bindung der mit dem Verfassunggeber nicht identischen verfassungsändernden Gewalt an rechtsstaatliche Prinzipien (Gewaltenteilung, Freiheitsrechte etc.) setze voraus, daß diese Prinzipien „vom ursprünglichen Verfassungsgesetzgeber als ewig erklärt worden sind", — wobei hinzuzufügen ist, daß letzteres durchaus *implicite* geschehen kann.
[23] Nach der erstmals von Hermann *v. Mangoldt*, DÖV 1949, S. 263, vertretenen gegenteiligen Ansicht ist zwar die „völlige Beseitigung" der Grundrechte ausgeschlossen, da „ohne Anerkennung von Menschen- und Freiheitsrechten echte Achtung vor Menschenwürde undenkbar" sei (wo verläuft die Grenze einer noch zulässigen ‚teilweisen Beseitigung'?); trotzdem sollen die Grundrechtsnormen „ebenso wie alle anderen Artikel des Grundgesetzes" der verfassungsändernden Gesetzgebung unterliegen.
[24] Vgl. Josef M. *Wintrich*, Zur Problematik der Grundrechte, S. 12.

II. Art. 19 Abs. 2 GG und die Verfassungsänderung

gehaltsklausel gezogenen Schranken respektieren muß. Das heißt: Auch im Notstandsfall dürfen Grundrechte nicht in ihrem Wesensgehalt angetastet werden. Sie dürfen weder, sei es befristet oder unbefristet, außer Kraft gesetzt (aufgehoben, suspendiert) noch auf andere Weise über das durch Art. 19 Abs. 2 GG bezeichnete Maß hinaus eingeschränkt werden. Ein verfassungsänderndes Gesetz, das einen solchen Eingriff gestattet, wäre verfassungswidrig.

Diese Konsequenz ist das Resultat einer Auslegung, die unabhängig von dem wirklichen oder hypothetischen Willen des Verfassunggebers den objektiven Sinngehalt der in Frage stehenden Verfassungsnorm zu ermitteln versucht und sodann geprüft hat, welcher Festigkeitsgrad dieser Norm im Rahmen der Gesamtverfassung sowie der geschriebenen und ungeschriebenen Grenzen der Verfassungsänderung zukommt. Unabhängig vom Willen des Verfassunggebers — das bedeutet hier: unabhängig von der in all ihren Phasen überlieferten Entstehungsgeschichte des Grundgesetzes. Daß die Gesetzesmaterialien nicht die Funktion haben, streitschlichtend oder auch nur richtungweisend herangezogen zu werden, ist allgemein anerkannt; dazu fehlt ihnen die normative Verbindlichkeit. Gleichwohl kann die Konfrontation mit den Materialien als ein Mittel dienen, um das Ergebnis einer abgeschlossenen Interpretationsbemühung zu kontrollieren. In diesem Sinne ist es nicht ohne Belang, daß die hier vertretene Auffassung durch die Entstehungsgeschichte des Grundgesetzes bestätigt wird. Zwar gibt sie keinen zureichenden Aufschluß darüber, ob der gegenwärtige Rechtszustand von den Vätern des Grundgesetzes in voller Kenntnis auch nur der wesentlichsten rechtlich-politischen Faktoren und Konsequenzen gewollt und verwirklicht worden ist. Vermutlich war dies nicht der Fall. Entscheidender jedoch ist, daß das Thema des Staatsnotstandes und die Frage einer etwaigen verfassungsmäßigen Durchbrechung des Art. 19 Abs. 2 GG im Parlamentarischen Rat nicht unerörtert geblieben, sondern im Gegenteil wiederholt und ausführlich behandelt worden sind. Anlaß dazu gab Art. 111 des Herrenchiemseer Entwurfs, dessen Abs. 1 die Bundesregierung ermächtigte, bei drohender Gefahr für die öffentliche Sicherheit und Ordnung mit Zustimmung des Bundesrates Notverordnungen mit Gesetzeskraft zu erlassen. Absatz 3 Satz 1 des gleichen Artikels lautet:

> „Ist durch die drohende Gefahr der Bestand des Bundes oder seiner freiheitlichen und demokratischen Grundordnung in Frage gestellt, so können durch Gesetz, bei Verhinderung der gesetzgebenden Organe auch durch Verordnung nach Abs. 1, die Grundrechte der Freiheit der Meinungsäußerung ..., der Pressefreiheit ..., der Versammlungsfreiheit ... und das Grundrecht des Postgeheimnisses ... befristet außer Kraft gesetzt werden."

Damit hatte sich eine Mehrheit des Herrenchiemseer Konvents zu der herkömmlichen und zur Zeit der Schaffung des Art. 48 WRV ganz unumstrittenen Ansicht bekannt, daß Grundrechte im Notstandsfall suspendierbar seien. Freilich sollten die Zulässigkeitsvoraussetzungen der Suspension enger gefaßt werden. Der Parlamentarische Rat hat sich nicht entschließen können, dieser Ansicht beizutreten. Bereits in der zweiten Sitzung am 8. September 1948 hat der sozialdemokratische Abgeordnete und Vorsitzende des Hauptausschusses Carlo Schmid eine Erklärung abgegeben, in der das zentrale Problem der künftigen Notstandsregelung mit wenigen Sätzen höchst eindringlich gekennzeichnet wird. Schmid führte damals aus:

„Und nun das Entscheidende: Soll der Staat den Grundrechten gegenüber vom Staatsnotstandsrecht Gebrauch machen können, so daß er, wenn er mit den ordentlichen Mitteln nicht fertig werden kann, die Grundrechte aufhebt, um Ruhe und Ordnung und Sicherheit wieder herzustellen? Man wird sich diese Frage sehr genau überlegen müssen. Man wird sich fragen müssen, ob die Tatsache der Unberührbarkeit der Grundrechte in sich selber nicht ein so hohes Gut ist, daß der Staat auch in Zeiten des Notstands vor ihnen soll zurücktreten müssen[25]."

Schmid plädiert sodann für eine Untersuchung möglicher Notstandsfälle. Dabei stelle sich vielleicht heraus, daß den Notständen, „wie sie bei uns denkbar sind", schon mit den gewöhnlichen polizeilichen Mitteln wirksam begegnet werden könne. Andernfalls müsse man auf eine möglichst schonende Inanspruchnahme der Grundrechte bedacht sein[26].

Die kritische Anmerkung, daß diese Argumentation in sich unstimmig ist, weil sie einander ausschließende normativ-prinzipielle und politisch-pragmatische Maßstäbe gleichzeitig gelten lassen will oder doch diesen Eindruck erweckt, sei nur am Rande gemacht[27]. Wesentlich ist,

---

[25] Parlamentarischer Rat, Sten.Ber. der 2. Sitzung, S. 14.

[26] *Schmid*, a.a.O., „ ... nur bestimmte Grundrechte sollen suspendiert werden dürfen, und auch dann nur für Zeit und nur unter der Kontrolle demokratischer Institutionen."

[27] Die Unstimmigkeit liegt in folgendem: Wenn der Schluß gerechtfertigt ist, daß die Unberührbarkeit der Grundrechte im System der Verfassung ein höchstes, auch im Krisenfall strikt zu respektierendes Gut darstellt, so kann die Untersuchung, ob Eingriffe in Grundrechte zur wirksamen Begegnung von Notständen gleichwohl erforderlich oder nützlich sind, keinen Sinn mehr haben. Denn dann steht bereits fest, daß die Suspension von Grundrechten als verfassungsmäßig erlaubtes Mittel zum Zweck ausscheidet. In der Wahl der Mittel auch dann wählerisch zu sein, wenn Radikalkuren den besten Erfolg verheißen, ist ein elementares rechtsstaatliches Gebot, das auch in extremen Situationen seine Geltung behält. Niemand beispielsweise würde die Errichtung einer Militärdiktatur oder die ‚Gleichschaltung' der

daß hier die Essenz der verfassungsrechtlichen Notstands-Alternative den Abgeordneten des Parlamentarischen Rates *expressis verbis* dargelegt worden ist; sie war somit von Anfang an bekannt und gegenwärtig. Es ist hier nicht der Ort, im einzelnen nachzuzeichnen, welchen Verlauf die Erörterung des Art. 111 HE im Organisationsausschuß, im Allgemeinen Redaktionsausschuß, im sog. Fünferausschuß und im Hauptausschuß des Parlamentarischen Rates genommen hat, bevor es am 5. Mai 1949 im Hauptausschuß zur 4. Lesung des mehrfach abgeänderten Notstandsartikels kam[28]. Sie brachte die Entscheidung: Auf Vorschlag des Allgemeinen Redaktionsausschusses wurde der in zum Teil „erregter Debatte"[29] hin- und hergewendete Artikel ersatzlos gestrichen, „ohne daß es zu einer näheren Erörterung der Materie gekommen wäre"[30]. Tags darauf hob Carlo Schmid, der Vorsitzende des Hauptausschusses, in seinem Generalbericht vor dem Plenum erneut den Gegensatz zwischen der Grundrechtsauffassung des Grundgesetzes und jener der Weimarer Verfassung hervor[31]. Wiederum zwei Tage später, am 8. Mai 1949, nahm der Parlamentarische Rat das Grundgesetz in dritter und letzter Lesung an. Die umstrittene Notstandsregelung blieb eliminiert. Die neue Verfassung gewährte niemandem das Recht, die generelle Suspension von Grundrechten zu verfügen. Dagegen wurde die mit einer solchen Suspension offenkundig unvereinbare Garantie des grundrechtlichen Wesensgehalts in ihrer schärfsten Form akzeptiert[32].

Über die Gründe, die bei dieser Sinnesänderung in letzter Stunde den Ausschlag gaben, ist Genaues nicht bekannt. Sie sind letztlich, soweit überhaupt fixierbar, auch gleichgültig. Festzuhalten bleibt, daß der langwierige Prozeß der Kodifizierung der ersten deutschen Nachkriegsverfassung ein Ergebnis gezeitigt hat, das dem überlieferten grundrechtlichen Modell teils offen widerspricht, teils — ohne ausdrücklichen Widerspruch — nicht folgt, obwohl eine Nachfolge im Entwurfs-

---

Länder zur Wiederherstellung von Ruhe und Ordnung fordern. Beide Maßnahmen (und viele andere) erscheinen mit Recht als ein zu hoher Preis für den erstrebten Erfolg.

[28] Näheres vgl. Entstehungsgeschichte der Artikel des Grundgesetzes, Jhb.öff.R., N. F., Bd. 1 (1951), S. 605 ff.

[29] a.a.O., S. 612.

[30] a.a.O., S. 613.

[31] 9. Sitzung des Plenums, 6. Mai 1949; vgl. a.a.O., S. 47.

[32] Noch bei der zweiten und dritten Lesung im Hauptausschuß war die schwächere, gegenständlich beschränkte Fassung gutgeheißen worden: „Soweit nach den Bestimmungen dieses Grundgesetzes ein Grundrecht eingeschränkt werden kann, darf es in seinem Wesensgehalt nicht angetastet werden." Die Verabsolutierung der Wesensgehaltssperre wurde in der gleichen 4. Lesung des Hauptausschusses (5. Mai 1949) beschlossen, in der die Notstandsregelung fiel; vgl. a.a.O., S. 180.

stadium der Verfassung vorgesehen war. Dies als ein uneingeschränktes Votum *gegen* das alte Modell zu interpretieren, entspricht nur den Regeln einer verfassungskonformen oder hier besser: verfassungshomogenen Auslegung[33].

Wenn bisweilen behauptet wird, der Parlamentarische Rat habe nicht nur „unter dem Eindruck des verhängnisvollen Mißbrauchs diktatorischer Vollmachten in der jüngsten Vergangenheit" sondern auch „aus Sorge vor dem drohenden Einspruch der damaligen Besatzungsmächte" von einer Regelung des Ausnahmezustandes abgesehen[34], so wäre es gewiß falsch, daraus zu folgern, der Parlamentarische Rat sei insofern nicht Herr seiner Entschlüsse gewesen. Die Väter des Grundgesetzes haben, wenn es ihnen darauf ankam, sich durchaus nicht gescheut, Wünsche der Alliierten zu ignorieren und entsprechende Vorbehalte in Kauf zu nehmen[35]. Abgesehen davon ist in keiner der bekannten schriftlichen Interventionen der drei Besatzungsmächte die Entwurfsfassung der Notstandsregelung sei es *in toto* mißbilligt oder im einzelnen kritisiert worden[36]. Dies alles spricht dafür, daß die Streichung in letzter Stunde nicht etwa auf einen Eingriff von außen, einen Akt „höherer Gewalt", sondern auf den freien Entschluß des Parlamentarischen Rates zurückzuführen ist.

3. Was die heute angestrebte Revision des 1949 geschaffenen und seitdem nicht geänderten Rechtszustandes anlangt, so steht ihr, die

---

[33] Auch in anderer Hinsicht ist das durch die Streichung der projektierten Notstandsregelung entstandene Schweigen des Grundgesetzes sehr beredt. Nach *Maunz,* Deutsches Staatsrecht, 14. Aufl. (1965), S. 169, besteht ein „Staatsnotstand kraft ungeschriebenen Rechts dann nicht, wenn ihn der Verfassunggeber ersichtlich als geltendes Recht ausschließen wollte. Aus der Verfassunggebung des Grundgesetzes ist aber ein solcher Ausschlußwille deutlich erkennbar und er ist auch rechtlich zum Ausdruck gekommen". Generell zum ungeschriebenen Staatsnotrecht *Nawiasky,* Allgemeine Staatslehre, Teil III, S. 103 ff.; vgl. ferner *Hesse,* JZ 1960, S. 105 f.

[34] Georg *Flor,* JR 1954, S. 127, und ebenso in DVBl. 1958, S. 149.

[35] Der Präsident des Parlamentarischen Rates, Konrad *Adenauer,* erklärte in der Eröffnungssitzung am 1. Sept. 1948, der Rat sei, nachdem er sich nunmehr konstituiert habe, „im Rahmen der ihm gestellten Aufgaben völlig frei und völlig selbständig". Es sei seine vornehmste Pflicht, „diese völlige Freiheit und Unabhängigkeit ständig zu wahren und sicherzustellen" (Sten.-Ber., S. 4). Daß dies keine leeren Worte waren, ist vielfach belegt. Durch das inhaltsreiche Memorandum der alliierten Verbindungsstäbe vom 22. Nov. 1948 „ließ der Parlamentarische Rat sich nicht zu einer Änderung seines damaligen Entwurfs bestimmen" (E. R. *Huber,* Quellen, Band 2, S. 208). Gleiches wird durch die im Genehmigungsschreiben der Militärgouverneure vom 12. Mai 1949 erhobenen Vorbehalte — insbesondere zur Einbeziehung Berlins in den Bund — bezeugt.

[36] Die im Memorandum der Militärgouverneure vom 2. März 1949 enthaltene Bemerkung, „daß wir letzten Endes für die Sicherheit verantwortlich sind", kann nicht als Einspruch gegen die Notstandsregelung gedeutet werden, sondern betrifft die Problematik des Art. 91 GG.

II. Art. 19 Abs. 2 GG und die Verfassungsänderung

erforderlichen verfassungsändernden Mehrheiten der Gesetzgebungsorgane des Bundes vorausgesetzt, grundsätzlich nichts im Wege. Sind diese Mehrheiten vorhanden, so kann niemand sie hindern, eine ihnen geeignet erscheinende Notstandsvorsorge zu treffen. Einzige materiellrechtliche Bedingung der Legalität des verfassungsändernden Aktes ist die Respektierung der geschriebenen und ungeschriebenen Grenzen der Verfassungsänderung. Das Grundgesetz hat diese Grenzen — teils in Anknüpfung an die Lehre der späten Weimarer Jahre, teils unabhängig von historischen Vorbildern — um ein beträchtliches Stück vorgeschoben. Daß in ihrem Schutz vor allem die als unablösbares Element der neuen Staatlichkeit begriffene Grundrechtsordnung steht und daß sie damit als Objekt verfassungsmäßiger Notstandskompetenzen ausscheidet, ist schon gesagt worden[37].

Die Frage, wie dieser Rechtslage in der Diskussion um die künftige Notstandsregelung Rechnung getragen wird, beantwortet sich, wenn man den Text der vorliegenden Entwürfe betrachtet, von selbst. Der von der Bundesregierung eingebrachte Entwurf einer Verfassungsergänzung vom 31. Oktober 1962[38] sieht als Art. 115 b Abs. 2 GG beispielsweise folgendes vor:

„Durch Bundesgesetz können

a) für die Dauer des Zustandes der äußeren Gefahr die Grundrechte aus Artikel 5, Artikel 8, Artikel 9 Abs. 1 und Artikel 11 über das sonst zulässige Maß hinaus eingeschränkt werden...[39]."

Für den Zustand der inneren Gefahr und den Katastrophenzustand ist mit nur geringen Modifikationen gleiches vorgesehen[40]. Die milde Formulierung (Einschränkungen „über das sonst zulässige Maß hinaus") kann nicht darüber hinwegtäuschen, daß hier Eingriffe von nicht begrenzter Intensität gemeint sind, die das Grundrecht als solches, in seiner generellen Geltung, treffen und es ganz oder teilweise außer Kraft setzen[41]. Bestätigt wird diese Interpretation, wenn es etwa in der

---

[37] Vgl. oben S. 121 ff.
[38] BT-Drucks. IV, 891.
[39] Die folgenden Abschnitte b), c) und d) betreffen Abweichungen von Art. 12 Abs. 2 und Abs. 3 Satz 1, Art. 14 Abs. 3 Satz 2 sowie Art. 104 Abs. 2 und 3 GG.
[40] Vgl. Art. 115 k Abs. 1 Buchst. b und Art. 115 l Abs. 1 Buchst. b (innere Gefahr) sowie Art. 115 m (Katastrophennotstand).
[41] Insofern besteht kein Unterschied zu Art. 48 Abs. 2 Satz 2 WRV, wo dies deutlich ausgesprochen ist. Im übrigen kehrt der ungeschminkte Terminus „außer Kraft setzen" in der Kommentierung der Notstandsentwürfe der Bundesregierung immer wieder. Schon 1959 verwandte Rudolf *Katz*, damals Vizepräsident des Bundesverfassungsgerichts, diesen Ausdruck; vgl.

amtlichen Begründung schon des ersten Regierungsentwurfs[42] ausdrücklich heißt:

„Presse, Rundfunk und Film können abweichend von Artikel 5 Abs. 1 Satz 3 GG einer Zensur unterworfen werden."

Eine solche Zensur kann nicht lediglich die individuelle Grundrechtsposition einzelner betreffen, sondern ist nur als generelle Maßnahme mit generellen Auswirkungen denkbar. Damit aber wird das Grundrecht aus Art. 5 GG in seinem Wesensgehalt angetastet und wird die der Verfassungsänderung entzogene Garantienorm des Art. 19 Abs. 2 GG verletzt. Bundestag und Bundesrat werden deshalb einem solchen Entwurf ihre Zustimmung verweigern müssen.

So eindeutig diese Konsequenz, was immer man unter grundrechtlichem Wesensgehalt verstehen mag[43], angesichts der vorliegenden Entwürfe einer Notstandsverfassung auch ist, so ernst muß der Einwand genommen werden, es sei nicht nur Recht, sondern auch Pflicht des souveränen Staates, alle für seine Sicherheit notwendig erscheinenden Maßnahmen vorzusehen und gegebenenfalls zu treffen, ohne dabei auf die geschriebenen und ungeschriebenen Grenzen der Verfassungsänderung Rücksicht zu nehmen. Nach dieser Auffassung ist das Staatsnotrecht ein echtes *Ausnahme*recht, für das der primitiv-absolutierende Grundsatz „Not kennt kein Gebot" gilt. Solange eine Notstandsregelung dieser Ausnahmequalität materiell wie formell gebührend Rechnung trage, werde keine der (nur) für den Normalfall geltenden Verfassungsnormen verletzt. Damit sei auch ein Verstoß gegen Art. 19 Abs. 2 GG ausgeschlossen.

An dieser Auffassung ist richtig: Ein die Existenz des Staates bedrohender Notstand, der mit den normalen Mitteln hoheitlicher Gewalt nicht abzuwenden ist, rechtfertigt außerordentliche, von der Norm abweichende Maßnahmen, welche die verfassungsmäßige Ordnung zu erhalten oder wiederherzustellen bestimmt und geeignet sind[44]. Diese Legitimation leitet sich nicht aus einem Satz des positiven Rechts —

Das Gesetz für die Stunde der Not. Materialien zur Auseinandersetzung über ein Sicherheitserfordernis (hrsg. vom Bundesministerium des Innern), Bonn 1961, S. 42.

[42] Vom 13. Jan. 1960, BT-Drucks. III, 1800.

[43] Lediglich mit der *Dürig*'schen Gleichsetzung von Wesensgehalt und Menschenrechtsgehalt ließe sich selbst eine totale Zensur als mit Art. 19 Abs. 2 GG durchaus vereinbar betrachten. Oder muß man die Lektüre unzensierter Zeitungen bereits zu den Menschenrechten zählen?

[44] Letzteres ist entscheidend. „Durch seine Verfassungsintention unterscheidet sich die Notstandsaktion von dem Verfassungsbruch." Johannes *Heckel*, von dem dieses Wort stammt (AöR 61 [1932], S. 311), und mit ihm der überwiegende Teil der neueren Notstandslehre knüpfen hier bewußt oder unbewußt an Gedankengänge an, die erstmals in der Verfassungsrecht-

II. Art. 19 Abs. 2 GG und die Verfassungsänderung

etwa einem ausdrücklichen Verfassungsvorbehalt — ab, sondern beruht, dem von jedem Strafrecht anerkannten Individualnotrecht vergleichbar, auf einem natürlichen, überpositiven Rechtsprinzip. Es wohnt auch der gewaltenteilenden Verfassung demokratisch regierter Staaten *eo ipso* inne[45]. Der Ausnahmezustand setzt das Abweichen von der Norm begrifflich voraus. Fraglich und umstritten ist, ob er ein Abweichen von *jeglicher* Norm gestattet.

Die Verfechter einer grundsätzlich unbeschränkten Ausnahmegewalt lehnen die Unterscheidung zwischen notstandsfesten und nicht notstandsfesten Verfassungsnormen als unpraktikabel und widersinnig ab. So wenig die organisatorischen Bestimmungen einer Verfassung gegen die Eingriffe der Ausnahmegewalt gefeit seien, so wenig dürften es die Grundrechte sein, wenn ihre Einschränkung sich als taugliches Mittel zur Meisterung der abnormen Situation empfehle. Es sei geradezu verfassungswidrig, den drohenden Zusammenbruch der staatlichen Ordnung um der — ohnehin nur scheinbaren — Aufrechterhaltung bestimmter Verfassungsprinzipien und Rechtsgüter willen in Kauf zu nehmen, statt zu versuchen, die Bedrohung durch die vorübergehende Aufopferung auch dieser höchsten Güter abzuwehren. Folgerichtig bedürfe es auch keiner ausdrücklichen Verfassungsklausel des Inhalts, daß Art. 19 Abs. 2 GG (oder Art. 79 Abs. 3 GG) der Zulässigkeit grundrechtsnegierender Maßnahmen nicht im Wege stehe. Die Suspension dieser und anderer Normen rechtfertige sich unmittelbar aus dem Wesen des Ausnahmezustandes als einer „Urgegebenheit des Rechts"[46].

---

sprechung des Supreme Court der Vereinigten Staaten von Amerika Gestalt gewonnen haben; vgl. Chief Justice *Marshall* im Urteil *McCulloch v. Maryland*, 4 Wheaton 316 (1819): „Let the end be legitimate, let it be within the scope of the Constitution, and all means which are appropriate, which are plainly adapted to that end, which are not prohibited, but consist with the letter and spirit of the Constitution, are constitutional."

[45] Überzeugender und lehrreicher als theoretische Begründungen ist der Blick auf die Verfassungspraxis der westlichen Demokratien. Daß sie alle das Staatsnotrecht kennen und anerkennen, wird eindrucksvoll durch die Länderberichte belegt, die unter dem Titel „Das Staatsnotrecht in Belgien, Frankreich, Großbritannien, Italien, den Niederlanden, der Schweiz und den Vereinigten Staaten von Amerika" als Heft 31 der Beitr.z.ausl.öff.R. u.VR., Köln — Berlin 1955, erschienen sind. Vgl. auch den 1928 als Heft 9 der gleichen Reihe veröffentlichten Vorläufer dieser Sammlung: „Das Recht des Ausnahmezustandes im Ausland" und neuestens den von Ernst *Fraenkel* herausgegebenen Band „Der Staatsnotstand", Berlin 1965, mit den Beiträgen: Ernst *Fraenkel*, „Martial Law" und Staatsnotstand in England und USA, S. 138 ff. (insbesondere S. 163 f.), und Gilbert *Ziebura*, Der Staatsnotstand in Frankreich, S. 165 f. Verwiesen sei ferner auf *Folz*, Staatsnotstand und Notstandsrecht, S. 33 ff., sowie die rechtsvergleichenden Passagen des Allgemeinen Teils, Ziff. 3, der amtlichen Begründung des Gesetzentwurfs der Bundesregierung vom Okt. 1962.

[46] Ausdruck von Helmut *Strebel*, Das Staatsnotrecht in Italien, Heft 31 der Beitr.z.ausl.öff.R.u.VR., S. 114.

Die verfassungsgesetzliche Notstandsregelung, die den Umfang der Sondervollmachten der Ausnahmegewalt verbindlich festlege, im Kern aber durchaus deklaratorischen Charakter habe, brauche die im Notstandsfall zu gewärtigende Durchbrechung der Wesensgehaltssperre noch nicht einmal zu deklarieren; sie könne unerwähnt bleiben. Wer bei dieser Argumentation den Rückgriff auf überpositive Elemente für unbefriedigend und juristisch fragwürdig halte, möge das ‚Leerlaufen' der Wesensgehaltsgarantie gesetzestechnisch als Folge der Spezialität der Notstandsartikel gegenüber Art. 19 Abs. 2 GG betrachten[47]. So ist denn in den Entwürfen der Bundesregierung auch verfahren worden: Von Art. 19 Abs. 2 GG ist in ihnen nicht die Rede.

Diese klare, aber wenig differenzierte Argumentation bildet das theoretische Gerüst der herrschenden Lehre, die auch rigorose Grundrechtsbeschränkungen und -suspensionen als im Notstandsfall unvermeidlich und dem Ausnahmezustand adäquat billigt[48] und die Durchbrechung der Wesensgehaltssperre als logische Konsequenz dieser Billigung hinnimmt[49]. Die gegenteilige Ansicht, daß Art. 19 Abs. 2 GG durch die projektierten Eingriffe gar nicht berührt werde, sondern „uneingeschränkt auch im Notstand weitergilt", wird nur vereinzelt vertreten[50]. Dabei bleibt die Frage offen, welche Schutzfunktion der Wesensgehaltsgarantie überhaupt zukommen soll, wenn keine der in dem zitierten, mittlerweile zurückgezogenen Entwurf der Bundesregierung vorge-

---

[47] So schon *v. Mangoldt* in der 8. Sitzung des Grundsatzausschusses des Parlamentarischen Rates zu Art. 21 Abs. 5 HE, der im Blick auf Art. 21 Abs. 1 Satz 1 („Die Grundrechte dürfen nicht beseitigt werden") sowie Abs. 4 feststellte: „Das Notstandsgesetz ... bleibt unberührt"; eine solche Klausel sei überflüssig (vgl. Jhb.öff.R., N. F., Bd. 1, S. 177). Vgl. ferner *Schmitt-Lermann*, DÖV 1960, S. 326.

[48] Richtungweisend wurde die frühe Stellungnahme Konrad *Hesses*, DÖV 1955, S. 741 ff. *Hesse* sieht den Ausnahmezustand dadurch gekennzeichnet, „daß die exzeptionelle Situation nicht auf den normalen, von der Verfassung vorgesehenen Wegen verhindert oder beseitigt werden kann... Für den freiheitlichen Verfassungsstaat, der auf dem System von *Grundrechten* und Gewaltenteilung beruht, bedeutet das die *zeitweilige Aufhebung oder Einschränkung* dieser Prinzipien" (S. 742; Hervorhebung von mir). Zur Unvermeidlichkeit vgl. auch a.a.O., S. 745.

[49] Daß letzteres häufig unausgesprochen bleibt, mag das Indiz einer noch keineswegs behobenen Unsicherheit sein. *Hesse* selbst hat sich seinerzeit (a.a.O., S. 746) dieser Konsequenz dadurch entzogen, daß er sie das Ergebnis einer „formale(n) und vordergründige(n) Betrachtung" nannte, während es doch „sachlich" eine Verstärkung der Grundprinzipien der Verfassung bedeute, „wenn der Ausnahmezustand im Grundgesetz vorgesehen und geregelt wird". Das leuchtet nicht ein. Mit gleichem Recht ließe sich die gewiß sehr reale „zeitweilige Aufhebung" von Grundrechten, die ebenfalls nur dem Schutz und der Stärkung der Verfassungsordnung dienen soll, als bloß formal hinstellen. Hier wie dort führt die Bewertung nach dem Eingriffszweck zu verfassungsrechtlich bedenklichen Fiktionen.

[50] So — ohne Begründung — *Bettermann*, Notstandsentwürfe, S. 217.

II. Art. 19 Abs. 2 GG und die Verfassungsänderung

sehenen Grundrechtsbeschränkungen[51] gravierend genug ist, um den Alarmmechanismus dieser Norm auszulösen.

Beide Auffassungen, denen lediglich die Abwesenheit verfassungsrechtlicher Bedenken gegenüber einschneidenden notrechtlichen Grundrechtsbeschränkungen gemeinsam ist, können nicht überzeugen. Nach Sinn und Wortlaut des Art. 19 Abs. 2 GG läßt sich angesichts derart schwerer Eingriffe eine Verletzung der Wesensgehaltsgarantie weder verneinen (d. h. als nicht-existent betrachten) noch rechtfertigen (d. h. als nicht-verfassungswidrig betrachten). Da zugleich der Ausweg einer Verfassungsänderung (Eliminierung des in Art. 19 Abs. 2 GG fixierten Prinzips) versperrt ist, stellt der Verzicht auf Notstandsmaßnahmen, die in den Bestand der Grundrechte eingreifen, die einzige verfassungsgemäße Lösung dieses bei aller politischen Brisanz genuin verfassungsrechtlichen Problems dar. Praktisch bedeutet dies, daß im Geltungsbereich des Grundgesetzes kein Staatsnotrecht Grundrechte über die durch Art. 19 Abs. 2 GG bezeichnete Grenze hinaus beschränken darf. Der Ausnahmefall steht insofern dem Normalfall gleich; seine Regelung muß einer Norm gehorchen, die keine Ausnahme zuläßt[52].

Der Verzicht auf einen Notstandsperfektionismus, der klassischen, aber in mancher Hinsicht fragwürdig gewordenen Leitbildern entspricht, ist dem deutschen Verfassungsrecht der Nachkriegszeit nicht fremd. So stattet eine Reihe deutscher Landesverfassungen die Exekutive bei unmittelbarer Gefahr für den Bestand des Staates zur Aufrechterhaltung der öffentlichen Sicherheit und Ordnung und zur Beseitigung der Gefahrenlage zwar mit Sondervollmachten, insbesondere dem Recht aus, Notverordnungen mit Gesetzeskraft zu erlassen, verlangt aber gleichzeitig, daß die Exekutivakte „dem geltenden Verfassungsrecht nicht widersprechen"[53]. Zutreffend wird daraus gefolgert, daß Eingriffe in Grundrechte auch im Notstandsfall nur im Rahmen der allgemeinen Landesgesetzgebungskompetenz zulässig sind; die Möglichkeit, Grund-

---

[51] Darunter solche, die *Bettermann* selbst als „unlimitiert" bezeichnet; vgl. a.a.O., S. 220.

[52] Im Ergebnis ebenso Andreas *Hamann*, erstmals in DVBl. 1958, S. 405 ff., später in DRiZ 1960, S. 48 ff., sowie Rolf *Wägenbaur*, Bemerkungen zur Frage des Staatsnotstands, MDR 1958, S. 881 ff. (884). Die in der Folgezeit geführte Diskussion hat den Aspekt des Art. 19 Abs. 2 GG in auffallender Weise vernachlässigt, und selbst in ernsthaften Stellungnahmen zum Staatsnotrecht wird die Grundrechtsproblematik der Wesensgehaltssperre oft genug mit Stillschweigen übergangen.

[53] So Art. 62 Abs. 1 Satz 3 der *baden-württembergischen* sowie — in ganz ähnlicher Formulierung — Art. 60 Abs. 1 der *nordrhein-westfälischen*, Art. 35 Abs. 1 der *niedersächsischen* und Art. 110 Satz 1 der *hessischen* Verfassung. Sinngemäß übereinstimmend heißt es in Art. 101 Abs. 2 der *bremischen* Verfassung, die Notverordnungen dürften „keine Änderung der Verfassung enthalten".

rechte außer Kraft zu setzen, ist ausgeschlossen[54]. Die Notstandsvorsorge beschränkt sich im wesentlichen auf die Ermächtigung der Landesregierung, Funktionen des Landesgesetzgebers auszuüben, ohne damit ein Mehr an materieller Verfügungsmacht zu verbinden. Was auch immer der Anlaß dieses — zum Teil lange vor dem Inkrafttreten des Grundgesetzes bezeugten — landesverfassungsrechtlichen *self-restraint* gewesen sein mag, unverkennbar liegt ihm die Annahme zugrunde, daß eine den Bestand des Gemeinwesens zu sichern bestimmte Notstandsregelung auch dann sinnvoll ist, wenn die Aufhebung von Grundrechten als Mittel der Gefahrenabwehr ausscheidet. Ob die Ermöglichung rascher, zustimmungsunabhängiger Entscheidungen durch ein mit kumulierten Kompetenzen ausgestattetes Exekutivorgan tatsächlich genügt, um eines die Bundesrepublik bedrohenden Notstandes Herr zu werden (sofern man seiner durch Anordnungen überhaupt Herr zu werden vermag), ist hier nicht zu untersuchen. Festzuhalten bleibt, daß ein durch die Unantastbarkeit der Grundrechtsordnung eingeschränktes Staatsnotrecht längst kein verfassungsrechtliches Novum mehr darstellt und daß der in den genannten Landesverfassungen beschrittene Weg der einzige ist, den das Grundgesetz legitimiert hat[55]. Die Notstandsregelung des Bundes muß diesem Weg folgen.

III. Schlußbemerkung

1. „Eine wichtige Aufgabe der Staatsrechtswissenschaft von heute ist es, das Bonner Grundgesetz in seinen krisenanfälligen Bestimmungen bis zur größtmöglichen Klarheit auszulegen, da noch alle politischen Möglichkeiten im Schoße der Zukunft liegen." Dieses Wort Walter Jellineks[1] besitzt, was die Auslegung des Art. 19 Abs. 2 GG anbelangt, trotz der von Jahr zu Jahr an Umfang zunehmenden Spezialliteratur noch immer Gültigkeit.

Daß Art. 19 Abs. 2 GG eine krisenanfällige Bestimmung *par excellence* ist, lehrt nicht nur das intensive wissenschaftliche Bemühen um

---

[54] Vgl. *Geller-Kleinrahm-Fleck*, Die Verfassung des Landes Nordrhein-Westfalen, 2. Aufl., Göttingen 1963, Anm. 5 b) bb) zu Art. 60.

[55] Landesverfassungen, die eine — wenn auch zeitlich begrenzte — Suspension von Grundrechten im Notstandsfall vorsehen, sind insoweit wegen Verstoßes gegen Bundesverfassungsrecht nichtig bzw. nicht anwendbar. Dies gilt insbesondere für Art. 48 Abs. 1 der *bayerischen*, Art. 112 Satz 1 der *rheinland-pfälzischen* und Art. 125 Abs. 1 Satz 3 der *hessischen* Verfassung, die damit für den Fall des Staatsnotstandes eine vom allgemeinen Notstandsrecht (Art. 110) abweichende Regelung trifft. Zum Ausmaß der Unanwendbarkeit vgl. *Nawiasky-Lechner*, Die Verfassung des Freistaates Bayern, Ergänzungsband, München 1953, S. 49.

[1] VVDStRL, Heft 8 (1950), S. 19.

III. Schlußbemerkung

den Begriff des grundrechtlichen Wesensgehalts, sondern hat auch die bisherige Rechtsprechung zu dieser Norm deutlich gezeigt. Die lange Reihe sich widersprechender oder doch nicht miteinander harmonierender höchstrichterlicher Entscheidungen läßt erkennen, wie es um die Widerstandskraft der Wesensgehaltsgarantie in einer Krisensituation (die keineswegs schon Notstandssituation zu sein braucht) bestellt sein wird. Aufs ganze gesehen ist bisher mehr Mühe auf die bequeme Umgehung und ‚Anpassung' der Wesensgehaltsschranke als auf ihre Stabilisierung verwandt worden[2]. Schon ist es fraglich, ob ihr sich abzeichnender Verfall zu so vorgerückter Stunde noch aufgehalten werden kann. Dabei ist vor allem der für die Judikatur beträchtliche Eigenwert einer gerade in strittigen Fragen bezeugten Kontinuität zu berücksichtigen, die aus Gründen der Rechtssicherheit Pflege und Respekt verdient. Ist auch der Grundsatz des *stare decisis* niemals ein geheiligtes Postulat der deutschen Rechtspraxis gewesen, so weckt doch die abrupte Preisgabe einer ständigen Rechtsprechung vielfache Bedenken.

Die Hoffnung, es möge zu einer Neuorientierung noch nicht zu spät sein, kann deshalb nur darauf gründen, daß die hier kritisierte herrschende Meinung in sich uneinheitlich, ja zersplittert ist und ihr ein dogmatisch klares Konzept fehlt. Sie liegt mit sich selbst in Streit. Der bunte Strauß verschiedenartigster Interpretationen, die in Rechtsprechung und Schrifttum zu Art. 19 Abs. 2 GG vorgetragen werden, bietet Gewähr dafür, daß das letzte Wort noch nicht gesprochen ist. Dahin hat sich auch das Versäumnis ausgewirkt, dem Auftrag der Verfassung gemäß ein Oberstes Bundesgericht zu schaffen. Solange niemand die Entscheide der oberen Bundesgerichte koordiniert, so lange wird auch die Auslegung des Art. 19 Abs. 2 GG jenen festen Aggregatzustand vermissen lassen, den allein eine kohärente Rechtsprechung zu erzeugen fähig ist. Bis dahin bleibt der noch unentwickelte, aber in der Frage-

---

[2] Dies gilt nicht zuletzt für die Monographie Eike *von Hippels*, Grenzen und Wesensgehalt der Grundrechte (1965), die mit der Empfehlung schließt, Art. 19 Abs. 2 GG entweder zu streichen oder ihn umzuformen in den (dem Apothekenurteil — BVerfGE 7, 377 [40] — entnommenen) Satz: „In keinem Falle darf ein grundsätzlich geschütztes Freiheitsinteresse stärker beeinträchtigt werden, als dies zum Schutze höherwertiger Rechtsgüter erforderlich ist" (S. 63). Richtig ist, daß damit die Wesensgehaltsgarantie um ihren Sinn gebracht würde, — was übrigens die um den Nachweis des Gegenteils bemühte Arbeit *von Hippels* indirekt bestätigt: Mit der geltenden Fassung des Art. 19 Abs. 2 GG ist offensichtlich nicht oder nur bedingt vereinbar, was Anlaß und Inhalt der empfohlenen Neuformulierung sein soll; andernfalls bedürfte es ihrer nicht. Der Wortlaut der Verfassungsnorm muß manipuliert werden, um den ihr untergeschobenen Sinn aus ihr sprechen zu lassen. Demgegenüber hat eine offene Ablehnung der in Art. 19 Abs. 2 GG nun einmal fixierten Rangordnung immerhin den nicht gering zu schätzenden Vorzug einer realistischen Verfassungsinterpretation; vgl. etwa Herbert *Krüger*, Allgemeine Staatslehre (1964), S. 536 f., 944 f.

stellung richtige Ansatz des Bundesverfassungsgerichts[3] die (relativ) beste Ausgangsposition für den Weg, den diese Arbeit dogmatisch zu erkunden versucht hat.

2. Gegenpositionen dienen der Verdeutlichung. Diesen Dienst vermag auf besonders eindringliche Weise eine Lehrmeinung zu leisten, die prinzipielle Gegnerschaft zu dem Grundgedanken der Wesensgehaltsgarantie erkennen läßt und in ihr einen verhängnisvollen ‚Eskapismus' am Werke sieht. Dieser Ansicht zufolge bedeutet das verfassungsrechtliche Verbot, den Wesensgehalt der Grundrechte anzutasten, „bei Lichte besehen nichts anderes, als daß Gehorsam auch dann nicht gefordert oder jedenfalls verweigert werden darf, wenn Forderung und Leistung imstande wären, die Existenz des Gemeinwesens zu bewahren"[4].

Der Wert dieses Einwandes liegt zunächst einmal darin, daß er Art. 19 Abs. 2 GG dogmatisch richtig interpretiert. Der Einwand überzeugt sodann durch seine Logik. Er würde auch der Sache nach überzeugen, beruhte er nicht auf einer Hypothese, die nicht ohne weiteres als gesichert gelten darf: daß es nämlich die Bewahrung der Existenz eines demokratischen Gemeinwesens, dessen innere Stärke in der Freiheit seiner Bürger liegt, je erfordern kann, diese Freiheit ganz oder teilweise zu beseitigen. Das Grundgesetz hat die Richtigkeit dieser Hypothese — m. E. zutreffend — verneint. Es erkennt die auf ihr beruhende Argumentation nicht an. Seine durch Art. 19 Abs. 2 GG getroffene Entscheidung geht von einer anderen Prämisse aus. Sie besagt, in sehr vereinfachender Umschreibung, etwa folgendes: Es ist immer behauptet worden und wird immer wieder behauptet werden, daß das *bonum commune* in Notzeiten die Einschränkung und gegebenenfalls die Aufhebung von Grundrechten verlange. Wenngleich diese Auffassung noch heute weit verbreitet ist, sagen wir uns bei der Neugestaltung unseres staatlichen Lebens von ihr los. Wir Deutsche haben dazu mehr Anlaß als jene Länder, denen frühzeitig eine harmonischere Symbiose von Staatsgewalt und Freiheitsrechten gelungen ist. Unsere geschichtliche Erfahrung lehrt, daß wir den Mißbrauch grundrechtsbeschränkender Vollmachten mehr zu fürchten haben als den Entschluß, niemandem solche Vollmachten zu erteilen. Die in der Weimarer Verfassung geschaffene Möglichkeit, „Grundrechte ganz oder teilweise außer Kraft (zu) setzen" (Art. 48 Abs. 2 Satz 2 WRV), hat die Weimarer Republik nicht zu retten vermocht. Sie hat im Gegenteil dazu beige-

---

[3] Erstmals in BVerfGE 2, 266 (285); vgl. dazu oben S. 42 f.

[4] Herbert *Krüger*, Allgemeine Staatslehre, S. 944 f. Noch apodiktischer heißt es auf S. 536 f.: „Eine derartige Bestimmung setzt die Entschlossenheit voraus, lieber unterzugehen als selbst in der gefährlichsten Krise diesen Wesensgehalt zeitweise aufzuopfern."

III. Schlußbemerkung

tragen, die grundrechtsfeindliche Diktaturgewalt des nationalsozialistischen Regimes in den Augen vieler zu legitimieren. Die deutsche Verfassungsgeschichte der letzten hundert Jahre bildet unter grundrechtlichem Aspekt eine einzige Kette von Fehlentscheidungen und Fehlentwicklungen. Selten drohte Gefahr von der Befugnis der Bürger, Grundrechte auszuüben, aber oft von der Macht des Staates, sie zu beseitigen. Deshalb bricht das Grundgesetz mit einer staatsrechtlichen Tradition, die keiner der ihr auferlegten Bewährungsproben bestanden hat.

Mit der These, das Verbot des Art. 19 Abs. 2 GG dürfe zumindest für den Notstandsfall keine Geltung beanspruchen, wird an die alte, 1949 aufgegebene Tradition wieder angeknüpft. Das gleiche gilt etwa für die in letzter Zeit zunehmende Kritik an einer Interpretationsmaxime, die in der Formel „in dubio pro libertate" ebenso prägnant wie programmatisch Ausdruck gefunden hat[5].

Es erübrigt sich, die hier zutage tretenden Meinungsverschiedenheiten des Näheren zu charakterisieren. Sie reflektieren den bekannten, in der Bundesrepublik von Jahr zu Jahr sichtbarer werdenden Bruch, der die konservative und die ‚liberale' Auffassung vom Staate voneinander scheidet. Beide Richtungen kommen zu einer gegensätzlichen Einschätzung dessen, was uns heute und in Zukunft not tut. Beurteilungsmaßstab sind dabei nicht zuletzt (im weitesten Sinne) politische Überzeugung und der staatstheoretische Standort des einzelnen. Beweisbar und verifizierbar sind in diesem Bereich weder die Prämissen noch die Resultate. Deshalb bringen auch polemische Auseinandersetzungen kaum Gewinn. Wer etwa dem ‚Liberalen' vorhält, er habe „die Bedeutung des Staates für die Freiheit vergessen"[6], wird damit lediglich die ebenso berechtigte Frage nach der Bedeutung der Freiheit für den Staat provozieren. Es scheint, daß die gegenseitige Respektierung der verschiedenartigen demokratischen Leitbilder und ihrer subjektiven Verbindlichkeit am ehesten Gewähr bietet, die verfassungsrechtliche Diskussion trotz solcher Differenzen sachlich zu führen.

Noch wichtiger freilich ist der Respekt vor der Verfassung selbst und der normativen Kraft auch jener Verfassungssätze, die mit dem

---

[5] Vgl. dazu Peter *Schneider*, In dubio pro libertate, in: Hundert Jahre deutsches Rechtsleben, Festschrift zum hundertjährigen Bestehen des Deutschen Juristentages 1860—1960, Band II, S. 263—290, Karlsruhe 1960. Nach Peter *Lerche*, Übermaß und Verfassungsrecht (1961), S. 33, stößt diese Formel „mit Recht auf immer größeren Widerstand", während Herbert *Krüger*, a.a.O., S. 538, glaubt, sie beruhe „auf einem heute durch nichts mehr gerechtfertigten Optimismus". Ebenfalls kritisch dazu *Ehmke*, VVDStRL, Heft 20 (1963), S. 86 ff.

[6] So Herbert *Krüger*, a.a.O., S. 538.

eigenen staatstheoretischen Leitbild nicht übereinstimmen. Dieser Respekt ist, wie schon die Praxis der Grundgesetzänderungen zeigt, in einem beunruhigenden Maße verloren gegangen. Die offene Gegnerschaft zur Wesensgehaltsgarantie der Grundrechte, dem positivierten Symbol der Skepsis jeder, auch der demokratisch legitimierten, Staatsmacht gegenüber, ist dafür ebenso kennzeichnend wie die Tatsache, daß die Frage nach den Grenzen der Verfassungsänderung, Art. 19 Abs. 2 GG betreffend, in dem Streit um die Notstandsregelung kaum eine Rolle gespielt hat.

Die Väter des Grundgesetzes hatten es leicht, eine Entscheidung zu treffen, die den Gedanken der ‚wehrhaften Demokratie' (Schutz vor den erklärten Feinden der Freiheit) mit einer modernen, betont grundrechtsorientierten Staatsauffassung verbindet. Das damalige Zeitgefühl stand noch ganz im Banne einer doppelten Erfahrung: der des antidemokratischen Extremismus während der Weimarer Republik und jener des omnipotenten Willkürstaates, dessen Grundrechtsverachtung total war. Die erste Erfahrung schlug sich in Bestimmungen wie Art. 18 GG (Verwirkung von Grundrechten) oder Art. 21 Abs. 2 GG (Verfassungswidrigkeit von Parteien) nieder; die zweite fand ihren bedeutsamsten Ausdruck in der Wesensgehaltssperre.

Art. 19 Abs. 2 GG markiert eine verfassungsgeschichtliche Wende, die sich in dem staatsrechtlichen Schrifttum der Weimarer Zeit zwar schon ankündigte, nichtsdestoweniger aber noch in weiter Ferne lag. Mindestvoraussetzung, um diese Wende herbeizuführen, wäre eine Änderung des Art. 48 WRV gewesen, da er gestattete, was Art. 19 Abs. 2 GG ausdrücklich verbietet: die generelle Beseitigung von Grundrechten. Die Wesensgehaltsgarantie hat das überlieferte Grundrechtskonzept verlassen und sich angeschickt, ein neues zu begründen. Grundrechtsgeltung und Grundrechtssicherung sind gegenüber Weimar entscheidend verstärkt worden. Insofern kommt Art. 19 Abs. 2 GG auch *konstitutive Kraft* zu. Er ist nicht nur das „Ausrufezeichen"[7], nicht nur die „deklaratorische Sanktion, die zusätzliche und überflüssige Sicherung von Prinzipien, die bereits in der Verfassung zum Ausdruck gelangt sind"[8]. Seine Bedeutung besteht gerade darin, ein Prinzip festzulegen, das im deutschen Verfassungsrecht ohne Vorbild ist: der Staatsgewalt die Totaldisposition über Grundrechte in keinem Falle zu gestatten, d. h. auch unter Umständen nicht, in denen dieses früher rechtens war.

Es ist nicht Sache dieser Studie, Prognosen zu stellen. Unverkennbar ist, daß die nach 1945 in Gang gekommene Entwicklung in zunehmen-

---

[7] *v. Mangoldt-Klein*, Anm. V 7 a zu Art. 19 GG.
[8] *Häberle*, Wesensgehaltgarantie, S. 234.

III. Schlußbemerkung

dem Maße durch retardierende Momente und rückläufige Einzelbewegungen behindert wird. Theodor Heuss hat die Bundesrepublik doppelsinnig ein Transitorium genannt (was mehr ist als ein Provisorium) und hat damit den Blick über das Bestehende hinaus auf künftige Wandlungen unserer Staatlichkeit gelenkt. Tatsächlich befinden wir uns erst in einem Übergang auch zu jenem Grundrechtsverständnis, das in Art. 19 Abs. 2 GG Heimatrecht gefunden hat. Von dieser Norm zu sagen, sie sei „lediglich geeignet, die energische Vorbereitung der Überwindung von Katastrophen zu verhindern, d. h. die Staatlichkeit um ihren letzten und wesentlichsten Sinn zu bringen"[9], unterschätzt das ihr zugrunde liegende staatstheoretische Modell. Es ist darauf angelegt, das Gegenteil zu bewirken — in der, wie mir scheint, richtigen Erkenntnis, daß eine Gefährdung des Gemeinwesens nicht durch Mittel abgewendet werden kann, die das Risiko weit größerer Gefährdung in sich bergen.

Art. 19 Abs. 2 GG bricht mit der von Mißtrauen gegen den Bürger-Untertanen erfüllten Vorstellung, in der Stunde der Not sei ohne die Aufopferung von Grundrechten nicht zu regieren und die Not nicht zu wenden. Diese Norm glaubt und appelliert statt dessen an den Bürgersinn, an die Vernunft und die Mündigkeit der Menschen, an ihre bei jedem lokalen wie regionalen Katastrophenfall noch immer bewiesene und als selbstverständlich empfundene Bereitschaft, gemeinsamer Gefahr gemeinsam zu begegnen. In jener extremen Situation aber, in der allein es an solcher Bereitschaft fehlen könnte, weil das Chaos allgemein und von apokalyptischen Ausmaßen ist, wird mit der verbrieften Möglichkeit, bestimmte Grundrechte außer Kraft zu setzen, ohnehin nicht viel auszurichten sein.

Es mag sein, daß die verfassungsändernde Notstandsregelung sich über Art. 19 Abs. 2 GG hinwegsetzen und damit eine Entwicklung unterbrechen wird, die vor zwanzig Jahren verheißungsvoll begonnen hat. Die — nicht ausschließlich auf den Notstandsfall bezogene — Wesensgehaltsgarantie bliebe auch dann noch bedeutsam genug. Aber unsere Verfassung wird ärmer geworden sein, wenn der Satz „In keinem Falle darf ein Grundrecht in seinem Wesensgehalt angetastet werden" nicht mehr ohne Einschränkung gilt.

---

[9] Herbert *Krüger*, Allgemeine Staatslehre, S. 537.

Literaturverzeichnis

(Auswahl; weitere Literaturhinweise in den Anmerkungen)

Abel, Gunther: Die Bedeutung der Lehre von den Einrichtungsgarantien für die Auslegung des Bonner Grundgesetzes, Berlin 1964.

Anschütz, Gerhard: Die Verfassung des Deutschen Reichs vom 11. August 1919. Kommentar, 14. Aufl., Berlin 1933 (zitiert: Reichsverfassung).

Apelt, Willibalt: Die Gleichheit vor dem Gesetz nach Art. 3 Abs. 1 des Grundgesetzes, JZ 1951, S. 353—359.

— Verfassung und richterliches Prüfungsrecht, JZ 1954, S. 401—405.

Bachof, Otto: Zur Bedeutung des Entschädigungs-Junctims in Enteignungsgesetzen, DÖV 1954, S. 592—595.

— Freiheit des Berufs, in: Bettermann - Nipperdey - Scheuner (Hrsg.), Die Grundrechte, Bd. III 1, Berlin 1958, S. 155—265.

— Verfassungsrecht, Verwaltungsrecht, Verfahrensrecht in der Rechtsprechung des Bundesverwaltungsgerichts. Ergänzter Abdruck der Rechtsprechungsberichte aus der Juristen-Zeitung 1957 und 1962/63, 2. Aufl., Tübingen 1964.

Baur, Fritz: Anmerkung zum Beschluß des BGH vom 5. Mai 1959, JZ 1959, S. 443 f.

Bender, Bernd: Der Rechtsstaat im Kreuzfeuer. Vortrag vor dem 31. Deutschen Anwaltstag in Berlin 1961, Frankfurter Allgemeine Zeitung vom 24. Mai 1961, S. 8.

Bettermann, Karl August: Die Notstandsentwürfe der Bundesregierung, in: Ernst Fraenkel (Hrsg.), Der Staatsnotstand, Berlin 1965, S. 190—229 (zitiert: Notstandsentwürfe).

Bloch, Rolf: Der Doppelcharakter der individuellen Freiheitsrechte als Schutz des Einzelnen und als institutionelle Garantie der Demokratie, Diss. jur. Basel 1954 (zitiert: Doppelcharakter).

Bonner Kommentar: H. J. *Abraham*, O. *Bühler*, B. *Dennewitz* u. a., Kommentar zum Bonner Grundgesetz, Hamburg 1950 ff.

Denninger, Erhard C.: Zum Begriff des „Wesensgehaltes" in der Rechtsprechung (Art. 19 Abs. II GG), DÖV 1960, S. 812—814.

v. Doemming, K.-B., *Füsslein*, R. W., *Matz*, W.: Entstehungsgeschichte der Artikel des Grundgesetzes, Jhb.öff.R., N.F., Bd. 1, Tübingen 1951.

Dürig, Günter: Die Verwirkung von Grundrechten nach Art. 18 des Grundgesetzes, JZ 1952, S. 513—518.

— Das Eigentum als Menschenrecht, ZgesStWiss. 109 (1953), S. 326—350.

— Anmerkung zum Urteil des BVerfG vom 7. Mai 1953, JZ 1953, S. 462 f.

— Art. 2 des Grundgesetzes und die Generalermächtigung zu allgemeinpolizeilichen Maßnahmen, AöR 79 (1953/54), S. 57—86.

Dürig, Günter: Grundfragen des öffentlich-rechtlichen Entschädigungssystems, JZ 1955, S. 521—526.
— Der Grundrechtssatz von der Menschenwürde. Entwurf eines praktikablen Wertsystems der Grundrechte aus Art. 1 Abs. I in Verbindung mit Art. 19 Abs. II des Grundgesetzes, AöR 81 (1956), S. 117—157.

Ehmke, Horst: Grenzen der Verfassungsänderung, Berlin 1953
— Prinzipien der Verfassungsinterpretation, VVDStRL Heft 20, Berlin 1963, S. 53—98 (zitiert: Verfassungsinterpretation).
— Wirtschaft und Verfassung. Die Verfassungsrechtsprechung des Supreme Court zur Wirtschaftsregulierung, Karlsruhe 1961.

Fechner, Erich: Die soziologische Grenze der Grundrechte, Tübingen 1954.

Federer, Julius: Die Rechtsprechung des Bundesverfassungsgerichts zum Grundgesetz für die BRD, Jhb.öff.R., N.F., Bd. 3 (1954), S. 15—66.

Fischbach, Oskar Georg: Bundesbeamtengesetz. Kommentar, 3. Aufl., Köln - Berlin - Bonn - München 1965.

Fleiner, Fritz: Institutionen des deutschen Verwaltungsrechts, 8. Aufl., Tübingen 1928.

Flor, Georg: Fragen des Ausnahme- und Staatsnotrechts, JR 1954, S. 125—128.
— Staatsnotstand und rechtliche Bindung, DVBl. 1958, S. 149—152.

Folz, Hans-Ernst: Staatsnotstand und Notstandsrecht, Köln - Berlin - Bonn - München 1962.

Forsthoff, Ernst: Lehrbuch des Verwaltungsrechts, Bd. 1 (Allgemeiner Teil), 9. Aufl., München - Berlin 1966 (zitiert: Verwaltungsrecht).
— Zur Problematik der Verfassungsauslegung, Stuttgart 1961.
— Die Umbildung des Verfassungsgesetzes, in: Festschrift für Carl Schmitt, Berlin 1959, S. 35—62.

Fraenkel, Ernst (Hrsg.): Der Staatsnotstand, Berlin 1965.

Friesenhahn, Ernst: Die Verfassungsgerichtsbarkeit in der Bundesrepublik Deutschland, Köln - Berlin - Bonn - München 1963.

Füsslein, Rudolf Werner: Vereins- und Versammlungsfreiheit, in: Neumann - Nipperdey - Scheuner (Hrsg.), Die Grundrechte, Bd. II, Berlin 1954, S. 425—455.
— Versammlungsgesetz. Handausgabe mit eingehenden Erläuterungen, Berlin - Frankfurt a. M. 1954.

Fuss, Ernst-Werner: Gleichheitssatz und Richtermacht. Zur Rechtsprechung des Bundesverfassungsgerichts zu Art. 3 GG, JZ 1959, S. 329—339.

Geiger, Willi: Gesetz über das Bundesverfassungsgericht vom 12. März 1951. Kommentar, Berlin - Frankfurt a. M. 1952.
— Grundrechte und Rechtsprechung, München 1959.
— Die Rechtsprechung des Bundesgerichtshofs zum Grundgesetz, Jhb.öff.R., N.F., Bd. 11 (1962), S. 121—172.

Giacometti, Zaccaria: Allgemeine Lehren des rechtsstaatlichen Verwaltungsrechts, Bd. I, Zürich 1960.

Giese, Friedrich, *Schunck*, Egon: Grundgesetz für die Bundesrepublik Deutschland. Kommentar, 7. Aufl., Frankfurt a. M. 1965 (zitiert: Giese - Schunck).

Grewe, Wilhelm: Die politischen Treupflichten der Angehörigen des öffentlichen Dienstes, in: Deutscher Bund für Bürgerrechte (Hrsg.), Politische Treupflicht im öffentlichen Dienst, Frankfurt a. M. 1951, S. 35—64 (zitiert: Die politischen Treupflichten).

Grützner, Heinrich: Auslieferungsverbot und Asylrecht, in: Neumann - Nipperdey - Scheuner (Hrsg.), Die Grundrechte, Bd. II, Berlin 1954, S. 583 —604.

Guradze, Heinz: Der Stand der Menschenrechte im Völkerrecht, Göttingen 1956.

Häberle, Peter: Die Wesensgehaltgarantie des Art. 19 Abs. 2 Grundgesetz. Zugleich ein Beitrag zum institutionellen Verständnis der Grundrechte und zur Lehre vom Gesetzesvorbehalt, Karlsruhe 1962 (zitiert: Wesensgehaltgarantie).

Häntzschel, Kurt: Das Recht der freien Meinungsäußerung, HdbDStR, Bd. II, Tübingen 1932, S. 651—675.

Hamann, Andreas: Öffentlich-rechtliche Bau- und Planungsmaßnahmen und die Eigentumsgarantie des Artikels 14 GG, DVBl. 1957, S. 513—519.

— Das Grundgesetz. Kommentar, 2. Aufl., Neuwied - Berlin 1961.

— Zur Frage eines Ausnahme- oder Staatsnotstandsrechts, DVBl. 1958, S. 405—410.

— Zur Problematik des Staatsnotstandsrechts, DRiZ 1960, S. 45—48.

— Rechtsstaat und Wirtschaftslenkung, Heidelberg 1953.

Hamel, Walter: Die Bedeutung der Grundrechte im sozialen Rechtsstaat. Eine Kritik an Gesetzgebung und Rechtsprechung, Berlin 1957 (zitiert: Bedeutung der Grundrechte).

Heckel, Johannes: Diktatur, Notverordnungsrecht, Verfassungsnotstand, AöR 61 (1932), S. 257 ff.

Heller, Hermann: Staatslehre, Leiden 1934.

Hesse, Konrad: Ausnahmezustand und Grundgesetz, DÖV 1955, S. 741—746.

— Grundfragen einer verfassungsmäßigen Normierung des Ausnahmezustandes, JZ 1960, S. 105—108.

— Die normative Kraft der Verfassung, Tübingen 1959.

von Hippel, Eike: Grenzen und Wesensgehalt der Grundrechte, Berlin 1965.

Huber, Ernst Rudolf: Quellen zum Staatsrecht der Neuzeit, 2 Bände, Tübingen 1949/1951 (zitiert: Quellen).

— Der Streit um das Wirtschaftsverfassungsrecht, DÖV 1956, S. 97—102, 135—143, 172—175 und 200—207.

Huber, Hans: Die Garantie der individuellen Verfassungsrechte, Verhandlungen des Schweizerischen Juristenvereins 1936, Heft 1, Basel 1936.

Ipsen, Hans Peter: Enteignung und Sozialisierung, VVDStRL Heft 10, Berlin 1952, S. 74—123.

— Gemeindliche Personalhoheit unter Selbstverwaltungsgarantie, DÖV 1955, S. 225—230.

Jahrreiss, Hermann: Demokratie. Selbstbewußtsein — Selbstgefährdung — Selbstschutz, in: Festschrift für Richard Thoma, Tübingen 1950, S. 71—91.

Jellinek, Georg: Allgemeine Staatslehre, 6. Neudruck der 3. Aufl. (1914/1928), Darmstadt 1959.

Jellinek, Walter: Anmerkung zum Urteil des Hamburgischen OVG vom 14. Okt. 1950, DVBl. 1951, S. 283 f.

— Kabinettsfrage und Gesetzgebungsnotstand nach dem Bonner Grundgesetz, VVDStRL Heft 8, Berlin 1950, S. 3—20.

— Verwaltungsrecht, 3. Aufl., Offenburg 1948.

Kaiser, Joseph H.: Verfassungsrechtliche Eigentumsgewähr, Enteignung und Eigentumsbildung in der Bundesrepublik Deutschland, in: Staat und Privateigentum, Beitr.z.ausl.öff.R.u.VR Heft 34, Köln - Berlin 1960, S. 5 —48; (zitiert: Verfassungsrechtliche Eigentumsgewähr).

Kaufmann, Erich: Die Grenzen der Verfassungsgerichtsbarkeit, VVDStRL Heft 9, Berlin 1952, S. 1—16.

Kirchheimer, Otto: Gegenwartsprobleme der Asylgewährung, Köln - Opladen 1959.

Klein, Friedrich: Institutionelle Garantien und Rechtsinstitutsgarantien, Breslau 1934.

v. Krauss, Rupprecht: Der Grundsatz der Verhältnismäßigkeit in seiner Bedeutung für die Notwendigkeit des Mittels im Verwaltungsrecht, Hamburg 1955 (zitiert: Grundsatz der Verhältnismäßigkeit).

Krüger, Herbert: Die Einschränkung von Grundrechten nach dem Grundgesetz, DVBl. 1950, S. 625—629.

— Rechtsstaatliche Gesetzgebungstechnik, DÖV 1956, S. 550—555.

— Das besondere Gewaltverhältnis, VVDStRL Heft 15, Berlin 1957, S. 109 —132.

— Mißbrauch und Verwirkung von Grundrechten, DVBl. 1953, S. 97—101.

— Neues zur Freiheit der Persönlichkeitsentfaltung und deren Schranken, NJW 1955, S. 201—204.

— Rechtsfragen einer organischen Verkehrspolitik, in: Gegenwartsprobleme des Straßengüterverkehrs, Heft 2 der Schriftenreihe der Arbeitsgemeinschaft Güterfernverkehr im Bundesgebiet e.V., Bielefeld 1955, S. 39—51 (zitiert: Rechtsfragen).

— Allgemeine Staatslehre, Stuttgart 1964.

— Der Wesensgehalt der Grundrechte i. S. des Art. 19 GG, DÖV 1955, S. 597—602.

Laufke, Franz: Vertragsfreiheit und Grundgesetz, in: Festschrift für Heinrich Lehmann (Das deutsche Privatrecht in der Mitte des 20. Jahrhunderts), Berlin - Tübingen - Frankfurt a. M. 1956, S. 145—188.

Lechner, Hans: Bundesverfassungsgerichtsgesetz. Kommentar, München - Berlin 1954.

Leibholz, Gerhard, *Rinck*, H. J.: Grundgesetz für die Bundesrepublik Deutschland . Kommentar an Hand der Rechtsprechung des Bundesverfassungsgerichts, Köln 1966 (zitiert: Leibholz - Rinck).

Leisner, Walter: Grundrechte und Privatrecht, München - Berlin 1960.
— Die schutzwürdigen Rechte im Besonderen Gewaltverhältnis, DVBl. 1960, S. 617—626.

Lerche, Peter: Übermaß und Verfassungsrecht. Zur Bindung des Gesetzgebers an die Grundsätze der Verhältnismäßigkeit und der Erforderlichkeit, Köln - Berlin - München - Bonn 1961.

Löffler, Martin: Anmerkung zum Beschluß des BVerfG vom 6. Okt. 1959, NJW 1960, S. 29 f.
— Die Meinungs- und Pressefreiheit im Abhängigkeitsverhältnis, NJW 1964, S. 1100—1108.

Loewenstein, Karl: Über Wesen, Technik und Grenzen der Verfassungsänderung, Berlin 1961 (zitiert: Verfassungsänderung).

Luchsinger, Martin: Die Prinzipien des Rechtsstaats als materielle Schranken der Verfassungsrevision, Diss. jur. Zürich 1960.

v. Mangoldt, Hermann: Das Bonner Grundgesetz. Kommentar, Berlin - Frankfurt a. M. 1953.
— Die Grundrechte, DÖV 1949, S. 261—263.

v. Mangoldt, Hermann, *Klein,* Friedrich: Das Bonner Grundgesetz, 2. Aufl., Bd. I, Berlin - Frankfurt a. M. 1957 (zitiert: v. Mangoldt - Klein).

Mann, Siegfried: Grundrechte und militärisches Statusverhältnis, DÖV 1960, S. 409—416.

Maunz, Theodor: Deutsches Staatsrecht. Ein Studienbuch, 15. Aufl., München - Berlin 1966.

Maunz, Theodor, *Dürig,* Günter: Grundgesetz. Kommentar, 2. Aufl., München - Berlin 1963 ff. (zitiert: Maunz - Dürig).

Mayer, Franz: Der Rechtswert des Begriffs „Öffentliche Sicherheit und Ordnung", DVBl. 1959, S. 449—455.

Menger, Christian-Friedrich: Der Schutz der Grundrechte in der Verwaltungsgerichtsbarkeit, in: Bettermann - Nipperdey - Scheuner (Hrsg.), Die Grundrechte, Bd. III 2, Berlin 1959, S. 717—778 (zitiert: Der Schutz der Grundrechte).

v. Münch, Ingo: Die Grundrechte des Strafgefangenen, JZ 1958, S. 73—76.
— Freie Meinungsäußerung und besonderes Gewaltverhältnis, Diss. jur. Frankfurt a. M. 1957.

Naumann, Richard: Anmerkung zum Urteil des Württ.-Bad. VGH, Stuttgarter Senat, vom 31. Aug. 1950, DVBl. 1950, S. 758 f.

Nawiasky, Hans: Die Grundgedanken des Grundgesetzes für die Bundesrepublik Deutschland. Systematische Darstellung und kritische Würdigung, Stuttgart - Köln 1950 (zitiert: Grundgedanken).
— Positives und überpositives Recht; JZ 1954, S. 716—719.
— Allgemeine Staatslehre, Dritter Teil: Staatsrechtslehre, Einsiedeln - Zürich - Köln 1956.

Partsch, Karl Josef: Verfassungsprinzipien und Verwaltungsinstitutionen, Tübingen 1958.

Perschel, Wolfgang: Die Meinungsfreiheit des Schülers, Berlin - Neuwied 1962.

Peters, Hans: Elternrecht, Erziehung, Bildung und Schule, in: Bettermann - Nipperdey - Scheuner (Hrsg.), Die Grundrechte, Bd. IV 1, Berlin 1960, S. 369—445 (zitiert: Elternrecht).

— Die freie Entfaltung der Persönlichkeit als Verfassungsziel, in: Festschrift für Rudolf Laun (Gegenwartsprobleme des internationalen Rechtes und der Rechtsphilosophie), Hamburg 1953, S. 669—678 (zitiert: Die freie Entfaltung).

— Die Positivierung der Menschenrechte und ihre Folgen, in: Festschrift für Johannes Messner, Innsbruck - Wien - München 1961, S. 363 ff. (zitiert: Die Positivierung der Menschenrechte).

— Die Verfassungsmäßigkeit des Verbots der Beförderung von Massengütern im Fernverkehr auf der Straße, Bielefeld 1954 (zitiert: Verfassungsmäßigkeit).

Pfeiffer, Gerd: Die Verfassungsbeschwerde in der Praxis, Essen 1959 (zitiert: Verfassungsbeschwerde).

Raiser, Ludwig: Vertragsfreiheit heute, JZ 1958, S. 1—8.

Reinhardt, Rudolf: Wo liegen für den Gesetzgeber die Grenzen, gemäß Art. 14 des Bonner Grundgesetzes über Inhalt und Schranken des Eigentums zu bestimmen?, in: Reinhardt - Scheuner, Verfassungsschutz des Eigentums, Tübingen 1954, S. 1—62.

Reissmüller, Johann Georg: Anmerkung zum Urteil des OVG Münster vom 8. Okt. 1958, JZ 1959, S. 360 f.

Reuss, Hermann: Freiheit und Bindung der Verwaltung im Rechtsstaat, DVBl. 1959, S. 533—537.

Ridder, Helmut: „Sühnegedanke", Grundgesetz, „verfassungsmäßige Ordnung" und Verfassungsordnung der Bundesrepublik Deutschland, DÖV 1963, S. 321—327.

Röhl, Hellmut: Die Nennung des eingeschränkten Grundrechts nach Art. 19 Abs. 1 Satz 2 des Grundgesetzes, AöR 81 (1956), S. 195—214.

— Der Rechtsschutz des Gefangenen, JZ 1954, S. 65—70.

Roth, Karlernst: Die öffentlichen Abgaben und die Eigentumsgarantie im Bonner Grundgesetz, Heidelberg 1958.

Scheuner, Ulrich: Die Abgrenzung der Enteignung, DÖV 1954, S. 587—592.

— Die institutionellen Garantien des Grundgesetzes, in: Recht Staat Wirtschaft, Bd. IV (1953), S. 88—119.

— Grundlagen und Art der Enteignungsentschädigung, in: Reinhardt - Scheuner, Verfassungsschutz des Eigentums, Tübingen 1954, S. 63—162.

— Das Grundrecht der Berufsfreiheit, DVBl. 1959, S. 845—849.

— Die staatliche Intervention im Bereich der Wirtschaft, VVDStRL Heft 11, Berlin 1954, S. 1—74.

Schmitt, Carl: Freiheitsrechte und institutionelle Garantien der Reichsverfassung, Berlin 1931.

— Der Hüter der Verfassung, Tübingen 1931.

— Legalität und Legitimität, München - Leipzig 1932.

— Verfassungslehre, München - Leipzig 1928.

Schmitt-Lermann, Hans: Die verfassungsrechtliche Regelung des Staatsnotstandes, DÖV 1960, S. 321—326.

Schneider, Peter: Gutachten in: Fechner - Schneider, Verfassungswidrigkeit und Rechtsmißbrauch im Aktienrecht, Tübingen 1960, S. 69—109 (zitiert: Verfassungswidrigkeit und Rechtsmißbrauch).

Schöne, Lothar: Öffentliche Gewalt und Eigentum. Eine Untersuchung zu Artikel 14 und 19 des Grundgesetzes, DÖV 1954, S. 552—556.

Scholtissek, Herbert: Innere Grenzen der Freiheitsrechte (Zum Verbot der Volksbefragung), NJW 1952, S. 561—563.

Schüle, Adolf: Zivilrechtlicher Persönlichkeitsschutz und Grundgesetz, in: Schüle - Huber, Persönlichkeitsschutz und Pressefreiheit, Tübingen 1961 (zitiert: Persönlichkeitsschutz).

Schüssler, Hans: Todesstrafe und Grundgesetz in Auslieferungsverfahren, NJW 1965, S. 1896—1899.

Scupin, Hans Ulrich: Die Rechtslage der Wirtschaft unter dem Bonner Grundgesetz, Münster i.W. 1950.

Seifert, Jürgen: Gefahr im Verzuge. Zur Problematik der Notstandsgesetzgebung, Frankfurt a. M. 1963.

Smend, Rudolf: Verfassung und Verfassungsrecht, München - Leipzig 1928.

Thieme, Werner: Die besonderen Gewaltverhältnisse, DÖV 1956, S. 521—529.

Thoma, Richard: Wesen und Erscheinungsformen der modernen Demokratie, in: Recht Staat Wirtschaft, Bd. 1 (1949), S. 1—33 (zitiert: Wesen und Erscheinungsformen).

Uber, Giesbert: Die neueste Entwicklung der Rechtsprechung des Bundesverwaltungsgerichts zur Bedürfnisprüfung, Gew.Arch. 1955, S. 57—59.

— Freiheit des Berufs. Artikel 12 des Grundgesetzes, Hamburg 1952.

Ule, Carl Hermann: Über die Auslegung der Grundrechte AöR 60 (1932), S. 37—123.

— Das besondere Gewaltverhältnis, VVDStRL Heft 15, Berlin 1957, S. 133 —185.

— Öffentlicher Dienst, in: Bettermann - Nipperdey (Hrsg.), Die Grundrechte, Bd. IV, 2. Halbband, Berlin 1962, S. 537—671.

Vogel, Klaus: Anmerkung zum Urteil des BFH vom 1. Juli 1959, JZ 1960, S. 316—318.

Wacke, Gerhard: Die Erstattung von Gutachten durch den Bundesfinanzhof, AöR 83 (1958), S. 309—355.

Waldecker, Ludwig: Vereins- und Versammlungsfreiheit, HdbDStR, Bd. II, Tübingen 1932, S. 637—651.

v. Weber, Hellmuth: Die Sonderstrafe, DRiZ 1951, S. 153—156.

— Zum SRP-Urteil des Bundesverfassungsgerichts, JZ 1953, S. 293—298.

Weber, Werner: Eigentum und Enteignung, in: Neumann - Nipperdey - Scheuner (Hrsg.), Die Grundrechte, Bd. II, Berlin 1954, S. 331—399.

Weber, Werner: Spannungen und Kräfte im westdeutschen Verfassungssystem, 2. Aufl., Stuttgart 1958.

Weidner, Viktor: Zur Rechtsprechung des Bundessozialgerichts, JZ 1959, S. 698 ff. und 758 ff.

Werner, Fritz: Bemerkungen zum Verhältnis von Grundrechtsordnung, Verwaltung und Verwaltungsgerichtsbarkeit, JZ 1954, S. 557—561.

Wertenbruch, Wilhelm: Grundgesetz und Menschenwürde. Ein kritischer Beitrag zur Verfassungswirklichkeit, Köln - Berlin 1958.

Wintrich, Josef M.: Zur Problematik der Grundrechte, Köln - Opladen 1957.

Zeidler, Karl: Zur Problematik von Art. 2 Abs. 1 GG, NJW 1954, S. 1068.

Zinn, Georg August, *Stein,* Erwin: Die Verfassung des Landes Hessen. Kommentar, Bd. 1, 1. Aufl., Bad Homburg v. d. H., Berlin 1954 (zitiert: Zinn - Stein).

Zippelius: Das Verbot übermäßiger gesetzlicher Beschränkung von Grundrechten, DVBl. 1956, S. 353—355.

Sachverzeichnis

Asylrecht 33, 35, 44, 103 ff., 116
Ausnahmezustand s. Notstandsregelung

Beamter, Beamtenstatus 79, 84 ff., 91 f., 95
Berufsfreiheit 20, 25 f., 41 f., 52 f., 68 f., 122
besonderes Gewaltverhältnis 79—95, 106
Bestandsgarantie s. Institutsgarantie
Bundesfinanzhof 82, 92
Bundesgerichtshof 18, 20—25, 29 f., 32, 41, 43, 45, 47, 52, 58, 73 ff., 120 f.
Bundesverfassungsgericht 20, 23, 27, 29 ff., 34, 40—43, 45, 47, 54 f., 60, 67 ff., 72, 74 f., 79 f., 95 f., 102, 107 109 f., 113, 116 f., 119 f., 123, 137 f.
Bundesverwaltungsgericht 20, 23, 25 —28, 32, 40 f., 43, 52 f., 55, 58, 68 ff., 74, 119

Eigentum, Enteignung 17, 37, 45 f., 58 f., 74, 103, 111, 117 f., 122
Ermessensbindung 44, 67—72, 113, 116 f., 119

Fiktionen 85 f., 88, 106 f., 121, 134
Freizügigkeit 88, 131

Gesetzmäßigkeit der Verwaltung 68 f., 116 f.
Gesundheitsschutz, Volksgesundheit 26, 33 ff.
Grundrechtsausübung, Trennung von Grundrecht und — 86—91, 97 ff.
Grundrechtsentziehung 17, 38 f., 45, 93, 95, 104 f.
Güterabwägung 51, 110, 137

Immanente Schranke, Immanenzbegriff 29—40, 82 f., 111

Individuum — Gemeinschaft 18, 26, 29 f., 36, 40, 81, 112, 138 f.
Institutsgarantie, institutionelle Garantie 57—65, 91, 96, 108 f., 111 f., 115
Interpretationsprinzipien 18 f., 26 ff., 50 ff., 99 f., 127

Meinungsäußerungsfreiheit 17, 85, 91 f., 103, 127
Menschenrechte, „Menschenrechtsgehalt" 37 f., 55 f., 102 ff., 108, 122, 132
Menschenrechtskonvention 89, 103 f.
Menschenwürde 54, 125 f.

Normenkontrolle 113, 116, 118 f.
Notstandsregelung, Staatsnotrecht 12, 64, 120, 126—141

Parlamentarischer Rat 34, 43, 48, 52, 99 ff., 122, 127 ff.
Polizeirecht 17, 37, 74, 118
Postgeheimnis 92, 105, 127
Pressefreiheit 82, 92, 109 f., 127, 131 f.

Rangordnung der Grundrechte 24, 33, 54, 110, 114, 125
Rechtsschutzgarantie 78, 85, 90, 93, 95, 98, 101 f., 113
Rechtssicherheit 14, 21, 51, 71 f., 106
Rechtsstellungstheorie 57—65, 82 f., 87, 91, 93, 95, 103, 105, 107 ff., 114, 118

Schikaneverbot 88
„Sittengesetz" 30 ff.
Staatsnotrecht s. Notstandsregelung
Strafgefangener 17 f., 55 f., 63, 86, 88, 91 ff., 114

Todesstrafe 37 ff.
„Torso-Formel" 53 ff.

Übermaßverbot 21, 73 ff.

Verfassungsänderung, Grenzen der — 120—136, 140
Verfassungsbeschwerde 113
„verfassungsmäßige Ordnung" 30 ff., 59, 122
Verhältnismäßigkeitsgebot 21, 27, 66, 72—77, 112 f., 118

Versammlungsfreiheit 33 f., 71, 89, 120, 127, 131
Verwirkung von Grundrechten 17, 45, 47, 95—110, 140
Verzicht auf Grundrechte 83—86

„wehrhafte Demokratie" 96, 110
Weimarer Verfassung 64, 86, 88, 97, 124 f., 129, 131, 138 ff.
Wesensgehalt des Grundrechts 22, 49—56, 75 f., 79
Willkürverbot 65, 72

Printed by Libri Plureos GmbH
in Hamburg, Germany